# 佛藏經講義

——第八輯

平實導師　述著

ISBN 978-986-98891-9-3

佛法是具體可證的，三乘菩提也都是可以親證的義學，並非不可證的思想、玄學或哲學。而三乘菩提的實證，都要依第八識如來藏的實存及常住不壞性，才能成立；否則二乘無學聖者所證的無餘涅槃即不免成爲斷滅空，而大乘菩薩所證的佛菩提道即成爲不可實證之戲論。如來藏心常住於一切有情五蘊之中，光明顯耀而不曾有絲毫遮隱；但因無明遮障的緣故，所以無法證得；只要親隨眞善知識建立正知正見，並且習得參禪功夫以及努力修集福德以後，親證如來藏而發起實相般若勝妙智慧，是指日可待的事。古來中國禪宗祖師的勝妙智慧，全都藉由參禪證得第八識如來藏而發起；佛世迴心大乘的阿羅漢們能成爲實義菩薩，也都是緣於實證如來藏才能發起實相般若勝妙智慧。如今這種勝妙智慧的實證法門，已經重現於臺灣寶地，有大心的學佛人，當思自身是否願意空來人間一世而學無所成？或應奮起求證而成爲實義菩薩，頓超二乘無學及大乘凡夫之位？然後行所當爲，亦不行於所不當爲，則不唐生一世也。

——平實導師

如聖教所言，成佛之道以親證阿賴耶識心體（如來藏）為因，《華嚴經》亦說**證得阿賴耶識者獲得本覺智**，則可證實：證得阿賴耶識者方是大乘宗門之開悟者，方是大乘佛菩提之眞見道者。經中、論中又說：證得阿賴耶識而轉依**識上所顯真實性**、**如如性**，能安忍而不退失者即是**證真如**，即是大乘賢聖，在二乘法解脫道中至少為初果聖人。由此聖教，當知親證阿賴耶識而確認不疑時即是開悟眞見道也；除此以外，別無大乘宗門之眞見道。若別以他法作為大乘見道者，或堅執**離念靈知**亦是實相心者（堅持意識覺知心離念時亦可作為明心見道者），則成為實相般若之見道內涵有多種，則成為實相有多種，則違**實相絕待**之聖教也！故知宗門之悟唯有一種：親證第八識如來藏而轉依如來藏所顯眞如性，除此別無悟處。此理正眞，放諸往世、後世亦皆準，無人能否定之，則堅持離念靈知意識心是眞心者，其言誠屬妄語也。

——平實導師

# 目次

# 自序

《佛藏經》之所以名爲「佛藏」者，所說主旨即以諸佛之寶藏爲要義。諸佛之寶藏即是萬法之本源——如來藏，《楞嚴經》中說之爲「如來藏妙眞如心」，《入楞伽經》卷七〈佛性品〉則說：「大慧！阿梨耶識者名如來藏，而與無明七識共俱，如大海波常不斷絕，身俱生故；離無常過，離於我過，自性清淨。餘七識者心，意、意識等念念不住，是生滅法。」大略解釋其義如下：

【所謂阿梨耶識（通譯阿賴耶識）又名如來藏，含藏著無明種子與七轉識種子，並與所生之無明及七轉識同時同處，和合相共運行而成爲一個五陰有情。七轉識與無明相應而從如來藏中出生，每日運行不斷；意根每天一早促使意識等六心生起之後相續運作，與意識等六心和合似一，看似常住而不斷之心，其實是從如來藏中種子流注才出現的心，就是一般凡夫大師說的「清清楚楚明明白白」的心，早上睡醒再次出生以後，就與處處作主的意根和合運作看似一心。這七識心的種子及其相應的無明種子，每天同時從如來藏中流注出來，猶如大海波一般「常不斷絕」，因爲是與色身共俱而出生的緣故。如來藏離於無常的過失，是常住法，不曾剎那間斷過；無始而有，盡未來際永無中斷或壞滅之時。如來藏亦離三界我等無常過失，迥無我見我執或我所執；其自性是本來清淨而無染污，無始以來恆自清淨，不與貪等六根本煩惱及其餘隨煩惱相應。其餘七轉識都是心，即是意根、意識與眼等五識，即是面對六塵境界時清楚明白的前六識，以及處處作主的意根；這七識心與無明種子都是念念不住的，因爲是從如來藏中流注這七識心等種子於身中才有的，當色身出生以後，意根同時和合運作，意識等六識也就跟著現行而與色身同在一起，所以是與色身同時出生而存在的。而種子是剎那剎那生滅的，以此緣故說意根與意識等七個心是生滅法。若是證阿羅漢果而入無餘涅槃時，由於我見、我執、我所執的煩惱已經斷除的緣故，這七識心的種子便不再從如來藏流注出來，死時就不會有中陰身，不會再受生，便永遠消滅了，亦因此故是生滅法。】

在三種譯本的《楞伽經》中，都不說此如來藏心是第八識（第八識是通俗的說法），而是將此心與七轉識區分成二類，說如來藏一心是常住的，是出生「意」與「意識等」六識者，也說是出生色身者，不同於七識等心。所援引的上開經文，亦已明說如來藏「離無常過，離於我過，自性清淨」；從如來藏中出生的「餘七識者心，意、意識等」，都是「念念不住，是生滅法」。這已經很明確將如來藏的主要體性與七轉識的主要體性區分開來：一是能生，一是所生，能生與所生之間互相繫屬；能生者是常住的如來藏心，沒有三界我的無常過失，沒有我見我執等過失，自性是清淨的；所生的七識心，是念念生滅的，也是可滅的，有無常的過失，也有三界我的我見與我執等過失，是不清淨的，也是生滅法。

今此《佛藏經》中所說主旨即是說明此心如來藏的自性，名之爲「無名相法」或「無分別法」，仍不說之爲第八識，而是從各方面來說明此心；並且希望後世仍有業障而無法實證佛法的四眾弟子們，未來世中都能滅除業障而證得解脫及實相智慧。以此緣故，先從「諸法實相」的本質來說明如來藏，兼及實證此心者於實證前必須留意避免的過失，才能有實證的因緣；若墮邪見或誤導眾生，並有犯戒不淨等事者，將成就業障；於其業障未滅之前，縱使未來歷經無量無邊不可思議阿僧祇劫，奉侍供養隨學九十九億諸佛以後，仍無實證之可能。以此緣故，釋迦如來大發悲心，首先於〈諸法實相品〉廣釋實相心如來藏之各種自性，隨即教導學人如何了知惡知識與善知識之區別。善於選擇善知識者，於解脫及諸法實相之求證方有可能，是故以〈念佛品〉、〈念法品〉、〈念僧品〉中的法義教導，令學人以此爲據，得以判知何人爲善知識、何人爲惡知識，從而得以修學正確的佛法，然後得證解脫果及證入諸法實相，發起本來自性清淨涅槃智，久修之後亦得兼及二乘涅槃之實證，再發十無盡願而起惑潤生乃得以入地。

若未愼擇善知識，誤隨惡知識者（惡知識表相上都很像善知識），不免追隨惡知識於無心之中所犯過失，則未來歷經無數阿僧祇劫奉侍九十九億佛之後，於解脫道及實相了義正法仍無順忍之可能，欲求佛法之見道即不可得，遑論入地。以此緣故，世尊隨後又說〈淨戒品〉、〈淨法品〉等法，教導四眾弟子們如何清淨所受戒與所修法。又爲杜絕心疑不信者，隨即演說〈往古品〉，舉出過往無量無邊不可思議阿僧祇劫前　大莊嚴佛座下，苦岸比丘等四人爲惡知識，執著邪見而誤導眾生，成爲不淨說法者；以此緣故與諸眾生相率流轉生死，於人間及三惡道中往復流轉至今，反復經歷阿鼻地獄等尤重純苦及餓鬼、畜生、人間諸苦，終而復始、受苦無量之後，終於來到　釋迦如來座下精進修行，然而竟連順忍亦不可得，求證初果仍遙遙無期；至於求證諸法實相而入大乘見道，則無論矣！思之令人悲憐，設欲助其見道終無可能，對彼諸人助益無門，只能待其未來甚多阿僧祇劫受業滅罪之後始能助之。

如是警覺邪見者之後，世尊繼以〈淨見品〉、〈了戒品〉而作補救，期望以此二品能轉變諸人的邪見，勸勉諸人清淨往昔熏習所得的邪見，並了知清淨戒之所以施設的緣由而能清淨持戒，未來方有實證解脫果與佛菩提果的可能。如是教導之後，於〈囑累品〉中囑累阿難尊者等諸大弟子，當來之世以善方便攝受諸多弟子，得能清淨知見與戒行，滅除往昔所造謗法破戒所成之業障，而後方有實證之世到來。由此可見 世尊大慈大悲之心，藉著舍利弗尊者之因緣，在與舍利弗對答之時演說此實相法等，期望後世遺法弟子得能滅除業障而得證法。普察如今末法時代眾多遺法弟子，精進修行仍難遠離邪見與邪戒，求證解脫果及佛菩提果仍將難能可得，令人不覺悲切不已，是故將此經之講述錄音整理成書，流通天下，欲以利益佛門四眾。

佛子 **平實** 謹誌

於公元二〇一九年 夏初

第八輯：

# 《佛藏經》卷上

## 〈念佛品〉第二（延續上一輯未完部分）

今天九樓的全熱交換機正式開始用，還是有一點聲音，還要設法再改善隔音，但是空氣品質應該會有很大的改善，所以今天二個鐘頭經典聽完應該不會像以前有時昏昏欲睡。以前曾經測到最高的二氧化碳濃度七千多，法令規定好像是一千六，所以以前眞的超標，因爲我們的人太多、坐得太擠。但地下室兩個大講堂的空氣交換功能很好，二氧化碳只有一千兩百多，所以地下室的空氣品質是最棒的，因爲我們作了很大的全熱交換機，可以有更好的品質。裝全熱交換機目的是爲了把新鮮空氣引進來，在外面的新鮮熱空氣引進來時，經過全熱交換機以後就變成涼的，把熱空氣中的冷氣回收進來，新鮮空氣也能進來。那麼今天九樓應該效果是很好。當然不可能像地下室那麼好，因爲我們的陽臺空間有限，無法裝很大臺的，現在就是裝三臺小的適應那個空間，請諸位來受用看看。這個全熱交換機是每一個樓層都會陸續來裝，不是只有九樓；十樓大約五月中旬就會裝好，目前還在裝修中；然後就是五樓，接著二樓都會作的，但因爲沒有辦法一次作，否則大家無法聽經，一定坐不下，所以就一個樓層又一個樓層次第來作。

《佛藏經》上回講到第十一頁第二段第三行大約中間「以是故言念無分別即是念佛」，今天要從下一句開始：「復次，見諸法實相名爲見佛，何等名爲諸法實相？所謂諸法畢竟空無所有，以是畢竟空無所有法念佛。」這是說，除了上面講的「念無分別即是念佛」以外，接著繼續開示：「看見了諸法的實相名爲見佛，」諸位也都聽過《金剛經》說「若見諸相非相，則見如來」，也就是說，在諸相之中看見了非相的心，才是眞正的看見了如來。《佛藏經》這裡因爲是了義說，所以這裡說的見佛道理也是一樣，要看見諸法的眞實相，才能說他是看見佛了。看見應身佛時不算是眞的見佛，要見法身佛才是眞見佛，這個道理在外道是不成立的。

外道認爲你看見了上帝的五陰時，就是眞的看見上帝；你若是看見了上帝敢說沒看見，那你就倒大楣，死定了！怎麼死定呢？你死後要下地獄，而且永不超生。他們的地獄跟我們佛法說的不同，我們佛法說的下了地獄，只要罪報受完了就可以離開又回來人間；他們的地獄可不是，一旦被上帝判罪打下了地獄，以後就永遠常住那裡了。我說上帝怎麼判得下手？我還眞的無法想像，那種說法是很荒唐的一個概念，或者說那種作法、心態，但佛法不是這樣；所以在一神教中看見了上帝時不可以說你沒有看見，也不可以說看見這樣的上帝不算看見上帝。眞的不可以這樣講，因爲上帝自己也沒有五陰從本際第八識出生的正知見，你如果是一神教的信徒而敢這樣講就準備下地獄常住；不是寺院的常住，是地獄常住。當然這是依他們的教義這樣講的，實際上是不會下去的。

那我們佛法中不這樣，佛法中說，你來道場中看見了佛時不是眞正的見佛。有一個實際的例子，因爲 如來到忉利天去爲生母摩耶夫人說法，大眾三月之中不見 如來，都很思念；有國王找了最好的沉香木或者檀香木，想要雕一尊 如來的聖像來供奉，但找不到好工匠，大家都說無法雕得維妙維肖；於是釋提桓因之臣自在天子化身下來成爲工匠，用神通力幫他，雕出來當然就維妙維肖；那位國王叫作優塡王，就很歡喜供了起來，這是世間第一尊佛像。後來 如來即將說完法，將要回到人間，目犍連尊者想：「**大家都很思念**。」他就上天去請示 如來何時要下來人間，問好了時間，屆時大家都去迎接；釋提桓因請自在天子化作三道寶階，如來就從那中間的寶階走下來人間，這才叫作天梯；除此以外世間再也沒有天梯，這是第一座天梯。

如來下來時，蓮花色比丘尼，因爲她有俱解脫而且具有五神通，她就化現了轉輪聖王前來；轉輪聖王前來時，大眾得要禮讓他先禮佛；因爲轉輪聖王固然不會破壞佛法，可也不能得罪，保證成事不足、敗事有餘，因爲金輪聖王管四大洲。這轉輪聖王見了 佛、禮拜完了，她就變回原來的比丘尼身分，這時大眾當然很不滿，當大眾都不滿時 佛陀說了：「**不是妳最先見到我，最先見到我的人是還在山洞裡宴坐的須菩提，因爲他解空，知道諸佛如來都是空性，所以他才是第一個見到我的人。**」諸位想一想，須菩提沒有前來迎接，蓮花色來搶第一，結果竟然被貶了，說她不是第一個見 如來及禮拜，而是須菩提第一個見到 世尊及禮拜；因爲他在山洞中宴坐，知道 如來要下來了，他以這個「**無分別法**」、「**無名相法**」來「**迎接**」如來；他這個心延續不斷，所以 世尊說他是第一個親見 如來的人。

那你想，如果見了上帝時跟他說：「上帝！我沒看見你。」他那個瞋心一生起來，你可就倒大楣了；搞不好還連帶拖累許多的有情，因為他一生氣起來，可能就降下天火來燒，旁邊的有情跟著會被燒死；或者降下個大水來淹你，那你不連累大眾跟著倒大楣了嗎？明知上帝不懂，就別跟他說這個，這才是有智慧的人。所以眞正的見佛，是看見了諸法的實相。

可是問題又來了，當你看見諸法實相時，你到底是見或不見？啊？大聲一點！正答！這就是正覺的弟子們。你們答個「非見非不見」，不墮兩邊，答得妙。可是我要是去外面問，人家會怎麼答？一定先說不見，因為讀過經典說「法離見聞覺知」；可是當他說不見時，又是誰說不見？啊？那不是覺知心嗎？那你覺知心清楚明瞭時，明明就是見了，如何說個不見的道理？所以菩薩都要腳踏兩條船，一腳在實相法界，一腳在現象法界。我說不見，是因為諸法的實際離見聞覺知，所以不見；我說非不見，是因為我們從本際中生出來，從諸法實相中生出來以後，由我們這個覺知心可以見那個不見的，所以非不見。因此雙非——非見非不見，那就是眞正的見佛。

這道理還眞難說明，因爲眞要說明時，還得有一些人先已經熏習過正知正見了，才有辦法聽懂，否則怎麼能聽懂？如果上了法座說起法來，下面坐的所有佛弟子們都變成非佛弟子，都只是一根一根的木樁，聞法時一點兒都沒有回應，那你想想看，說法時能說得越來越勝妙嗎？一定不會。因爲必須講得很淺，就講得無精打采；所以這個法還只能跟諸位說，因爲諸位聽懂我在說什麼，互相就有回應。既然有回應，聽懂了，我就可以往深的方面再繼續講；如果我講到大家都沒回應時，我只能再往回講到淺的法。佛陀說法都是這樣的，如果大家都沒回應時，佛陀就再往回講，不再往深法去講了。也就是說，這個法難說，但是畢竟今天我有因緣可以爲大家演說這個法，所以還眞的很幸福。這個幸福是我自己的嗎？當然不是，是諸位給我的幸福，所以要感謝諸位。（大眾答：要感謝導師。）喔？感謝我啊！但我要感謝你們，因爲你們聽懂所以我覺得幸福；假使你們聽不懂，我會覺得高處不勝寒，變成孤家或者寡人了，那一定鬱鬱不樂；就像一家人，如果都說不上話，你會快樂嗎？道理是一樣的。

話說回來，當你「**看見諸法實相**」時，這就是「見佛」，可是「見佛」

時非見非不見。非見是因爲你看見了如來的五蘊之身在人間應化，而這個應身佛並非眞實如來，所以不能說是眞的看見如來；可是當你實證了以後，看見如來應化身時，也同時看見祂的眞如心，也就是看見祂五蘊身中同時並存的第八識如來藏——這時改名無垢識，依舊是本經說的「**無名相法**」、「**無分別法**」，這樣才是眞「**見佛**」，這就是眞正的看見如來，因爲這第八識才是眞實如來。應化身的如來終究會過去，會示現滅度，不是眞實的如來；眞實如來是第八識無垢識，永遠不壞常住不毀，所以這樣才是眞正的「**見佛**」。

可是問題又來了，佛法中有無量的問題，這無量的問題你都必須要通達。譬如當你看見眞實如來時，眞實如來有沒有看見你？嗄？又沒有了！所以你看，某甲禪師來參訪某乙禪師，才剛來到，這某乙禪師馬上背過去坐，用背而不是用臉來面對他；然後某甲禪師禮了三拜，他就走了，也不問說：「**你爲什麼用背對我？**」他都不問，某乙禪師也不會答他；當他禮拜完走了，某乙禪師便下座回方丈室去了。這好像是兩個瘋子吧？是不是瘋子？不是喔？可是我告訴諸位，我如果去外面講這個公案，不管那是大禪師或是大法師的弟子們，都會說這兩個人是瘋子；因爲我也被罵過瘋子，也被罵過乩童起乩，這都是平常事。這兩個人後來都會宣稱說「我見過某甲法師」、「我見過某乙法師了」，他們都會這樣講，可是他們何嘗見？眞的沒有見到。可是我卻說，不見才是眞見。

這個法就是這麼奇怪，你說：「唉呀！**這眞叫作玄門，眞是烏漆墨黑叫人家看不懂，所以玄之又玄。**」可是家裡人覺得不玄，這是很親切的事啊！這就是家裡人相見，用不著客套、褒獎、奉承。你們看見那些大師們互相奉承說：「**您悟得眞高啊！**」然後是一堆讚歎的話；對方就反過來奉承他：「**您也是悟得眞妙呢，不得了！**」這樣互相吹捧。他們很聰明，不自誇自大，而是由對方來捧自己，然後自己也捧對方；大家不知道內情，就說：「**這兩位大師多謙虛啊！修行多麼好，而且他們證量這麼高。**」這不是自誇自大，是由別的大師來稱讚，於是大家就信了！殊不知古來中國禪師不吃這一套，你們看公案裡面那些禪師們各個都拈提諸方，只要誰悟錯了，或是哪個禪師話講錯了，就把他拈提出來世諦流布。

禪師哪講客套的？凡是講客套的禪師，你就知道他是假禪師，都是落在識陰中，特別是落在意識境界，這就表示他們所謂的很高的證量都只是戲論。但為什麼要互相吹捧？因為大家同樣是腳下虛；如果腳跟踏地站得穩穩地，需要雙方互相來吹捧嗎？都用不著啊！可是世間人只看表相。

那麼話題再拉回來，「見諸法的實相時其實無所見，見無所見才是眞見」。所以某甲禪師來了，某乙禪師就背過身去，以無所見的面對他。某甲禪師來參訪時看見某乙禪師這個作略，當然知道這是在幹什麼，所以他禮三拜就走了！也是用那個無所見的來跟他相見。兩個人既然相見完，當然可以走人，某甲禪師就走了，某乙禪師也不必等候他回方丈室喝茶，涼去了。你看這樣不是很寫意嗎？若是要接待一個客人、陪他說一個早上的話，那可眞累人，禪師不信這一套。你來了見過我，我也見過你了，咱們兩個大人相見就夠了，這小人五陰就擺在一邊去，這樣日子多好過！不必一天到晚應酬，來來去去多麻煩。

那某乙禪師如果哪一天想到了這回事，起念說：「我得要去回拜一下。」於是他空手兩串蕉去了，去到那邊時，沒想到某甲禪師竟然一見他就入方丈室去了，也不出來和某乙禪師面對面。某乙也不用等，見某甲禪師回方丈室去，也可以休去——直接就回自己寺中。你看這樣回禮不是很簡單、很單純嗎？不用送什麼禮，也不用在那邊敘舊，這樣就已經相見、敘舊全部都說完了，簡單扼要。但問題是，他們到底見個什麼，就這樣相見？當然就是見無所見。以無所見的面對無所見的才是眞見，這才是眞正禪師家的拜會來往。這表示說，這兩位禪師都看見諸法實相了，這樣子看見了諸法實相的人，才能說他是眞正的「**見佛**」。

所以說，「**見佛**」有那麼容易嗎？假使你哪一天作夢時，說要去迎接 釋迦如來，準備了好幾朵蓮花要供養，結果供著、供著忽然聽說 如來剛剛過去了，你沒看見，要不要懊惱？都不要。不應該懊惱，這表示你這一世眞的可以「**見佛**」，你有悟入的因緣。也就是說你這一世可以有因緣證悟，只差時節早晚而已。你一定可以證悟，因爲有這個因緣可以見法身佛。這個夢就預示說：法身佛無形無相，那祂過去了，蓮花雖然在你手裡，但你已經供養了；供養完了，你再帶回家裡佛堂放入花瓶中，供養家中那尊塑像的 如來也行。兩邊的功德、福德都讓你得，有何不可？可是你如果有智慧，腦袋要動一動：「**我來到這路旁來不及供上蓮花，那蕭老師卻說我已經供上了，我到底是什麼地方供上了？**」這才是重要的地方。不可以說：「**明明蓮花還在**

我手裡，爲什麼蕭老師說我已經供上了？」總不能聽了就信吧？即使是我蕭平實說的話，你也不能聽了就全信，得要去弄清楚這回事，究竟是什麼道理說我已經供上了法身佛？我跟你保證已經供上了，福德無量，但是你得自個兒弄清楚它，這才是重要的事；要不然你不用來正覺聽經，等我整理好出書，你再買去讀一讀就好了。

所以這是個大道理不是小事，那麼 世尊開宗明義先提出來：「見諸法實相名爲見佛，」提出來以後當然要爲大家開示：「何等名爲諸法實相？所謂諸法畢竟空無所有，」諸法的實相，就是諸法畢竟空、無所有，這不是說得很奇怪嗎？前面還告訴大家說「諸法實、空、無性、一相」，這裡卻又告訴你「諸法畢竟空無所有」，好像有矛盾。（有人答話，聽不清楚）沒有喔？還眞的沒有！因爲當你實證以後再來看這兩個開示，完全相融相通沒有絲毫牴觸。以前有個講禪的大法師，初期他常常使用一個標題，叫作「菩薩常遊畢竟空」，你們讀過就知道是哪位大法師，總而言之就是臺灣四大山頭之一。但「菩薩常遊畢竟空」，究竟是遊於什麼境界而說是畢竟空？是他說的遊於清清楚楚、明明白白、處處作主的境界嗎？當然不是！因爲那完全是識陰加上意根的遍計所執性的境界，那處處都是「有」，哪裡是畢竟空？沒有任何一法是空，都是欲界而且是人間的有。

那「畢竟空」跟無常故空大有不同，這兩者不能等視齊觀。無常故空，表示它是曾經在人間、或者欲界天、或者色界、無色界存在過，但因爲無常所以消失了，這叫作無常故空。無常故空的法，不管你是蘊處界的哪個部分，或者全部或者局部或者極少分，終究是三界有，永遠不能超脫於三界有之外，那怎能叫作究竟的空呢？那些都是有啊！而這裡說的「畢竟空」，表示是究竟而無可改變的、不可推翻的，而且是永遠的空，這才叫作「畢竟空」。

無常故空只是因爲無常，所以後來他消失了，因此而說爲空；但是這種空不是永遠空，因爲不久以後又會出生了。所以上一世的張三無常故空，變成今世的李四；李四出生了大家歡歡喜喜在慶祝彌月，所以有滿月酒、煮紅鴨蛋、做油飯送親朋好友，大家還在慶祝著。可是在天上，例如在四王天中，他們看見人間李四嬰兒出生了，大家都在慶祝著；到了四王天的下午時，或是到了明天或到了明天的晚上，又看說人間有人在悼念李四死了，因爲他活得不夠久，六、七十歲就死了，於是四王天的天人就說：「唉呀！人間眞的無常空。」可是他睡一覺起來，又看見李四被人家慶祝出生了，名為王五。是不是？是啊！就這樣。這就是「無常故空」。而這種空不是究竟的空——不是「畢竟空」，因為他不久又會重新再出生為趙六。

也許他生前作了善事，生到四王天中遇見了，那天人說：「我昨天才看你在人間死了，今天卻來這裡跟我相見。」所以這種三界有的無常故空，特別是人間表現得最快速；因此這種無常故空不是真正的空，不能說為「畢竟空」，因為不久又會再出生而有了。那畢竟空是真實的空，是永遠的空，是無始劫以來到達現在是空，然後接著盡未來際也都是空。為什麼「空」？因為如來藏的境界中永遠都無一法可得，這才是「畢竟空」。如果每天遊於清清楚楚、明明白白、處處作主的境界中，說那叫作「菩薩遊於畢竟空」，我說世間沒有這種菩薩，只有造下大妄語業的凡夫菩薩才會說這樣叫作「菩薩遊於畢竟空」，因為這不是「畢竟空」。

所以菩薩必須要實證了「無名相法」、「無分別法」，也就是證得諸法的實相，看見祂的境界中無一法可得，然後菩薩以自己的五蘊之身具足萬法而在這個「畢竟空」的如來藏中行道；這時不妨具足一切有，但所行之道卻在空性如來藏之中而行，這才叫作「遊於畢竟空」。這樣的菩薩就表示眞的證得「清涼月」，因爲不管五蘊身中有什麼熱惱，反觀自己的實相境界中，沒有一法可得，連清涼都沒有，哪來的什麼熱惱？悟後轉依這個眞如境界而住，所以這時每天看見的都是明月如來藏。明月不會熱吧？所以說菩薩時時刻刻都看見清涼月，每天行於畢竟空。這樣想起來，菩薩這個境界是不是令人羨慕？是喔？等你有一天當上來時，才知道苦啊！因爲這樣的菩薩意識心，安住於眞如的現量境界中，來人間是幹什麼呢？是要給眾生糟蹋的。你要來度化眾生，但眾生多數是愚癡無智的有情；當他們掉下水裡四肢在水裡不斷爬著、爬不出生死海，常常在水中嗷嗷大叫：「**爲什麼沒有人要來度我出三界生死？**」嗷嗷大叫。就好像你在野外看見有狗掉進水塘中，那水塘的土壁很滑，牠爬不上來，你伸手拉牠還要準備被牠咬一口，那你說菩薩好幹嗎？所以這時不要羨慕菩薩了。還是要幹喔？你們還眞的是菩薩。對！當菩薩就是這樣。一直到你進入第四地以後，可以用神通境界配合來度化眾生，這時才不再繼續被眾生糟蹋。

但是又有問題，假使你總是這樣高來高去，用神通飛來飛去，眾生都只看你在上面飛，想要親近你還眞難，那你度的眾生多不多？一定不多；那你菩薩道行得就慢了，成佛之道又慢了！假使你成天都跟眾生們廝混在一起，眾生都認定說：「這是我的老師！這是我的師父！這是我的家人、我的好朋友。」大家都很歡喜見你，於是當你不擺架子時，大家喜歡親近你，就願意聽你說法了！你若有開示，他們願意接受，於是大家改變得很快，道業也增長很快。道業增長很快表示什麼？表示水漲上來了，那你這一條船還能不高嗎？於是你成佛就快。當大家道業都可以精進不退時，你的福德就夠了，就可以選個適當時機進入第四地。

那時你已經有好多弟子可以獨領風騷——各據一方獨領風騷。這時你就不妨高來高去，因爲這一些本來都是你度的弟子，現在由你的弟子接下來度眾，你只要作一個精神導師就好了。所以有時來張三弟子這裡，當他正在說法時，你飛過來坐下說：「繼續講！繼續講！」那張三向你頂禮了以後向大家介紹：「這是我師父，你們要歸依。」然後繼續說法；等他說完了你又飛走，隔天到李四那裡去聽經，也是這樣子幫助弟子們攝受一切眾生。那你幫助他們攝受很多眾生時，就表示你攝受了更多眾生，那你成佛一定會更快。

所以這時你知道諸弟子們都可以各化一方，你也就可以撥出時間來，今天到某個世界去，明天到另一個世界去，你用意生身又去接引其他的眾生，那麼成佛的腳步又更快了。

可是你要這樣作的前提是什麼？是要把畢竟空的法先傳好，如果沒有先傳好，你就進到第四地去，那你要度足夠的眾生也不容易。你可別說：「有意生身到別的星球去度眾生，不是可以度很多嗎？」那我請問你：「假使你們一群人，也許幾千人、幾萬人，每隔一段時間，就有一位大菩薩以意生身來爲你們說法，但你們不是常常可以跟他相見，也許三個月、也許一年他才來一趟，那你們跟他的關係到底是深還是淺？」從這裡想清楚了就知道，你用意生身去度的那一些有情，將來終究還是要像人間這樣再有人去度他們；所以你用意生身去度的人，大多數不會是人類，而是度某一些欲界天人一類的有情，那他們要實證「畢竟空」，乃至要深入「畢竟空」就不容易。所以還不如你在人間常常來示現個神通，幫助你的弟子張三、李四、王五、趙六度更多的人，這樣你成佛才會更快。這時當然是不用被眾生糟蹋了，可是你證得的「畢竟空」光是用神通的方式來度，對他們能有多大的幫忙？極有限啦！所以還是要藉著長時間的共聚說法修行，來使他們熏習，實證才會快。

而這個「畢竟空」講的當然不是無常故空那個空，因此你將來所教導的人都要懂得「畢竟空」與無常故空的差別。所以無常空不是「畢竟空」，「畢竟空」不是無常空；但是無常空出於「畢竟空」，前者是子法，後者是母法。如果沒有「畢竟空」就不會有無常空，但是把無常空滅了，於「畢竟空」無損；這道理一定是如此。那麼這個「畢竟空」當然是說祂的境界中實無一法可得，祂是眞實法，但祂的境界中無一法可得，無始劫前如是，無量劫後依舊如是，所以說祂是實卻無一法可得，又是眞實法。

那麼這「畢竟空」說祂無所有，「無所有」有兩個層面要說明：第一個層面說這個「無名相法」的自身無形無色，不能以形狀物質來說是哪一個，這是祂自體的部分。另外說在祂的境界之中不領受任何一法，所以祂的境界之中沒有境界可得。這個說法也不容易理解，因爲祂本身無形無色卻又能生諸法，這很難令人信受；祂自己始終是空性而無形又不是物質，那祂爲什麼能生眾生這個色身物質？爲什麼能生眾生這個覺知心？不知道的人會覺得好奇怪，怎麼可能如此？可是接著有一個題目，或者說有一個命題要問諸位了：物能不能生物？物能不能生心？不可能！因爲物質不是能生之法，可是明明看見有情的色法被出生了，也看見有情的覺知心被出生了，所以這一定是心生的，唯有心才是能生，不可能是由物來生。

那外道不懂，只好長他人志氣、滅自己威風；本來自己有個如來藏很威風，因爲能生一切法，可是無知的人卻說：「這是上帝生的啦！」這種人眞夠無知，假使妳生了兒子當媽媽，兒子竟然這麼說，那妳該怎麼辦？一巴掌就給他了：「不孝子！媽媽生了你，竟然說我沒生你。」應該如此！這是先從事相上來解決他。妳可別說：「唉呀！我都悟了，就別跟他計較。」不能這麼說。妳可以先給他一巴掌，讓他跪下來，然後跟他訓話。一定要叫他跪著聽，然後再從實相告訴他：「上帝也是五陰，你也是五陰，他的五陰憑什麼出生你這個五陰？你還非得要媽媽生你才行。」再告訴他：「你有兩個媽媽，你知道嗎？除了我這個媽媽以外，還有一個媽媽叫作如來藏。」就這樣告訴他。欸！你們親教師有沒有這樣開示過？有時這樣開示也無妨啊！

也就是說，只有心才能生心，而上帝是五陰，五陰不能生五陰，否則就成爲《中論》所破的「從他生」了；只有如來藏才能生五陰，所以剛才說的那個問題也就不存在了。這就是說，祂雖然無形無色，可是祂能生五陰；但祂能生五陰，一定要有個根本的道理，不能說了就算數；這個根本的道理是說祂是「色識」，「色識」的意思是說祂是物質識，因爲祂能變生宇宙中的地水火風。宇宙中的地水火風是由共業有情的如來藏共同變現出來的，然後才會有山河世界的形成，所以歸根結蒂、追根究柢，器世間依舊是由如來藏心所生。所以阿羅漢們也好，菩薩們也好，都把祂叫作「色識」，意思是說祂是物質識。

那祂憑什麼成爲色識？總要有理由吧！要不然把意識抓來叫祂作色識也行，可是實際上不行啊！就是說這個「**無名相法**」、這個諸法實相的「**無分別法**」，祂有「**大種性自性**」——祂有變生四大的功能；所以祂能變生山河大地，那麼共業有情漸漸生來這裡之後，又可以在這裡互相組成家庭，然後投胎就攝取地水火風來增長受精卵，於是成爲一個完整的人身就出生了，這也是要攝取四大的，但是七轉識沒有這個功能。如果只有七轉識，而沒有這個**無名相法**如來藏可以入胎，結果入胎的狀況會怎麼樣？就好像這是媽媽的身體，七轉識去入胎時就會穿過去，如果從前面入胎就從後面出去了，因為是心接觸不到物質，入胎時就會這樣晃過去了。

但如果有一個物質識，也就是有「無名相法」如來藏伴隨著，於是入胎時遇到受精卵就抓住了，然後就變成你儂我儂，如來藏與受精卵兩個拉不開了，這就是最初的「識緣名色，名色緣識」。剛入胎時的「識緣名色」、「名色緣識」就是指阿賴耶識如來藏，加上意根與受精卵名色，就相依而轉、互相攀緣而脫離不掉，一直到出生長大老死以後，才能再脫離。所以這個「識緣名色，名色緣識」的事情會一直維持到他出生以後、長大、老死為止。因此「無名相法」祂自身固然是空性而無形無色，但祂能生諸色法；又因為祂是心，所以祂又藉著意根和五色根，就可以出生六塵，也可以再接著出生覺知心六識。「無名相法」如來藏祂能生心，只有心才能生心，物永遠不能生心；所以祂雖然「畢竟空」而無形無色，但祂能生諸法，而祂本身的境界中「無所有」，沒有任何一法可得；祂除了那一些功能差別以外，你把祂所生的諸法放在一邊，再來看祂自己的境界中卻是無所有；祂是無形無色的，必然是無所有的。

那麼從另一個層面來說，祂雖然生了諸法，譬如祂生了山河大地，山河大地就是祂所了知的範圍；那麼祂也生了眾生的五陰，眾生的五陰身中這個色身，譬如人類的五色根，也是祂所了知、所覺察的範圍。所以祂是心，不是物，也不是完全無覺無知，但祂了知的範圍就在這一些部分上面，不在六塵中了知，所以祂所了別的境界中沒有六塵中的任何一法。請諸位設身處地站在祂的立場來看，當你不了知六塵時，你的境界中會有什麼法可說呢？會有什麼法？連「沒有」這個法也不存在。因爲當你說「沒有」時，這沒有已經是個法了；你知道沒有時已經是個法，而祂連這個都沒有，所以祂完全不了知任何一法。當你證悟祂以後，你來看祂的境界——你站在祂的立場來看時，沒有一法可得。

我們以前講《實相經》時，有舉述《佛說未曾有正法經》中說過的典故；說一位國王悟後供養文殊而文殊不受，供其他菩薩時菩薩不受，供聲聞時聲聞不受，供緣覺時緣覺也不受；最後現場沒得供了，只好回皇宮中想供皇后，但皇后也不見了；不論他想要供誰，誰都不見了！結果沒得供，當他想把那件上妙衣服由自己穿起來時，他也不見自身；當他斷了疑惑以後，大家又都在了，這時才是轉依成功。這是說他悟後站在如來藏的境界來看一切人、一切法時，連佛也看不見，菩薩、聲聞、緣覺乃至他的皇后等一切人，全都看不見了！因為真如不了別六塵中的任何一法，所以祂的境界中「無所有」。當你悟後用祂的境界來看諸法時，你就看見了諸法實相，就知道諸法確實「畢竟空、無所有」，因為諸法的真實相，就是這個「無名相法」、「無分別法」。

那麼「畢竟空、無所有」的實相境界你已經親證了，就用這個「畢竟空、無所有」的法來「念佛」，這就是真正的念佛，其他的念佛都是假有的。簡而言之就是這樣。你們看我這樣一句話推翻了所有淨土宗的法師們，可惡不可惡？啊？不可惡！奇怪喔！大小法師們都罵我：「這蕭平實好可惡，竟然把我們全部一概否定。」所以我當然得要聲明一下：「不是我否定那一些念佛法門，不管他們弘揚的是持名唸佛、觀想念佛、觀像念佛等，我不否定他們，我只是依照佛講的這一句來說明，因為佛說『以是畢竟空無所有法念佛』。」佛說的念佛是要這樣念的，所以他們的念佛是假的囉？因為真正的念佛是這樣念啊！因此不是我否定他們。

可是這樣看來，念佛法門好像非常非常深欸！你們看現在佛教界，普天下能有幾人這樣念佛？就只有諸位跟著我走上來，才能這樣念佛。普天之下有誰能這樣念佛？一個也無。所以當初我把往世那一些證悟的內涵找回來時，還沒有開始弘法，我想：「原來的共修應該可以回復了吧！」也有一念閃過說：「可是我這個法要怎麼說？」想來想去：「唉呀！難說。不如先把他們弄出來，這樣我要說起法來就好說了。」可是我這樣先讓大家悟出來以後就出現問題來，因爲讓大家直接悟出來以後，當時大部分人的定力還不夠、慧力還不夠、福德還不夠、性障也還重，於是最後十之八九送去亂葬崗了，剩下來的現在都變成耆宿元老。所以到底是要去推翻以前所作所爲呢？還是就接受下來？現在想想也只能接受。想當初如果不是這樣弄十個死掉九個而留一個活命下來，今天也沒有這麼多人可用，所以想想這件事情也是勢所必然，追悔無益，那就接受了！好在還有這十分之一的人留下來，幫著繼續接引大眾，於是今天了義正法才終於興盛了起來。

那麼我們剛開始就從淺的念佛法門開始說，然後次第推進漸漸勝妙，於是今天終於可以講《佛藏經》了。十年前有人建議我：「老師！《佛藏經》早該講了，爲什麼遲遲不講？」我說：「還不行啊！若早講，一定被佛教界罵翻了，這對正法不利，而且害人造口業，別害人了吧！」但是留到今天來解說，這就沒問題了。我講了這些勝妙的法，大家聽得津津有味，這表示這部經典說得正是時候。那麼這樣也來印證我們一開始弘法所說的，「念佛法門甚深極甚深」的話絕非虛語，如今大家可以印證當年我說過的話。所以說「念佛」眞的是三根普被，正是三歲孩兒也念得，八十老翁也念得。

但是我卻又想說：「八十老翁念不得。」因爲談到實證時也就只能搖頭了。好在現在有諸位，可以讓我有因緣來把《佛藏經》的實相念佛境界講出來，那麼這樣看來，佛說的「念佛」是要用「畢竟空」、要用「無所有」的法來念的；想到這裡又只能搖頭了吧？因爲天下難得幾人眞的會「念佛」呢！所以有人問老禪師說：「我要如何用功呢？要如何修行佛法才能進步呢？」老禪師對嘴就說：「念佛！」沒想到這個出家不久戒疤未乾的比丘回說：「念佛是老人家念的，怎麼也叫我念佛？」禪師就開示說：「八十老翁也念得，三歲孩兒也念得，就是難會。」好比白居易來問鳥窠禪師：「如何是佛法？」鳥窠說：「諸惡莫作，眾善奉行。」白居易竟然回說：「三歲孩子也懂這麼說。」沒想到鳥窠禪師說：「三歲孩兒雖道得，八十老翁行不得。」他這一下才警覺。深妙的「念佛」法門也是一樣，不是那麼好成就的，把這個公案舉了以後，這個禪者才警覺道：「啊？念佛這麼深喔？」也許這禪者就問：「如何是佛？」沒想到那禪師卻說：「阿彌陀佛！」管叫他不會。等到他哪一天會了，才知道老禪師眞夠老婆，簡直是眉毛拖地，只能怪自己當時因緣不夠。所以念佛法門不是那麼容易會的，有人願意把念佛的眞正實證境界指導他，他得要盡未來際感恩戴德的。所以我說，念佛法門三歲孩兒也念得，八十老翁也念得，可是若要探到眞會，簡直是天下無一人。

接下來 世尊又說：「復次！如是法中乃至小念尚不可得，是名念佛，舍利弗！是念佛法斷語言道，過出諸念，不可得念，是名念佛。」「這樣的法之中，也就是說在這樣的念佛境界之中，乃至一個很小很小的念都不可得，這樣才眞的叫作念佛。乃至不論多粗的念、多細的念，甚至最小的、最小的念都不可得，得要這樣念佛才是眞正念佛。」可是這樣的念佛很難令人理解，所以 世尊爲大家再作了一個說明：「這樣的念佛法是斷離了語言道，是超過而且是越出了一切念的，在這個念佛境界之中，不可能找得到任何一個念，這樣就叫作念佛。」

這麼一聽，反觀兩岸佛教界，這時一個念頭生起了：「完了！原來沒有人會念佛。」爲什麼沒有人會念佛？因爲「是念佛法斷語言道，過出諸念」。諸位想一想，「斷語言道」的念佛誰能念？那一些大法師們還主持佛七，大家在那邊六字洪名、四字洪名一直唸著，現在　佛說了「斷語言道」啊！那要怎麼念？當他們「念佛」而「斷語言道」時，還敲引磬嗎？還打地鐘嗎？還敲小木魚嗎？都不用了，這就沒辦法念了吧？可是總不能叫他們把念佛道場關起來吧？所以仍然要讓他們持名唸佛，但要告訴他們說：「你們這樣的唸佛，唸的都是空殼的佛，沒有佛法的實質，因爲不是實相念佛，實相念佛的境界『斷語言道』。」

現在要問諸位了，咱們現在來評論、評論正覺的「無相念佛」，這「無相念佛」是不是「實相念佛」？是喔？不是喔？只有一個人說是，多數人都說不是。爲什麼還不是呢？因爲無相念佛雖然也「斷語言道」，可是諸位看下一句說實相念佛是「過出諸念」的，那麼無相念佛時有沒有淨念？有。是有一個憶佛的清淨念，沒有語言文字形像的清淨念，雖然可以一念相續「淨念相繼」，但依舊有個念；有念就不符合　世尊開示的「過出諸念，不可得念」，因爲仍然有個「**淨念相繼**」可得。所以你看，連無相念佛都還不是眞正的念佛，因此我們主張說，無相念佛學會了只是一個功夫，可以藉著這個功夫來體究念佛——也就是參禪；等到悟得眞如、現觀眞如了，這時再來念佛，知道所念的佛實際上是無垢識——是第八識「**無名相法**」，這樣的念佛才叫作「**實相念佛**」。這才是《佛藏經》中這一段經文 世尊所開示眞正的念佛法門。

但這個法眞難傳，因爲得要先幫大眾開闢各種福田，讓大眾修集足夠的福德。不能只開闢一方福田，這一方福田開闢出來時有的人說：「**這方福田是要捐錢的，我沒有錢，怎麼辦？**」所以要再開闢另一方福田，這一方福田不用花錢，只要你有時間來作事就夠了，這也是福田。有的人說：「**可是這兩方福田我都不適合。**」那你就得要開闢第三方福田了。所以你得一方又一方去開闢出來，當很多人都能夠種福田時，就表示能有很多人可以實證般若了。有足夠福德可以實證了，還欠什麼呢？欠功夫；那你就要教他們怎麼作功夫。當他們好好把功夫作上來，距離實證的境界又近些了，那你就得教導他們各種正知見，讓他們慧力具足，這就是我們禪淨班中諸位親教師教導諸位的；當這些條件具足了於是上禪三，一次兩次三次五次打下來，總是會開悟吧！

這就是說，「實相念佛」的法門不容易傳，因爲單單要讓人家相信都很難。你們可別說：「那是外人不能相信，我們自己人一定相信。」但我告訴你們：「不然。」想想看同修會不是有三次法難了嗎？都是自己家裡的人欸！所以你們看，福德不夠時還是會障礙的，於是悟後就退轉了，這種狀況層出不窮。正法時代都還會有這個現象，何況是末法時代呢？因此這個法難傳。雖然很難傳授、很難實證，我們卻必須繼續傳授，讓大家繼續實證，代代流傳。所以這個念佛法門我們必須要加以詳細地解說，不能輕易放過。

那麼從這一段經文來看，世尊也是夠老婆的；從這個層面講了又從那個層面再講，然後又從另一個層面再來講；但是這一段經文首先說「見無所有，名爲念佛」，然後又說「實名無分別」，這樣叫作「念佛」；然後又說「見諸法實相名爲見佛」，接著說「念佛法斷語言道，過出諸念」，說這樣叫作「念佛」，這樣已經講了四個，夠老婆了！釋迦如來又不是第一次成佛，是「無量無邊百千萬億那由他劫」之前已成的古佛，爲了度我們而來人間示現，好辛苦欸！爲了利樂往世的弟子們，不論多麼遠都是走路。從正覺大塔到鹿野苑，當年遊覽車時速五十公里，也開了將近五個鐘頭，也就是超過兩百公里，佛陀就這樣走路前往度五弟子，這要走好幾天的。

這麼辛苦度眾而且說法時鉅細靡遺，單單說明「念佛」這一段經文，已經爲我們講了四種念佛的要旨，是說：「眞正的念佛法是斷離語言之道的。」換句話說：「眞正的念佛法，不用語言文字，不用諸佛的名號來念，因爲眞正的念佛是超過諸念、是越出諸念的，連一念都不可得，」說「不可得念，是名念佛」。請問你們，如果是持名唸佛時，你說「我要念眞正的佛，眞正的佛是什麼？」是無垢識呀！那是不是大家繞佛念佛時要唸「南無無垢識、南無無垢識」？是不是要這樣唸？啊？既然要念眞正的佛，就要這樣唸：「南無無垢識！南無無垢識！」那諸佛如來名號都要捨棄了。可是，當他們這樣唸時，是不是眞正的念佛？依舊不是啊！因爲他們依舊有語言、依舊有念：「我歸命無垢識。」這就是一個念。

所以你們看，這一小段經文害死了多少念佛的大法師們，當他們讀了這一小段經文之後，再也不敢宣稱說：「我懂念佛了。」因爲即使很會思惟，然後他來說明：「我念佛時是念無垢識。」想想這樣應該是眞正的念佛了吧？

可是沒想到 世尊聖教說：「斷語言道，過出諸念。」這一下可好了，他沒得念了，這時怎麼辦？念佛道場竟然沒佛可念，該怎麼辦？啊？去正覺喔？你說的也對，可是正覺沒有那麼大的講堂容納他們，因爲想要學這個眞正的念佛，可不是一般人說的三年五載就全部能學會的；有的人三年五載會了，有人十幾載還學不會，怎麼辦？總不能叫這一些同修們都讓出來給他們吧？

老實說，全部講堂都讓出來給他們學也還不夠，那該怎麼作？除非再買個超級冷氣，然後把每間講堂都隔成上下兩層來共修，但恐怕會垮了吧？所以難啊！這實相念佛眞不是容易的事。那麼諸位聽到這裡，是不是應該想說：「**我好幸福喔！**」（大眾答：是。）聽你們說是，我也覺得好幸福啊！這不是每一個年代都可以實證的境界，因爲善知識要出於世間弘法，也得要有那個因緣；假使因緣不湊巧，善知識也無法出世，大家想要實證這樣的法門，可就非常困難。

這樣講了四種念佛的意涵，接著總是要告訴大家怎麼樣修學、怎麼樣熏習這個念佛法門吧，所以 世尊說：「**舍利弗！一切諸念皆寂滅相，隨順是法，此則名爲修習念佛。**」換句話說，從諸法實相的境界來看，一切念，不管哪一種念，全都是寂滅相；隨便你施設是哪一種念，心中熱惱而有的各種念，心中清淨而有的各種微細念，乃至定中清淨唯一的一念三千，或者在佛法中實證所得的清淨念或者智慧之念，「一切諸念皆寂滅相」。印順派的人都死在這裡，他們一看：「一切諸念明明是心中很喧鬧，怎麼會說都是寂滅相？」他們死在這裡無法理解，因此乾脆公開主張說「大乘經都不是佛說」；可又怕人家罵，於是只好說：「雖然不是釋迦佛說的，但因為講的與佛法一樣，所以也算是佛經。」這就是他所謂的《華雨集》、《妙雲集》中講的。

可是問題來了，既然他承認這也是佛經、也是佛法，那他為何要否定說不是佛說的？為何要否定，說般若就是性空唯名？說「般若其性本空」就只有名相而已。這不是公然否定《般若經》嗎？所以這個人眞大膽。那為什麼他這麼作？都因為他讀不懂。讀不懂所以乾脆推翻就算了，不管誰拿大乘經文來質疑，他就說：「這不是佛說的，我不必理會。」於是他就沒有問題需要說明或解決了。他這個說法是很聰明的，只是不幸生在蕭平實存在的年代，否則沒有人能推翻他。

那麼 世尊說「一切諸念皆寂滅相」，這一定有道理的，但是依文解義時一定死於句下；因爲「一切諸念」即使是定中一念相續的清淨念，依舊不寂滅，因爲那境界中也是有定境法塵；既有定境法塵，就一定是有覺知心存在；有覺知心存在時，就不免有時會有其他的清淨念出現，換來換去，這就不是寂滅相了。上從非想非非想定一念相續的清淨念，下至欲界定中極粗糙的清淨念，莫非是念；有念就有法塵相，有法塵相就不算是究竟的寂滅；然而 佛說「**一切諸念皆寂滅相**」，這時講的「一切諸念」包括眾生在熱惱之中所生的煩惱種種念；可是 世尊說這也是「寂滅相」，這可就難死一切大法師了！因爲他們讀到這一句聖教時，也許想：「**我這一個月，本山道場的電費四十五萬，到現在還不夠，怎麼辦？竟然說我這樣的念也是寂滅相。**」

他們怎麼想也想不通，無法接受，乾脆就說：「**這部經典是後人僞造的啦！**」因爲他讀不懂。他如果不這樣把它推翻掉，徒弟們上來一問，只能往後一倒，四腳朝天，對吧？無法應付了，又該怎麼辦？乾脆否定了，天下太平。可是他沒想到的是這個天下太平只是目前，臘月三十到來時可就大大不平了！那時再要感嘆、再要補救都來不及了。所以有智慧的人要怎麼樣來看待聖教中自己所不懂的那一些經句？應該說：「**這不是我目前之所能知。**」

然後發個願說：「願我努力修集福德，伏除性障，修集定力，修學智慧以後，有一天終究可以實證。」應當如是說，才是有智之人。

那我們當然得要說明一下，請問諸位：「一切諸念在你覺知心中起起滅滅不斷延續時，不管它是熱惱的念、清淨的念，或是煩惱的念、智慧的念，不管它是什麼念，這一些念在你心中起起滅滅時，有外於你的如來藏嗎？」（大眾答：沒有！）再請問：「那你的如來藏是寂滅的，還是喧鬧的呢？」（大眾答：寂滅的。）這不就結了？你看這一句聖教這麼好解釋，我問諸位說：「你們有沒有外於如來藏？」你們說沒有，因為「一切諸念」全都在如來藏中。再問說：「如來藏是寂滅的還是喧鬧的？」諸位說是寂滅的，那不就表示說，當你覺知心不斷的有各種念生生滅滅時，始終都不外於寂滅的如來藏；既然自始至終不外於寂滅的如來藏，那麼這「一切諸念」不就是「寂滅相」嗎？因為你這喧鬧的「一切諸念」也是如來藏中的事情，都不外於如來藏；而如來藏是寂滅的，所以這「一切諸念」當然也都是「寂滅相」。這很好解釋，沒什麼困難。

所以遇到諸位，我說法就很好說；可是我如果在外面要講解這一句聖教，想要解釋給大眾聽懂的話，我就得要從五陰、十八界說起；講完五陰、十八界如何從如來藏中出生以後，他們才會知道說：「原來我們五陰、十八界都在如來藏裡面。」然而信歸信，依舊無法現觀，那你們想，我講五陰、十八界時得要講多久才行？每一次禪三起三時，我在殺我見時講五陰、十八界，兩個半小時的時間都不夠用。所以這一梯次少講這一部分，下一梯次少講那一部分，每一梯次都沒有辦法完整具足講完，因爲就只有兩個半鐘頭。那如果我在外面說法，他們沒有對我限制時間，我來講五陰、十八界講上三個鐘頭，接著再說服他們相信五陰十八界是如來藏生的，再問他們說：「一切諸念是不是都在如來藏裡面？」他們就會像諸位這樣答說：「是。」然後再問：「那如來藏是不是寂滅相？」「是。」這樣我三個鐘頭才能解釋這一句，多累人！所以爲諸位說法是我的福氣，因爲可以很容易讓諸位聽懂；但這個機會也不是天天有，因爲只有週二晚上這個時段才能有，所以我還眞的很幸福。

那麼　世尊接著又說：「隨順這樣的法，去修學、去熏習念佛法門，才能稱之爲在熏習修學念佛法門。」這樣，我還是要搖頭，因爲依這個標準來看，佛教界就沒有人能這樣修學、熏習，因爲這樣子顯示諸位來正覺同修會，從無相念佛的功夫起修，然後看話頭、參話頭，之後破參明心，明心之後繼續無相念佛，那你們走的這一條路，學了這個法、證了這個法是否正確？用世尊這個聖教量來印證，也就很清楚了。如果像這樣子悟了以後再會生疑、再會退轉，也只能說他的愚癡無人能及。我這話說得一點都不過分，因爲他們後來退轉的人，最後還是偷偷回到這個法來，只是不繼續共修而已；如果他們要繼續精進，我的書不是要繼續買、繼續再讀？就是這樣啊！由此來證明正覺的念佛法門眞的可以說是獨步天下。能不能說鶴立雞群？當然也可以，但是這樣說不太好，會侮辱人家，因爲我們既不是鶴，他們也不是雞呀！所以還是說獨步天下吧。因此我說諸位來到正覺，才是眞正的「修習念佛」。

接著 世尊又開示說：「**不可以色念佛，何以故？念色取相，貪味爲識；無形無色無緣無性，是名念佛。**」這樣看來，顯然持名唸佛、觀像念佛、觀想念佛都是一種方便施設，只是爲了攝受末法時代的有情，所以施設這樣的法門給大家，讓末法時期乃至最後五十二年時，還可以用持名唸佛法門來念佛，但那畢竟都不是眞正的「**念佛**」。「**以色念佛**」，諸位想想看，譬如觀像念佛，那是要依眼前的佛像而在心中觀想出佛的影像，然後心裡自己很清楚去定義說：「**我所觀看的這佛像是某某佛。**」觀看了以後就閉起眼來，依那個影像來念佛，這叫觀像念佛。這樣的觀像念佛是不是「**念色取相**」呢？正是。

又譬如觀想念佛時，心中觀想某一尊佛越來越清晰、越來越分明、越來越莊嚴，就這樣一一作觀想，這依舊是「**念色取相**」；「**念色取相**」時一定有一個特性，就是「**貪味爲識**」，覺知心會去貪取其中的法味。因爲當你觀像念佛時，一定會詳細去觀看那一尊佛像畫得夠不夠精緻？夠不夠莊嚴？一定要在這上面用心。如果畫得不夠莊嚴，你就要找人另外再畫；如果印得不夠莊嚴，你要去找印得更莊嚴的像來作觀像念佛的工具。於是當你找到一張佛像，它非常精緻、非常莊嚴，那你就會喜愛上那一張佛像了，這是不可否認的。譬如我們祖師堂有一張 3D 的立體佛像，我們也有印成小張的，去大陸書展時沒多久就被索取一空，後面還有人來要而要不到；那他們爲什麼聽到風聲以後又來要？爲什麼有人回去以後半路上想：「**不行！我這一張帶回去讓人家看見，又會跟我要走，我得回去再多要一張。**」於是他又跑了回來要，也有這樣的。

這表示他們很喜歡這一張佛像，很喜歡的原因是什麼？（大眾答：貪味為識。）正是「貪味爲識」，諸位都很清楚知道。因爲他們看見這一張佛像時：「好莊嚴，而且這是立體的，好像分明就在我眼前一樣，那我就有恭敬心，我這樣供起來禮拜，將來念佛功夫一定好。」正是「貪味爲識」。觀像念佛如此，觀想念佛亦復如是；所以有人觀想成就時，永遠捨不掉，就每天非得要觀想不行；當他每觀想一次時就覺得好有成就感，然後就想方設法：「我還要再觀想，因爲所觀想的佛像還有一部分不夠具足，不夠圓滿。」心想，這裡還要觀想個什麼莊嚴、那裡觀想個什麼莊嚴，就不斷去增加，於是他對於佛像莊嚴度的貪著就越來越增長；這也就是「貪味爲識」。

這是說，「念色取相，貪味爲識」的念佛是念不到最高層次的。但其實是可以轉變的，我們可以用大精進菩薩—也就是 釋迦古佛還在因地時—眞正的故事拿來說明。大精進菩薩跟父母鬧了很久才終於可以出家，但他什麼都不帶，只帶一張佛的畫像；那一張畫像畫得很莊嚴，他帶了那一張佛像出家之後，到了野外樹下坐了下來，把佛像展開來掛在樹上，開始觀看那一張佛像，他想：「猶如這一張莊嚴的佛像，沒有出息沒有入息，諸佛如來亦復如是，無出息無入息。」他又繼續觀看那一張佛像，心想：「猶如這一張佛的畫像，無見聞覺知，諸佛如來亦復如是，無見聞覺知。」他就這樣依那一張畫像去觀行、去思惟，然後他會了；這一會可就入地了，不是在三賢位中，這表示他往世就已經是個大修行人了。但這顯示「念色取相，貪味爲識」的念佛人，還是有機會可以度化的；只要我們懂這個法，把世尊的往世經歷告訴對方，他們心中也漸漸會生起愛樂之心，於是我們就可以把這個法的本質告訴他們，那他們隨著漸漸轉變以後，自然而然也就可以深入念佛法門了。今天講到這裡。

現在九樓的空氣品質還眞好，二氧化碳只有一一八七；不過全熱交換機還是太吵，所以聯繫廠商準備換功率轉速慢一點的馬達，就不會那麼吵。十樓的裝潢重新裝修好了，預備要裝全熱交換機的場所也準備好了，但因爲九樓這機子我們覺得太吵，要改規格——改馬達的規格，所以十樓會先改好以後再裝，會晚一點裝。關於上週我說第五、第六講堂的空氣品質最好，是事實，不需要更正；但有一點要抱歉的，就是溫度的控制不好，所以上週的溫度有點高，是因爲我們冷氣機幾乎是全部換新，因爲還在測試的階段，中控系統也需要經過一個夏天的實際測試才能夠全部調整好。所以第五講堂的同修們，應該今天溫度會比較恰當，空氣品質則是一直都很好的。

《佛藏經》上週講到十二頁第二行：「何以故？念色取相，貪味爲識；」我們這個部分講完了，今天要說：「無形無色無緣無性，是名念佛。」但要先延續上週講的「念色取相，貪味爲識」再說明一下，像這樣的念佛是落到識陰的境界中，不是實相念佛。實相念佛不會有相，因此是離三界境界來「念佛」的，所念的佛不在三界境界中，所以實相念佛、了義的「念佛」是念法身佛；能夠念法身佛，才能夠說是眞正的「念佛」。其他念佛法門的「念佛」層次都不是究竟了義的「念佛」。因此 世尊說：「無形無色無緣無性，是名念佛。」眞正的佛無形無色，也就是說，眞正的佛是般若諸經講的空性，或者稱爲眞如，這才是諸佛如來的本際，也就是諸佛如來的實際。

我們在兩千五百多年前所親値、供養、奉侍、隨學的 釋迦牟尼佛是應身佛，是感應到我們的道業成熟了，也是配合往昔無量劫前的其他兄弟所約定的願，因此來這裡示現成佛；而那樣的應身佛是會過去的，會示現捨壽而入涅槃，所以不是眞實佛。既然應身佛示現了以後都會過去，當然就不是眞實佛，而這也表示背後有眞實的佛，才能夠不斷地出現應身佛在人間、在天上，不斷地利樂眾生。那麼應身佛的本際或者實際，其實就是般若諸經所說的眞如心第八識，也就是唯識諸經說的第八識如來藏。而這個如來藏在佛地稱名爲無垢識，祂可以一次又一次不斷地示現應身佛，所以諸方世界不斷地有同一尊佛以不同的身相來示現。所有的應身佛之所從來，全都是祂的第八無垢識——又稱爲佛地眞如，這才是諸佛如來的實際。

而這個實際無形無色，既然無形無色，這樣來「念佛」時當然不可「**以色念佛**」；如果「**以色念佛**」，就會變成念生滅佛；念生滅佛就表示所念的佛，這個念佛的境界或者層次還不夠高。縱使念報身佛，依舊不是最究竟的層次，所以應該要念法身佛。但是法身佛無垢識無形無色，因此不能取相來念佛；如果取相來念佛，所取的相是虛妄的；而應身佛所顯示出來利樂眾生的法相，那個應身佛的本身也是生滅法，這樣來念佛層次就不高，也不究竟，所以應當要念法身佛無垢識。

那當你隨念某一尊佛，同時很清楚你所念的那一尊佛的實際是無垢識，祂的無垢識究竟是如何，你還不知道；但是只要你實證了如來藏，就知道祂的無垢識是這個模樣，也就是沒有模樣的模樣。因爲祂無形無色，但是祂有許多功能差別，有許多自性；到佛地時又增加了非常多的功德和自性。當你如是憶念某一尊佛時，不論是無相念佛或者有相念佛，或者持名唸佛，其實都是眞實念佛。因爲你所念，實際上是祂的無垢識，把念某一尊佛和祂的無垢識附帶在一起來「念佛」，這時縱使是持名唸佛，依舊可以說是無形無色、無語言道。所以如果人家問你：「如何是佛？如何是法？」你就向他答一句：「南無本師釋迦如來！」或者你乾脆隨俗回答：「阿彌陀佛！」也行啊！因爲你是附帶著憶念 阿彌陀佛或者 釋迦牟尼佛的法身無垢識，所以從外表看起來你的念佛依舊有聲音、有佛號的法相，其實那只是示現在外的部分，而你心中所念的佛其實無形無色。

這樣說明其實還不夠，因爲也許有人想說：「那大概像虛空吧？」要不然就是想：「祂無形無色，好像是我們覺知心一樣吧？」還是會有誤會，所以 世尊又附帶了四個字：「無緣無性。」這就是說，所念如來的實際，不但無形無色而且祂無所攀緣，並且沒有任何覺知心的法性存在，祂也沒有三界諸法的各種法性存在。先來談「無緣」，例如覺知心在一大早醒來時出現了，出現時一定有所緣，就是有六識緣於六塵，不可能無緣。沒有哪一個人甚至於沒有哪一位菩薩、哪一尊佛說覺知心現前時不緣於六塵的，沒有這樣的事。所以覺知心現前時一定有所緣，就是緣於六塵。

緣於六塵這狀況，就和法身如來不一樣；大眾的法身如來不緣於六塵，所以法身佛對六塵完全不加以了別，也許有人想：「您這樣講好像不太對吧？因為您也講過：**如來藏藉著六根來接受了外六塵，然後在勝義根中變現出內相分的六塵，那祂怎麼會是無所緣呢？**」從表面來看，他這個提問還真是有道理，但實質上沒道理；因為他誤會了，如來藏這個法身如來，祂只是像明鏡一樣把外面的影像攝受進來，然後在鏡中顯現出來給你看，而祂就像明鏡一樣不了別的。明鏡映現外在的影像給你看時，它不會了別那裡面的影像，而如來藏正是這樣。「**如鏡現像而不了別**」內六塵的相分或者外六塵的相分，就好像明鏡一樣只是轉變成內相分給你了知，而祂不加以了知，所以祂「無緣」。這裡說的「緣」，意思是說會加以了知，才叫作有所緣。而祂沒有這個所緣。

「無性」是說祂沒有任何的三界性。我們的五色根、六塵具有三界性，屬於三界中的法；而我們的七轉識也是具有三界性，不外於三界。「無性」時就表示五色根等這些三界法全部斷滅；七轉識全部斷滅了，那不是三界中的境界，而三界之外可以獨存的就是法身如來第八識。三界之外沒有六塵、沒有六識也沒有意根，法身如來獨存於那個境界時就稱之為無餘涅槃。如果法身如來去投胎出生了應身佛，於是應身佛具足五色根和六塵，也就出生七轉識，這時由祂所生的五蘊十八界來緣於六塵，也就會有三界中的法性出現，可是你把應身如來五蘊十八界一切功德和自性放在一邊，單單只看祂法身如來——無垢識，這時祂並不具備或者並不顯示三界性，所以說祂「無性」。

這個「無性」不能誤會說沒有各種功能差別，祂只是無三界性。因為一切證悟的人都可以觀察到自己的如來全無三界性，但是有種種的功能法性，不是完全沒有功德性。所以這裡說的「無性」是說沒有三界法的法性。如果念佛時是念應身佛或者念報身佛，而應身佛或報身佛是示現在三界中的；既然示現於三界中就表示祂會顯示出三界中的法性，讓我們可以現前觀察到；

但是法身如來沒有三界中的法性，所以說祂是「無性」。那麼 世尊說：「無形無色無緣無性，是名念佛。」從這一句聖教來看，眞懂念佛的人還眞的不太多。

想想看，世尊說：「念色取相，貪味為識；無形無色無緣無性，是名念佛。」在正覺出來弘法之前，曾經有誰如是「念佛」？假使有人今天是第一次來聽我講經，聽到這一句話時心想：「喔！你蕭平實好狂，瞧不起人。」不！我說的是實話，沒有瞧不起人。我如果瞧不起人，誰還願意來學這個法？假使每天我上堂時抬高下巴看著你們，當你們看到我這個表情時，我想每一週聽經完就會有十分之一的人不再來聽經了，再下一週再減十分之一，一直減下去，因爲這蕭平實眞的太瞧不起人。然而即使是那一些誤導眾生的大法師們，我也不瞧不起他們、不輕視他們，但我卻要說明他們弘法時講錯了，什麼地方錯了；我據教而說，依理而說，但不要瞧不起人，所以我說的是實話。

那麼這樣看來念佛法門眞的不簡單，可是這道理，二十年前我能說給誰聽呢？連專門弘揚念佛法門的大法師都聽不進去，他當年一天到晚老是說：

「這一句佛號，打死也不能放掉。」佛號不能放掉，就永遠不能轉進，所以到最後就像人家說的一句貶損的話：「前途光明，沒有出路。」說的是誰呢？是玻璃窗裡的蒼蠅，牠看來看去前途都是一片光明，但永遠出不去，永遠沒有出路。所以那位大法師最後有一點像一貫道，也去搞基督教的《聖經》、《玫瑰經》；他脖子掛的不是項鍊也不是念珠，因爲在念珠下面還掛了一個銀製的十字架，這到底算什麼？總而言之，他念佛就是沒有出路。所以實相念佛法門，當初我送上門去想要爲他講解，還眞的說不進他心裡去，我的感覺就是「話不投機三句多」。

所以念佛法門不容易修學，很難修證的，這麼不容易的實相念佛法門，就是諸位來到正覺所要求證的。如果諸位來正覺想要的只是持名唸佛，只是無相念佛，其實不用來正覺，在家裡把《無相念佛》那本書好好讀一讀、好好思惟思惟，弄清楚無相的念以後，你自然就可以把《無相念佛》功夫練成。來同修會修學很辛苦，所以一定要得到更好的法才行，因此來這裡要得的就是第一義的念佛——實相的念佛法門。

但是實相念佛法門該怎麼用簡單的幾個字來函蓋、來說明呢？世尊作了這麼一個開示：「是故當知：無有分別，無取無捨，是眞念佛。」這一段經文前面講了那麼多，講到最後說，不可以落入色相中來念佛，因爲如果是貪著於如來三十二大人相、八十種隨行好，是這樣來念佛的話，那就不是眞的念佛，而結論是說：「無有分別，無取無捨，」說這樣才是眞正的念佛。

以前大部分的善知識們閱讀《佛藏經》時，讀到這裡心裡面想：「沒有分別，那我要怎麼念佛？沒有分別時不就像木頭石塊了嗎？那要怎麼念佛呢？」又想：「無取無捨，當我念佛時，表示我取了佛的形像或者某一個認知、某一個法來念佛，我既然取了佛的形像、名號、音聲來念佛，顯然不符合世尊說的『無取』。『無取』也就罷了，我就把所取的佛號、形像、聲音都捨了，應該就『無取』了吧？偏偏又告訴我不能捨，說要『無捨』，那我怎麼念佛呀？」眞的是頭痛，百思不得其解。確實很頭痛，所以這《佛藏經》就沒有人敢詳細講解或者註解。不曉得《大藏經》中有沒有古德註解過《佛藏經》？我沒有去查，不知道。但是《佛藏經》這樣的開示，顯然跟一般大法師們所知道的「念佛」截然不同，迥然有異，這是完全不同的層次。

一般人「念佛」一定要有個佛號、有個形像、有個聲音，即使是正覺同修會推廣的無相念佛，至少也還有個憶佛的淨念，那也是緣於對某一尊佛認知的憶念，還是有取的。那現在說不能取，不能取時不就是什麼都沒有嗎？所以這是大法師們想要這樣「念佛」時很大的困難，末法時代這些「大善知識」們不知道該怎麼辦？於是大家不講解《佛藏經》。若是想要講解時就會先加以思惟，然後會覺得心中很虛；連自己都不懂，要跟人家講什麼呢？所以乾脆不講。當人家問起來說：「師父！聽說正覺以後要講《佛藏經》了，師父您為什麼不先教我們？」沒想到師父說：「你們自己讀就行了，但是只要讀前半部，別讀後半部。」有這個但書欸！徒弟們就想：「這可怪了，佛都說諸經不可以分割，應該完整來為眾生宣說，為什麼師父教我們只能讀前半部？」心裡好奇，於是安板以後就偷偷讀一下後半部。這師父怎麼樣都沒想到不提還好，這一提，大家偏要讀後半部。因為大家想：後半部一定有寶。結果讀完了，恍然大悟：「原來這後半部講的都是在講咱們師父。」所以大家都不講《佛藏經》。而且老實講，單是〈念佛品〉、〈念法品〉就已經夠難了，後面那些是要如實修行、要自己能作到的，否則講了以後徒弟們每天都要拿師父講的來檢查師父，那可怎麼辦？不得了囉！所以乾脆不講。

那麼這個「無有分別，無取無捨，是眞念佛。」還眞難倒了末法時代的一切大法師們。那我們先來作一個簡單的說明，也就是說，當你悟得第八識如來藏時，念佛時同時瞭解、同時有一個正見，或者說同時有一個作意存在：念佛時，要憶念的如來並非有五蘊的應身，或者在十方世界利樂有情的那一個化身，而是祂的第八識無垢識。你同時有這個作意存在時，很清楚知道所憶如來的無垢識「無有分別，無取無捨」，當你這樣「念佛」時，不論念哪一尊佛，你心中有這個正見，有這個現觀，有這個作意存在，那麼你這樣「念佛」時就是眞正的念佛。所以這個眞念佛的前提就是要先證悟，可是證悟的事情自古以來就難，有一句成語恰可形容：「難如上青天！」眞的比上青天還難。

諸位不要以爲上青天很難，你只要持五戒修十善，死後就可以生到忉利天、夜摩天去了；假使更努力修十善業，把欲界定也好好修成，再把未到地定修好，至少可以到欲界天的第六天，有什麼難？眞的不難。可是你想要像這樣眞念佛，可就太難了！想想看古來有多少人能夠這樣念佛的？只能夠說是鳳毛麟角。所以對這個「無有分別，無取無捨」的道理，當然要再加以深入理解，來幫助大家有一個更正確、更圓滿的知見，然後條件具足了打完禪三回來，就可以像增上班的同修們一樣眞念佛。等你會眞念佛時，敲敲腦袋說：「我現在才知道什麼叫眞念佛，原來我以前都是念假佛。」對吧？以前念的是假佛啊！因爲以前念的都是應身佛、化身佛，那都是假有的佛，因爲都是有時出現，因緣過去時又示現入涅槃，當然不是眞佛，而是假佛。以前那樣「念佛」就叫作念假佛，打三回來拿到金剛寶印了就想：「原來我念佛時所念的佛應該是這個才對。」那你就帶有憶念 釋迦如來或者 阿彌陀佛的無垢識的作意存在了，依照 佛的定義說這就是眞正「念佛」。因爲這時你念佛，知道 如來的無垢識「無有分別，無取無捨」。

既然說需要對這八個字來詳細理解，比較容易在打三時證悟，我們就來看看補充資料，首先來看銀幕上列印出來的《大般若波羅蜜多經》卷三八二：「善現！諸法實性即是法界、眞如、實際，如是法界、眞如、實際皆不可轉、不可越故。所以者何？如是法界、眞如、實際，皆無自性而可轉越。」以往大善知識們都說般若甚深極甚深，那我們有的同修們悟了以後說：「對於那些主張般若甚深極甚深的大善知識來說，般若確實甚深極甚深；因爲當他們自以爲懂般若時，其實還是錯會了！」言下之意是說：「般若對我來講不是甚深極甚深，我已經能夠現觀了。」我相信有不少增上班的同修曾經這麼想過，然而我要說般若依舊是甚深極甚深，因爲般若所說的大意究竟是什麼？有幾人眞的弄清楚了呢？還是沒有啊！

那我們在增上班最早時期講《成唯識論》時，講了非安立諦三品心，有好多人聽不懂。我們二〇〇三年開始講《瑜伽師地論》，講到現在（編案：這是二〇一五年五月五日所說，今出書時已講到卷九十六）才講了六十幾卷，終於又講了一遍非安立諦三品心；而我們同時也講了安立諦的十六品心、九品心，也是包含在般若裡面講的，那麼增上班的同修們終於比較有概念了，才瞭解到：「原來《般若經》最主要的宗旨是這個。」但是在此之前，縱使眞的悟了，讀《大品般若》、《小品般若》時，不都還是尋枝逐葉嗎？尋枝逐葉時就會覺得《般若經》講得好囉嗦。

其實《大品般若》六百卷應該怎麼讀？我說的是悟後該怎麼讀？不是悟前。也就是悟後讀《大品般若》時不妨先尋枝逐葉一段一段慢慢讀，全部讀完了再來作一次快讀，瞭解「這一卷講的宗旨在什麼地方？下一卷講的宗旨在什麼地方？」要作快讀，把各卷的宗旨一一列出來，列出來以後再把它全面作一個比較，就會發覺：原來講的就是非安立諦三品心。第一品心講完了，第二品心、接著第三品心，然後教你修安立諦的十六品心、九品心，就是叫你要取證慧解脫果；取證了慧解脫果，而你這三品心也完成了，接著要入地就可以入地了。

那現在就是要掂量看看，看自己的福德夠不夠？如果自覺福德夠了，就從《華嚴經》中把十大願下載印好了或者抄好了，放到佛像前供桌上，備辦了供養佛菩薩的供品之後，上供了，稟告 佛：「我應當入地了。」然後在佛前依十個大願發起無盡的增上意樂，當這個增上意樂眞的清淨了，你就可以入地。要有這個雄心壯志，但是也先要拿一把秤，秤秤自己的分量夠不夠？如果還在貪財、貪名、貪利等欲界法上用心，都還在貪，老是想：「大家爲什麼都沒有禮拜我？爲什麼都沒有供養我？」那我就勸他甭發願了！供養如來就可以了。每天作佛前大供都可以，我都讚歎，但甭發願了！因爲發了也是白發。

可是你們看現代佛教界那些自稱初地、二地，也有自稱四地、五地的「菩薩」們，還有人授記他的弟子是初地菩薩，比我更厲害；我至今還沒有授記誰是初地菩薩呢！他倒是比我厲害。但他的我見還存在著，竟敢授記徒弟是初地菩薩，我就要問問：「**福德夠不夠？他懂般若了沒有？那他的慧解脱果又證了沒有？非安立諦的三品心懂了沒？**」這幾個條件都沒有，敢宣稱自己是四地、五地菩薩，也實在太無知了；敢授記他的弟子是初地菩薩，眞的好厲害，可問題是他並不知道諸地的證量在哪裡，那我只好說他們來日有殃在，因爲他們連般若都沒有眞的懂。

所以般若確實甚深極甚深，我們弘法以來看見這樣的假善知識也太多了，但是於今爲烈，因爲他們都是讀了我幾本書以後就自稱是幾地菩薩了。問題是我那麼多的書，他們不過讀個兩本、三本，老實說比起我們禪淨班的同修們來，他們都還差一大截呢！如果他們可以稱四地、五地菩薩的話，我們禪淨班畢業的，我就可以授記每一個人都是六地、七地了；所以我才說我們現在眞的處在末法時代，這眞無可奈何。我總是聽了笑一笑，不想去覺得他們可憐；但也不覺得他們可惡，因爲沒必要，末法時代的眾生就是這個樣子，這是常態。但覺得他們可憐也不必要，因爲他們的心性很跋扈，再怎麼爲他們詳細解說也無用。

得要到有一天生了一場大病，他們發覺：「我的智慧與解脫怎麼都使不上力？」因爲他們落在識陰裡面，識陰遇到疾病時眞的使不上力；識陰得要依這個五色根正常才能運作，當他們生病時五色根不能正常運作，病懨懨的，這識陰六個識當然就使不上力，他們要到那個時節才會知道自己可能有問題。但是我們不期待他們會像現代禪李老師那樣對佛教界公開懺悔，可能再也找不到第二個人了，因爲像他那樣的漢子不多。意思是說那些自稱四地、五地所謂的菩薩們，都不是眞正的漢子。我這樣是不是損人？沒有啊？我損了妳們，抱歉啊！因爲我如果罵他們是女人，就損到所有的女人了，所以我就不罵他們。因爲在我們會裡女男平等，你們看現場，不正是分庭抗禮嗎？眞的沒有分別。

所以說般若不容易理解，並不是一悟以後就全部知道；即使是《心經》總其成來說，讀了我講的《心經密意》也才知道：「原來還有那麼多是我不懂的。」因此悟了以後依舊是要說「般若甚深極甚深」啊！那我們現在就取《大般若波羅蜜多經》卷三八二中的一小段開示來說明：

【「善現！諸法實性即是法界、眞如、實際，如是法界、眞如、實際皆不可轉、不可越故。所以者何？如是法界、眞如、實際，皆無自性而可轉越。」】

「善現」是須菩提的另一個名稱。這經文是向須菩提開示說：諸法的實性就是法界、就是眞如、就是實際。那麼諸法的眞實性到底是什麼？諸法的眞實性，如果要依照那些六識論者例如釋印順等人的說法，他們會說諸法的眞實性就是緣起性空，所以一切法空全部只有名相，都不眞實。如果是這樣的話，那爲什麼可以說諸法的眞實性？「諸法實性」不但是法界，而且還是眞如、還是實際呢！如果單單說是法界，他們可能不會覺察到自己有什麼過失，因爲法界又名法的功能差別；如果談到法的功能差別，他們會想：「法不外乎就是十八界吧？那十八界裡面主要是六識心，這六識心有各種的功能差別，所以不同的功能差別就顯示這六個法有不同法的界限，這就是法界。」要不然就解釋說：「那就是四聖六凡法界。」可是問題來了，這「諸法實性」不但是法界，而且還說是眞如；但眞如就是眞實而如如，這時可就難解說了吧？可是印順很聰明，他怎麼解釋眞如呢？他說：諸法緣起性空終歸於壞滅，全部都滅了以後，這個滅相是不滅的，這就是眞如。

像這樣來定義眞如，顯然眞如就是斷滅空的代名詞。斷滅空可以叫作眞實而如如啊？所以我以前開玩笑說，哪一天如果釋印順來了，我說：「你要不要證眞如？」他當然得說要，不能說不要，那我就說：「那你把所有財產拿來給我，人家供養的錢財也全部都拿來。」都拿來以後，我說：「加上你的命也要給我，不然你要的眞如就不究竟。」對吧？對呀！因爲他如果還留著命，還留著色身，就不能眞實而如如，因爲不可能具足滅相。所以就把他的財產拿過來，把他的命也拿了，然後把他埋了；埋了以後我對著他的墓說：「恭喜你，釋印順！現在你的眞如究竟圓滿了，因爲你現在的滅相沒有人可以把你剝奪。」那我要他的命之前會先問他：「這樣的眞如，你要不要？」保證他不要。滅相不滅可以叫作眞如，他還眞會發明。

如果像他這樣講，顯然還不如斷見外道，因爲斷見外道心中很相信：「我死了以後什麼都沒有了。」那外道的滅相豈不是比釋印順更好？因爲釋印順還認爲下一輩子要繼續再來行佛道，那他的滅相反而不如斷見外道了。所以我們把它指出來以後，他就成爲佛教界的一個笑譚了。當人家讀過蕭平實的書中這樣舉例說明以後，大家都可以拿出來講，一百年後、五百年後大家都可以拿出來說：「你看！五百年前釋印順說滅相不滅就是眞如，那麼斷見外道早都證眞如了！」他不就成爲笑譚了嗎？這個笑譚保證流傳千古。所以眞如一定是眞實而如如的心，才能夠叫作眞如。

那麼又有問題了，斷滅空有什麼是眞實可說？都沒有啊！它就是無、就是空，這樣的斷滅空能夠如如嗎？絕對不能。斷滅空既然是無，就不能夠說是如；如如的一定是有一個法存在，而這個法在三界之中不論哪一界、不論什麼境界之中，自始至終全部都是如如的，這樣才能叫作如如。所以眞如不可以像釋印順解釋爲「滅相不滅」，像這樣一個賣弄聰明而作了這種愚癡妄想的大法師，已經是夠無智的人了，沒想到還有人信受他而又不懂他在講什麼，那是不是更笨？是更笨的了。所以那一些追隨釋印順的人，我說他們眞是愚不可及。因爲再怎麼笨的學佛人，都及不上他們那麼笨，特別是我們已經舉述釋印順那麼多的自相矛盾以後。

既然說是眞如，就表示有一個法眞實而不可壞，眞實而不可壞的那個法才能稱之爲眞。例如增上班的同修們已經找到自己的如來藏，你們檢查看看有沒有哪一個法可以用來消滅祂？你絕對找不到；因爲一切法都由祂而生，一切法都可以壞，由祂而生的法不可能回頭來壞祂，因為都是依祂而存在的，而祂本來無生，所以永遠不壞；當一切法壞了以後，祂依舊在，你找不到一個法可以壞祂，那才可以叫作眞實，不能把斷滅後的空無當作眞。而這個眞實的法叫作如來藏，又名阿賴耶識、異熟識、無垢識；那你找到了祂以後好歡喜：「唉呀！原來你眞的像我的弟子一樣。」《金剛經》世尊不是講了嗎？「若尊重弟子」啊！還記得吧？但是很奇怪！為什麼菩薩都要尊重弟子？是因為有事弟子服其勞，所以 世尊開示應當恭敬、應當尊重弟子啊！

那你讚歎祂：「嗨！你對我可眞好，永遠不離不棄，我睡著無夢時你沒有偷跑掉，我即使有時不小心撞到什麼悶絕了，你也都沒有離我而去，眞是比拜把子兄弟還要親呢！」然後就對祂讚歎說：「你比人家說的所謂冬天的太陽、夏天的冰淇淋還要好，你眞是我不可一時或離的最要好兄弟！」大力褒獎祂。然後你觀察看祂有沒有高興起來？都沒有高興起來。不是不高興，而是沒有高興，祂都沒有反應，祂不動心——如如不動，完全不動其心。你看祂不動心，就說：「你眞的不知好歹，我這麼好心褒獎你，你至少也回一句說不客氣，怎麼都不回應我？你眞是太可惡了吧！」把幾種蛋都拿出來罵祂，甚至罵祂王八都可以，看祂氣不氣？祂依舊沒有回應，依然如如不動其心；所以你褒獎祂、辱罵祂，祂依舊如如不動，這樣才能夠叫作如。

由於祂眞實存在，而且永遠不動其心如如不動，合名眞如。是你依於祂而存在，不是祂依於你而存在；而且祂每天服侍你好好的，所以祂眞實存在而且自性猶如金剛永不可壞；不但你找不到一法可以壞祂，連十方諸佛都無法找到一法壞祂，所以祂眞實。然後不論什麼樣的境界祂永遠如如不動，假設有一個人毀謗正法、毀謗賢聖捨報下了地獄以後，在阿鼻地獄受苦，祂也不會動一念心說：「**這某甲！你幹了惡事，今生下墮阿鼻地獄，害我跟你在這裡受苦！**」祂絕對不會，祂永遠不動其心，因爲祂離見聞覺知。某甲該受苦就受苦，受苦的是某甲，但某甲的眞如——某甲的如來藏——不領受六塵境界，無苦可言。那某甲的如來藏也不了知某甲正在受苦，所以祂依舊如如不動。如果業報完了，剩下過往的一件善業，他該生到忉利天享福了，那時何止七仙女？五百仙女奉侍他了；當他正在那邊享樂時，他的如來藏也不會快樂，依舊如如不動，因爲祂離六塵中的見聞覺知。這樣子眞實而又如如，才能叫作眞如，遍觀三界內一切諸法，沒有一法可以說是眞如；釋印順說的滅相是空無，是斷滅空，無有一法眞實而如如，怎能叫作眞如？

很早期有一位師姊告訴我說：「老師！這個是不是眞如？我看見了。」我說：「妳看見什麼？」她說：「我看見一個透明的、圓圓的。」那請問諸位，那透明的、圓圓的，是不是眞實不壞法？當然不是啊！因爲睡著了全都不見了，有時候一忙活兒又不見了。如果她見的那個有形相的是永遠都存在，是不可毀滅的，要說那是眞如還有那麼一點兒味道，但畢竟不是；因爲那只是她所看見的一個形相，跟她自己無關；那東西又不出生她的五陰，又不屬於她，憑什麼叫作眞如？那東西也不跟她的五陰互動，憑什麼叫作眞如？所以遍觀一切諸法，就只有一個法可以叫作眞如，就是如來藏、阿賴耶識，因爲祂性如金剛永不可壞，於一切地都是如如不動，這就是眞如。

那麼這個法界就是說，一切諸法的功能差別，其實本來就是如來藏的功能差別；六根、六塵、六識全部都是如來藏的功能差別，如果不是因爲如來藏，就沒有這些功能差別了；但爲了在欲界中生存，就分成六團（六聚、六結）各自運作，卻都緊密與如來藏相等無間地聯結在一起運作。所以悟後修到佛地時，這六結解開了，整個合而爲一時就可以六根互用，就只是一個眞如心。《楞嚴經》不是告訴大家了嗎：「云何五陰本如來藏妙眞如性？」五陰講完了就講：「云何六入本如來藏妙眞如性？」然後講六根、六塵、六識、六入全都是本如來藏妙眞如性；因爲這本來就是第八識如來藏的妙眞如性，只是爲了在人間生活所以區分出來，讓各部分都能在人間應對，否則眾生無法在欲界中生存、造業及受報；但是追究到最後，這一些諸法的功能差別其實本來就是如來藏的妙眞如性，這樣才能夠說法界是諸法的實性。那又說諸法的實性即是實際，這就講得更白了，因爲諸法的眞實性就是法界、就是眞如，其實就是實際。也就是說諸法在三界中不斷生住異滅，不斷地現前又不斷地過去，可是諸法是從實際如來藏來的，否則諸法就會有大問題：或者自生，或者他生，或者共生，或者無因生。

上帝創造萬物、上帝創造世人，這說法叫作「他生」——由別人來出生自己。這樣的法一定不是眞實法，因爲「他生」一定是個錯誤的、在法界中不可能存在的說法，叫作邪見。所以一神教幾十年前說：「你們家那個收音機也是上帝創造的。」我那時才讀國小三年級，當場就駁斥他：「這是人類造的，不是上帝造的。」他就跟我辯了起來，我那外祖母就罵：「小孩子有耳朵，沒有嘴巴，不許說話。」那傳教士一直跟她講道理，我那個老奶奶躺在竹製的涼椅上，念珠就繼續撥著：「阿彌陀佛！阿彌陀佛！」他傳他的道，她唸她的佛。你看，連國小三年級的孩子都聽不進去，竟然有大人聽得進去，你說那些大人笨不笨？眞的沒智慧！如果世人都是上帝創造的，那我就說上帝沒有先見之明，他不是全能的，創造一些人來反對他。天下沒有比他更愚昧的有情了吧？他最有資格承擔天下第一大呆瓜的名號。所以「諸法由他生」是一個很大的邪見，而上帝其實不知道自己有這個邪見，因爲是信徒們說這是上帝創造的，他就接受了：「還眞是我創造的。」後知後覺都還談不上。

如果是「共生」那就是釋印順的說法了——根與塵相觸而共同出生了六識。問題是根觸塵時，是由根生或是由塵來生六識？或者根塵共生六識？但根與塵有沒有含藏著六識的種子？或者根（塵）變化成六識以後還存不存在？或者意根像他說的變爲意識而不存在了？那麼應該六根變爲六識以後就都不該存在了？因爲他認爲根是識的種子，這些問題他也沒有解說，就這麼懸著。

那他同時又是個無因論者，主張不需要有根本因第八識，那諸法可以自生嗎？諸法可以單由根與塵來共生嗎？不可以啊！可是古時有外道說：「**我不需要什麼人創造，我就自己這樣出生了！**」這叫「**諸法自生**」，就變成無中生有；但這個理講不通，如果他可以無中生有，那他兒子也可以無中生有，何必要他跟老婆來生？既可以無中生有，應該他明天一覺起來無端多了五個兒子，因爲諸法可以自生、無因生，那你想他會不會煩惱？會啊！本來多子多孫是祝福的話，可是如果無因無緣突然就冒出五個兒子來，我不信他不煩惱，因爲突然多了五個兒子他可要忙死了。而且既然可以無因生，結果也會是無因滅，所以他忙活十幾年把這五個兒子終於養大，突然又消失了！因爲無因生就可以無因滅，邏輯必然如此。

因此說，一切諸法都不可能他生，不可能共生，不可能自生（也就是不可能無中生有），也不可能無因生；一定各有其根本因，那「因」就是各人的如來藏妙眞如性。而第八識如來藏就是「諸法實性」的實際，就是諸法法界的實際，這樣的心才能叫作眞如。所以我們人類在人間生活時有這個五蘊之身，但這五蘊之身不是無因而有，也不是父母所生；父母只是提供資源、提供環境、提供時間給我們的如來藏來製造我們這個身體，然後藉這個身體再出生我們的覺知心；所以我們的六根、六塵、六識全部都從如來藏中生出來。因為如來藏的功能差別，使我們有六根、六塵、六識全部自在地運作，所以我們五蘊十八界的實際就是如來藏。一切證悟者都可以如是現觀說：「假使如來藏離開了，我們就捨報到下一世去了！」這是所有證悟者都可以現觀的事實，這也證明 世尊開示說「諸法實性即是實際」一點兒都不含糊。

經文中接著又開示說：「如是法界、眞如、實際皆不可轉、不可越故。」這一些諸法的功能差別在每一個人身上時時刻刻運作著，而每一個人身中各有的眞如心—也就是如來藏—這個眞如法性，也都時時刻刻顯示出來，所有證悟的人都可以現前看見。而這諸法的實際也都可以永遠現觀的，不是一種玄想，不是一種思想；但這法界眞如與實際全部都不可以轉變，沒有誰可以轉變祂，所以法界中的這個眞實性不會轉變，無始劫之前就如此，現在如此，未來無量劫以後依舊如此不可轉變。既然是不可轉變的，兩千五百多年前佛陀教導的是這個不可轉變的法，這個法界、眞如、實際既是不可轉變的，來到現在我們實證了依舊無法轉變祂，未來仍舊不能轉變祂；無量劫前的釋迦古佛證的是祂，二千五百多年前示現的應身佛 釋迦如來證的也是祂，我們現在證的也是祂，未來諸位成佛時證的也將是祂，像這樣子前後三世不變的法，怎麼可能說佛法會有演變呢？

而印順在書中說佛法是有演變的，說是從聲聞解脫道演變出了大乘般若，又繼續演變出了唯識增上慧學，他說三乘菩提佛法流傳過程中是逐漸演變出來的。但他說這些話，其實是在謗佛！因爲從實證者的立場來看，般若遠勝過解脫道，而唯識增上慧學這個一切種智又遠勝過般若；那他那樣指控，說 釋迦如來本來只講解脫道，般若與後面的唯識種智是後來的菩薩們演變出來的，那他其實是在謗佛說：「**佛不如後來的菩薩**。」他說的本質就是這樣，不是我們刻意扣他的帽子，因爲他所說的確如此。那他這個罪業到底重或是輕，諸位不思而知啊！既然這個眞如法是眞實而如如的，就表示祂永遠不會改變，而且聖教量上也說「**皆不可轉**」；你我他乃至十方諸佛都不可能改變祂的，祂的法性是這樣，是從無始劫前就如此，盡未來際亦復如是，永遠都不可轉變；既然是不可轉變的，怎麼可能同一個法會有所演變呢？

不單如此，經文中又說「**不可越故**」，說沒有任何一個法可以超越於眞如，或是超越於法界、超越於實際。換句話說，就是不可超越「**諸法實性**」，也就是不可超越如來藏的境界。沒有一個法可以超越於祂，因爲一切諸法都從祂而生，怎麼可能超越於祂呢？既然這個眞如是 佛陀時就已經教導了，而且釋印順只相信《阿含經》的一部分，但《阿含經》也有很多地方顯示出這個第八識如來藏是本來存在的，是蘊處界等名色的由來，並不是到般若期的諸經時才說的；既然如此，這個法當然就是本來存在的法。本來存在之法，相對於其他被祂所生的法，有哪一個法可以超越祂？當然都不可能。所以眞如這個法「實際」，這個法「法界」，這個法就是「諸法實性」，祂比憲法的層次還高上無數倍；因爲憲法是凡夫俗人就可以修改它，所以才要修憲。修憲的行爲就表示那憲法不是眞如——不是最完善的，隨著時空的轉變就可以修改。

但這個眞如之法沒有誰可以改變祂，因爲一切法都從祂而生，都依附於祂才能存在，也都依祂而運轉；不論出生時、現在的存在，或者正在變異時，或者乃至要滅壞而換另一個法上來，全都要靠眞如心，那麼又有哪一個法可以來超越祂呢？這就顯示這個法一定是從來無取也是無捨的，才能夠如此。假使有取或有捨的心，都不可能是諸法的實際，因爲能取能捨的法一定是有生之法；有生之法背後代表的意思就是終必有滅，這是諸法永遠不可能脫離的定量。爲什麼說這個「法界、眞如、實際」皆無自性而「不可轉、越」？因爲這個法界、眞如與實際，沒有任何一個或者任何一絲絲三界法的法性，既然沒有三界法的任何法性存在，就表示祂從來不變異，就是本來自在。祂本來自己就存在著，不經由他生也不曾自生過，祂本來就在，法爾如是。

既然祂不是屬於三界法的自性，沒有一絲一毫三界法的自性，就沒有任何一法可以轉變祂，也沒有任何一法可以超越祂。凡是屬於三界法中的自性，不管那個層次有多高，必定有法可以超越它，也必定有法可以轉變它；如果不可轉變，等於修行無用，大家努力修行都是白修了，也會是永遠不能成佛，因爲不能轉變。有情住在三界中，既然這一切法是可以生滅的，當然就可以轉變，可以轉變的就會有法可以超越它，因爲它是被生的。所以可轉變、可超越，在你修學佛菩提道的過程中是必須的，才能汰惡轉善。就好像頭髮每週都得要理，好麻煩；可是如果這頭髮永遠都這麼長，不必每週去理它，或是說它永遠就是這麼短，到底好不好？世間人一定說：絕對不好。不說你們出家人，在家人也說不好。「**因爲我有時要梳這種髮型，有時要梳那**

種髮型，結果它都不變，好無聊！」這眞的不像樣。

爲什麼不像樣呢？因爲從嬰兒開始到老都是那個樣子，那你要不要？又不要了。像我這樣子理光頭，如果永遠都這樣呢？也不好，我寧可每週要來講經前先理一次，不嫌煩，所以我理髮沒有煩惱過；而且我都是自己理髮，省了錢可以布施，大概三、四年買一把電剪就行了。這背後的意思是說，如果這頭髮永遠都不長，那我這個頭皮是有問題的，一旦受傷就會是永遠就受傷，不會痊癒；一定是如此，因爲等於變成無情了，無情物才會這樣。所以在修道的過程中還是寧可諸法有生住異滅，然後我們在不斷生住異滅過程中汰舊換新，或者說除舊布新；就是把壞的除掉而改換新的進來，在這過程中就可以把不好的轉換成好的。就好像一棟大房子裡面有好多個房間，這第一個房間先去打掃好了，換清潔的東西進來，接著再換第二個房間來處理，就一直不斷去作，最後整棟大別墅幾百間房間都換好了，你就成佛了！譬喻就像這樣。

如果那些東西都不能換，腐朽的東西永遠都要放在那裡，而你沒有辦法動它，那你何時成佛？根本不可能成佛。也就是說三界的法性是可以轉變的，目前我們五蘊十八界在人間，以往無知也曾經下墮三惡道，現在努力修行永遠不墮三惡道，卻是可以次第上進邁向佛地，顯示這些法性都可以轉易。可以轉易就表示它是生滅之法，既然是生滅之法就表示一定有一個根本法來出生它們；由這個根本法來出生了我們這一些可以轉易而可超越的法，表示根本法一定是眞、也是如，永遠不改其性而不可超越；祂也一定是諸法的實際，一定是法界，那麼這樣的「**法界、眞如、實際**」，全都沒有任何三界法的自性可以來轉變祂、來超越祂。

所以回到《佛藏經》來，世尊說的：「**是故當知：無有分別，無取無捨，是眞念佛。**」這個「**眞念佛**」所念的佛，講的「無有分別，無取無捨」，講的就是第八識眞如心，就是《佛藏經》一開始說的「無名相法」、「無分別法」。因此不能像某些大法師說的：「你念佛時不要分別，阿貓來了你不要分別是阿貓，阿狗來了也不要分別是阿狗，天塌下來你也甭管，都不要分別；屋子倒了也不要分別，就讓它壓死算了，正好往生極樂世界。」那你能不能認同他這個說法？爲何不能認同？因爲那叫作愚癡人。有智慧的人說：「**如果我是爲法捨身，正法快滅了而我努力來護持，被外道殺死了，這有意義。**」但被地震震垮的房子壓死了，能得什麼功德？能得地震的功德嗎？地震沒有功德給他呀！那眞的叫作愚癡人。所以你念佛時無妨無有分別，但是地震時照樣得逃命。

也許人家問你說：「欸！你不是證得『無分別』了，爲什麼還分別地震、還逃命？」你說：「我逃命時依舊沒有分別啊！」這才是正法。因爲逃命時五陰無妨繼續剎那剎那分別而去採取應對的措施，可是自家的眞如依舊繼續無分別，這樣就是眞正的「無分別」。所以一面逃一面大聲呼叫：「阿彌陀佛！阿彌陀佛！」事後人家說起來時，你依舊回答他說：「我依舊『無分別』啊！」他問你說：「你逃命時大聲呼救，大聲呼求阿彌陀佛，那不就是分別嗎？」你說：「汝喚什麼是阿彌陀佛？」換他傻眼了。所以該分別時你就繼續分別，分別時無妨你的眞如依舊「無分別」，「是眞念佛」。

還有「無取無捨」。大地震來了，當你一面唸著佛號一面逃命，人家問你說：「你這樣逃命，不是取生離死嗎？那就是取捨啊！你想要離開死亡捨了死亡，想要繼續獲取生命，你這不是取捨嗎？有取有捨，怎麼叫作『眞念佛』？」他還問得振振有辭呢！然而在這個廣作取捨之間，你的眞如無妨依舊「無取無捨」。當你繼續分別、繼續取捨來脫離「難處」，不違背菩薩戒，符合菩薩戒，留著生命繼續利樂眾生、繼續修道，但是無妨你的眞如依舊無分別、無取捨。你在「念佛」時本身就是分別，本身就是取捨，但在這個分別、取捨之中，你所念的如來是無分別也「無取無捨」的，這樣來「念佛」才叫作眞實的念佛。

那麼這樣證悟了以後，在生活上、在修行上，你會有困難嗎？都不會啊！你繼續過你的生活，有智慧就繼續受用；需要「無分別」就繼續讓你的眞如「無分別」，你覺知心不必「無分別」，這時爲什麼還需要你「無分別」？可是正覺弘法之前有「大師」們都教導說：「你這個覺知心要離念，離念時就是無分別。」都開示說：「你這個五陰要無分別。」可是他們自己都永遠作不到，所以他們自稱已經證得「無分別」了，其實都是誑語。如果他們眞的證得「無分別」而使覺知心眞的變成「無分別」，那他就不會吃飯了，因爲連看都看不見，何況能分別飯菜碗桌等？可是你看他們吃飯吃得好好的，他並沒有把菜夾到眼睛、夾到鼻子上去，顯然他們離念時依舊有分別，哪來的無分別？所以他們都是把佛法認知錯了，而佛法認知錯誤的根本原因是被假名大師作了邪教導，都說人只有六個識，或者說只有一個心叫作覺知心；而佛法中說要證得「無分別」，就想要把覺知心修成無法分別的愚癡狀態。都是因爲這樣，所以他們修學的路子就從一開始走錯，然後就錯到底。

那麼這樣把「念佛」詳細說明過了，接下來要深究〈念法品〉，世尊依舊會繼續開示，但是舍利弗會先爲我們請問。

## 〈念法品〉第三

經文：【爾時舍利弗白佛言：「世尊！云何爲人亦說是法爲惡知識？世尊！云何爲人亦說是法爲善知識？」佛告舍利弗：「若有比丘教他比丘：『比丘！汝今當知念佛事空，念所緣處，是不應念；汝所念空，念亦復空。』是無性空，能斷色相，能斷取相；是人爾時不得無相，何況於念？是人爾時都無所有，寂滅無性；不集諸相，滅一切法，是則名爲修習念佛。念佛名爲破善、不善一切覺觀，無覺無觀寂然無相，名爲念佛。何以故？不應以覺觀憶念諸佛，無覺無觀名爲清淨念佛；於此念中，乃至無有微細心心念業，況身口業？又念佛者離諸相，諸相不在心；無分別、無名字、無障礙，無欲無得，不起覺觀，何以故？舍利弗！隨所念起一切諸相，皆是邪見；舍利弗！隨無所有，無覺無觀無生無滅，通達是者名爲念佛。如是念中無貪無著，無逆無順無名無想，舍利弗！無想無語乃名念佛；是中乃無微細小念，何況粗身口意業？無身口意業處，無取無捨，無諍無訟，無念無分別，空寂無性，滅諸覺觀，是名念佛。舍利弗！若人成就如是念者，欲轉四天下地、隨意能轉，亦能降伏百千億魔；況蔽無明，從虛誑緣起無決定相？是法如是無相無戲論，無生無滅，不可說，不可分別，無闇無明；魔、若魔民所不能測，但以世俗言說有所教化，而作是言：『汝念佛時莫取小相，莫生戲論，莫有分別；何以故？是法皆空，無有體性，不可念一相，所謂無相，是名眞實念佛，所謂無生無滅無相；何以故？如來不名爲色，不名爲相，不名爲念，不名分別，不逆不順，不取不捨，非定非慧，非明非無明；如來不可說，不可思議無相。汝今莫樂取相，莫樂戲論，佛於諸法無執無著，不見有法可執可著。』是人於佛猶尚不得，何況於念？舍利弗！如是教者名善知識。第一義中無有決定是善知識、是惡知識。」

語譯：【這時舍利弗向世尊稟白說：「世尊！怎麼樣是同樣也爲人演說這個法卻成爲惡知識？世尊！爲什麼同樣也爲人演說了這個法卻成爲善知識？」佛陀告訴舍利弗說：「如果有比丘教導其他的比丘說：『比丘們！你們如今應當知道念佛的事其實是空，你們念佛時這個念所緣的處所，也是不應該念的；你們所念的是空，而這個能念的念也一樣是空。』這樣無性的空，是可以把色相給斷除的，也能斷除取色的法相；那麼這個人此時連無相都不可得，何況能夠念空呢？而這個人這時什麼都不存在了，已經成爲寂滅的無三界性的境界；他這時不再修集種種的法相，開始滅掉一切諸法，這樣的人就是在修學、在熏習念佛。念佛名爲破除善與不善的一切覺觀，當他念佛時是無覺無觀而且寂靜境界中沒有任何一相，這樣才稱爲眞正的念佛。爲何這麼說呢？不應該以覺觀來憶念諸佛，無覺無觀才可以說是清淨的念佛；在這個清淨念之中，乃至沒有微細的心業，也沒有微細的心念業，何況能有身業與口業呢？」】今天只能語譯到此。

《佛藏經》上週語譯到十三頁第一行，今天繼續語譯。

語譯：【「而且念佛時依於實相而念，所以離於諸相，因此眞實念佛時諸相都不存在心中；沒有分別、沒有名字、沒有障礙，沒有欲望也沒有所得，都不生起覺觀，是什麼緣故而這樣說呢？舍利弗！隨著所念只要生起一切的諸相，全部都是邪見；舍利弗！隨著無所有，沒有覺也沒有觀、無生也無滅，通達這法的人才能叫作眞實念佛。在這樣念佛的正念之中沒有所貪也沒有執著，沒有橫逆也沒有隨順時既沒有名也沒有了知，舍利弗！沒有了知也沒有語言才是眞正的念佛；在這樣的念佛境界中是沒有很微細小念的，何況是粗糙的身業、口業和意業？在沒有身口意業的地方，無取也無捨，沒有諍論也沒有訴訟，沒有意念也沒有分別，空而寂滅沒有一切諸法的法性，滅除一切的覺觀，這樣才叫作念佛。舍利弗！如果有人成就這樣淨念的話，他想要運轉四天下大地、隨意都能運轉，也能降伏百千億諸魔；何況遮蔽眾生智慧的無明，是從虛誑不實的種種藉緣而生起並且沒有決定相呢？這個法就像這樣沒有相也沒有戲論，沒有出生也沒有壞滅，不可以言說，也不可以分別，沒有遮障的黑暗也沒有所謂的智慧光明；這是天魔或者魔子魔孫們所不能臆測的境界，純粹只是由於世俗的言說而對眾生有所教化，才這麼說：『你們念佛時不要取小小的身相，不要出生各種戲論，也不要有所分別；爲何這麼說呢？因爲這個法的境界中一切都空，沒有任何三界法的體性，不可憶念而純粹只有一相，就只是無相，這樣才能說是眞實的念佛，也就是所說的無生無滅無相；爲何這麼說呢？是因爲如來不可以稱之爲色法，不可以稱之爲有相，也不可以說之爲念，更不可以說是有分別的法，不會有橫逆也不會有隨順的境界，不會有執取也不會有棄捨，念佛的境界中非定境非智慧，不是智慧光明也不是無明；如來是不可說的，是不可思議而無相的。你們如今不要喜歡執取法相，不要愛樂各種戲論，眞實佛於諸法沒有執取也沒有愛著，不曾看見有任何一個法可以執取、可以愛著。』像這樣的人，在他心中對於如來尚且是不可得的，何況是有念佛的這個念？舍利弗！像這樣子教導眾生的人就稱之爲善知識。可是在第一義中，其實沒有誰是眞正可以說是善知識或者是惡知識。」】

**講義**：這樣語譯完了，一般學人還是不容易理解〈念法品〉、〈念佛品〉的差別。既然說是念佛，那麼念佛跟念法到底有什麼相干？上一品講的是念佛，這一品是念法，可是看來好像是在說明念佛，但爲什麼要作這個區別？其中一定有原因。也就是說，如果是要念眞實如來而不是念應身如來、化身如來，就必須要瞭解諸佛如來的法性；假使不瞭解諸佛如來的法性，念佛時一定是落入三界法的境界中來念佛，那樣的念佛就不是眞實念佛。也就是說，眞實的念佛必須先要了知諸佛如來的本際，不論是報身佛、化身佛或者應身佛，諸佛如來的報、化、應身其實都從一法而來，而這個一法名爲「無名相法」或名「無分別法」。知道而且能如實現觀一切有情、一切三世諸佛，莫不同樣從這個本際所生，然後才有有情五陰或諸佛應身、報身、無量化身的生住異滅等示現；能如此憶念諸佛如來或者單念一尊如來時，才能夠說他是眞實的念佛。因爲眞實的如來就是法，法就是這個「**無名相法**」、「**無分別法**」，而三世諸佛莫不由這個本際出生。所以眞正懂得這個法的人，能現觀三世諸佛都從這個本際中出生，這樣念佛的人念佛時知道如來的本際是什麼；依於這樣的見地來念佛，依於如此的現觀來念佛，他念佛時不離於第一義諦而念佛，即使只是最低層次的持名唸佛，也仍然是眞實念佛。

回到經文來：「**爾時舍利弗白佛言：『世尊！云何爲人亦說是法爲惡知識？世尊！云何爲人亦說是法爲善知識？』**」舍利弗善於請示，他提出這個問題眞是大哉問，因爲不但當時如此，直到兩千五百多年後的現在亦復如此。同樣一個法，某甲爲人演說時成爲惡知識，某乙也用這個法爲人演說而成爲善知識，你說這怪不怪呢？眞的很怪吧？可是等你學佛久了，也就覺得不怪。我說的「久」是說你已經進入正法中能聽聞了義說的佛法，心不驚畏，這樣叫作「久」，即使你才來聽經兩年也叫作學佛很久了。如果聽聞了義法時，所聞是了義說而不是依文解義之說，聽聞時心中驚畏，就不是學佛很久的人。如果所聽聞的都是相似佛法或者根本就不是像法，只是世俗化的假佛法，聽上三十年也仍然叫作學佛不久。

以往曾經有善知識說過：「**邪人說正法，正法亦邪；正人說邪法，邪法亦正**。」例如 世尊所說一代時教全都是正法，可是到了像法時期——如來示現入滅五百年以後，世尊的正法被許多大師們演述出來之後都變成相似法，所以那時代叫作「像法」時期；也就是說他們弘揚的佛法好像是 世尊說的，但本質不是，表面上聽起來卻還是很相似，所以把它叫作「像法時期」。這時畢竟還是像法，還不算是「**邪法**」流傳時期；可是到了末法時期諸方大師所說，都是用常見外道法來指稱是 世尊說的正法，所以我們說它是「**邪法**」，世尊在這裡也是一樣的定義。

當諸方大師依佛經講解而竟然都在演述「**邪法**」時，就表示已經到了「**末法時期**」了！在正統佛教中許多大師都說證悟時，但所證的心竟是清楚明白的心——離念靈知，或者再加上處處作主的心——遍計執性的意根，所說就是「**邪法**」，因爲這些都只是常見外道的境界，世尊說這樣的法是常見外道法，而他們說這就是佛法，指稱是 世尊所說，表示他們所說的就是「**邪法**」，因此這個年代就稱爲末法時代。

不但如此，還有密宗假藏傳佛教—所謂藏傳佛教—把印度教一個支派叫作性力派的淫欲法，混進佛教中來入竄正統，說他們才是真正的佛法，其實已經跟 如來所說的三乘菩提一代時教完全無關了，而竟然高推爲比三乘菩提正法更勝妙的佛法，其實是假佛法的外道法，但也有許多人信受，所以這時便叫作末法時期，所弘揚的當然都是「邪法」；也因爲「邪法」猖狂而掩蓋了正法，所以叫作「**末法時期**」。

那我們主張，喇嘛教—假藏傳佛教—不是佛教。最近的新聞報導，達賴在達蘭莎拉爲信眾講「佛法」，他強調自己所說叫作佛法，目的是澄清及改變我們對密宗假藏傳佛教假佛法的定位，當然諸位都知道那不是佛法。他又因爲現場有三百個從中國去的漢人信徒，就特地講：「**藏傳佛教不是喇嘛教。**」那他這句話我認同，因爲藏傳佛教真的不是喇嘛教，藏傳佛教就是覺囊派，「他空見」佛法才是藏傳佛教。達賴率領的四大派絕對不是藏傳佛教，但他自己認爲是藏傳佛教，說自己不是喇嘛教，但他明明叫作達賴喇嘛。好可笑！所以諸位不禁莞爾。這表示我們的主張已經開始發酵了，也表示現在大陸有很多人對於喇嘛教究竟是不是佛教的事情有疑惑，一定是有人提出來問他了，他才需要這麼公開宣示；但他的宣示是無效的。

像達賴這樣的人，他所說的法都不是佛法，所以假使有一天他把《阿含經》或者南傳的《尼柯耶》，或者把大乘佛經請出來註解或者演說之後也會變成邪法，因爲他是邪人。反過來說，如果正人來說邪法，邪法也會變成正法。所以假使有人不信，把古時那一些凡夫論師寫的邪論拿來叫我註解，我當然會先聲明它是邪論，但我也要聲明：想要把它變成正論也行。如果是正論，例如龍樹的《中論》，如果有人要求說：「你有沒有辦法把它解釋成邪論？」我說也成，一樣可以解釋成邪論，但解釋成邪論的事不必要我來作，因爲釋印順他們都已經作好了。那我可以這樣作，例如《中論》裡面有一些是外道提出的質疑，那我也可以把那些質疑變成正論，這也行！只要改用八識論來解釋外道的質疑，那些質疑的字句就可以變成贊同論主的偈，這沒問題的，所以說：「正人說邪法，邪法亦正。」這不是現在才如此，古時就已經如此了。

以前外道評過龍樹的《中論》，而且很猖狂；龍樹說：「這不行，我得要去破外道。」沒想到他的弟子提婆就說：「不用師父您去，殺雞焉用牛刀？弟子我去就行了。」當年龍樹對提婆的證量認知不夠，他以為提婆不夠格、破不了外道，反而會吃虧，那提婆就說：「一則我是弟子，弟子去評破外道，論輸了也無傷師父顏面。如果弟子我贏啦，就更顯得師父您的證量高超。」但龍樹終究不放心，因為當時龍樹不知道提婆的證量是超過他的，所以龍樹提出來說：「那這樣好了，外道既然評破的是《中論》，咱們就來討論《中論》。」提婆說：「那好！外道是依六識論來解釋您的《中論》，來破您的《中論》，那師父您就扮演外道的角色，我來扮演師父您的角色，我來破外道。」

因為《中論》寫得有一點籠統，不是像種智那樣很明確；但提婆是有道種智的，所以龍樹依外道六識論的立場來提出《中論》而作辯論，提婆就用八識論一一把他破了，結果六識論的《中論》全部被提婆破盡。龍樹才知道這徒弟還眞行，於是就同意他去破外道。這提婆要去破外道，那外道早知道，故意不放他進門，連進城門都進不了，只好改穿俗服，把僧衣藏起來，就這樣混進去，然後去擊鼓（其實那不叫作鼓，我們中國世俗說法叫作「擊鼓」。那也叫擊犍椎，就是擊打一塊木板集眾）；外道嚇了一跳，怎麼這個人混進來了！

可是提婆已經在皇宮門外敲了犍椎，就是得開無遮大會了；這時外道不得不來辯論，於是一時全部都被提婆破盡，所以國王就改信佛法。

那你們看，這《中論》可以用六識論來解釋，成爲凡夫說邪法，就像釋印順等人一樣；也可以用八識論來解釋，就成爲正法。然而《中論》裡面的偈不全是龍樹寫的，其中有的偈，龍樹是引述外道的質疑而寫成的。即使是外道質疑的偈，我一樣可以把它解釋成正論，也會是正法。那你看，如果用六識論來解釋《中論》也講得通，問題只是處處都會有破綻。但天下有多少人能夠看得出破綻來？鮮有其人啊！所以同樣一個法，有的人解說了，結果他變成惡知識；另一個人解說了，他卻是善知識。例如《般若經》中最重要的內涵叫作眞如，這個眞如末法時代很多人講來講去，各有一說，莫衷一是，於是互相諍論；諍論到後來就像臺灣話講的「眞盧」，因爲大家相爭不下，都沒有一個定論，那不正是臺灣話講的盧來盧去嗎？因爲老是講不清。

一直到正覺弘法二十年後，關於眞如這個法才算底定。那你看，同樣一個眞如，被那些大師說了以後，眞如倒是變成邪法了；例如釋印順說：「滅相不滅就是眞如。」有的大禪師、大法師說：「當我們打坐到離妄想雜念時，心中如如不動，那就是眞如。」問題是他們不知道自己的說法有大過失，因爲眞如的意思就是眞實而如如，可是他們說的那一些境界或者眞如法，並不眞實、也不是永遠的如如，怎能叫作眞如呢？所以眞如這個正法被他們一說，就變成邪法了，因此說他們是惡知識。但同樣這個眞如，在正覺之中解說出來時卻是眞實而如如的法，所以這個法就變成正法。因此假使凡夫論師寫的邪論，我把它註解以後也可以變成正論，因爲我能夠把它圓起來，但他們被破了以後卻都無法自圓其說。

這在禪宗裡也是有典故的，最有名的就是夾山善會；他悟前胡扯了一堆所謂的佛法，正是「**邪人說正法，正法亦邪**」；但是悟後他依舊是扯那一堆，卻能夠把悟前亂說的法給圓起來。既然已經圓了，人家就無法再攻擊他，所以「**正人說邪法，邪法亦正**」。因此同樣一個法，有人演說了以後成爲惡知識，有人演說了以後卻成爲善知識。舍利弗當初顯然也看到這樣的現象，所以才刻意要這樣問。

他問完了，佛陀告訴舍利弗說：「**若有比丘教他比丘：『比丘！汝今當知念佛事空，念所緣處，是不應念；汝所念空，念亦復空。』**」佛陀先舉例：「如果有一個比丘教導別的比丘說：『比丘啊！你們如今應當知道念佛這件事情是空，你們念佛的這個念所緣的處所，這是不應該念的，你們的所念是空，而你們能念時這個念同樣也是空。』」講來講去都告訴你是空。佛門最有名的就是這個空字，這個空字害死多少大師與學人，讓他們一天到晚經年累月都過得苦苦惱惱的。所以人家來問老趙州說：「如何是佛？」老趙州一定早就遇過這個問題，就回答說：「與一切人煩惱。」

想來他說的也對，本來大家在世俗生活中打滾，快樂時很快樂，痛苦到哭哭啼啼時其實也是快樂的，因爲有個可以讓他痛苦的事情失去了，他執著的事物消失了就表示他曾經擁有過，總比沒有擁有過的好。世俗人都這麼說的，對不對？所以即使痛苦，他們也是很願意。你要不信的話，去問那失去孩子的母親，或者失去老爸的兒子：「妳的苦是因爲妳有這個孩子，是因爲你有這個老爸；當這個孩子失去了或者老爸失去了，所以你今天才會這麼痛苦。現在有一個從頭再來的機會，讓妳一開始就不必有這個孩子、不必有這個老爸，你要不要？」你想他會怎麼回答？一定告訴你：「不要啊！我寧可先要這個孩子，未來他死了，我再來痛苦一次也甘願！」他寧可說：「我就是要有這個老爸，當他將來死了我再痛苦一次也甘願。」所以讓兒子或老爸活過來，將來再死一次讓他再痛苦一次，他也是甘願的。那你說他受苦是不是受得很快樂？沒有人能否認的。

那你想，這些人少小都是父母的掌上明珠或者手中珪璋，但是後來爲了要追求法而出家，出家以後才知道佛法得要實證才算數，不是聽聞便罷；可是該怎麼實證？終於聽到善知識開示說：「得要證得如來藏，才能眞的證得佛法。」於是到處尋師訪道，終究沒一個入路。不論去到哪裡，禪師不然就給一棒，不然就大喝「出去」，要不然就是遇到老婆一點的說：「汝喚什麼作喫茶去？參！」然後就趕出來！這算很老婆了。到處問來問去，禪師們手頭都很儉，沒奈何！只好回到自己的茅棚苦心參究；因爲沒有禪師願意放水，他只好每天參得很苦惱，這不就是「與人煩惱」嗎？但是這個煩惱是誰給的？是 如來來到人間給大家的啊！

佛陀沒有來人間以前大家都痛苦的歡喜，歡喜的痛苦；可是 如來來到人間，開始有佛法與出家法，於是好多人爲了法而出家，一天到晚煩煩惱惱心中非常悶，因爲闖不過這一關。參禪沒奈何，只好這樣想：「經中有許多如來聖教，我就自己讀讀看吧。」沒想到請了出來一看：這都是在講解脫，我對這個沒興趣。又找到《般若經》請了出來一讀：這個也空、那個也空，這個也無、那個也無，到底空是不是無？無是不是空？眞的不能理解。因爲他都一直用意識的層面在瞭解如來的聖教，讀來讀去都是空、都是無。最後想：「《小品般若》畢竟也太長了，那我去讀《金剛經》吧。《大品般若》無可奈何，六百卷，我哪裡讀得懂？」《金剛經》請了出來一直讀，看來好像都在講空，突然卻告訴你說不應該把「此經」當作是空，而應該說是實。哇？這下怎麼辦？明明都在講空，這裡卻告訴你說：要說「法」是講實，不是空；然後接著又講空，一直空下去，那怎麼辦？眞的無可奈何。所以我才說這個「空」字讓古今多少大師們苦惱火熱，到八十幾歲、九十幾歲抱恨而終。當然他們不是恨佛菩薩，是恨自己笨。

可是這個空，如果你從空性如來藏來下手，就不難理解了。但因爲實際上末法時代的諸方大師都是亂說法，他們總是把空性如來藏一切爲二，說如來藏是有，空性是空，同一個法就變成兩個相對立的法了。從實義菩薩的現觀來說，這是同一個法，從來就不是兩個，沒想到被這一些邪師這麼一切，變成兩個：空性是空，如來藏是如來藏；空性是緣起性空，所以一切法無常終歸於空；說這個叫作空性，然後謗說如來藏是外道有。如來藏不但能生五陰，而且不是三界有中的某一種法，可是被他們這樣切割以後，這能生三界有的法卻變成是三界有了，這不是很怪嗎？三界有能出生三界有，那不就是「自生」了嗎？豈不也是無因生？可是末法時代的大師們都不覺得怪。

於是一、二千年來就這樣，一個說空、一個說有，然後把唯識增上慧學誣稱爲「有宗」，又把「三論宗」誣說爲「空宗」。殊不知「三論宗」說的空，就是法相唯識宗的第八識如來藏；唯識增上慧學所說有眞實法，也是指如來藏的實際存在，亦名空性。如是現觀而如實了知這事實時，何曾有「空、有」可爭呢？偏偏一、二千年來他們不斷的以「空爭執有」，以「有爭執空」，成爲佛教史上有名的「空、有之爭」。然而這眞的很冤枉，因爲眞正的佛教中從來沒有發生過空、有之爭！是在另一邊的假佛教之中才有的事，也就是那一些凡夫論師之中，特別是部派佛教的遺緒，只是在那一些聲聞凡夫僧之間才有空、有之爭。可是他們凡夫在那一邊爭，是部派教那些聲聞凡夫僧在那裡爭空爭有，這筆帳卻被後代的佛學學術研究者掛到實證的菩薩們頭上來，眞沒道理！

諸位可以一一檢查：馬鳴菩薩寫了《大乘起信論》，彌勒菩薩講了《瑜伽師地論》，無著菩薩加以弘揚寫了《顯揚聖教論》，世親菩薩繼承哥哥無著的法也寫了《唯識三十論頌》，又寫了其他的論，然後一代一代傳下來，還有龍樹與提婆；來到中土有玄奘、惠能、溈山靈祐、百丈懷海、克勤圜悟、大慧宗杲、篤補巴、多羅那他，綿延來到今天臺灣的正覺，從來沒有空有之爭。可是那一些所謂的學術研究者振振有詞說：「我們考證的結果確實是有。」那問題是他們考證時取材錯誤，把部派佛教那些凡夫聲聞僧對大乘佛法誤解後的空有之爭套在實證的菩薩們頭上，那眞的叫作張飛打岳飛；就像把某甲跟某乙打架的事情，拿來套到某丙、某丁弘揚正法上面，來指控某丙、某丁，這是哪來的道理？還說他們是考證出來的，眞有那麼回事，但他們考證時取材就錯誤了。就好像他作了一個考證：「你看開國元勳是華盛頓，他在中國作了那麼多豐功偉業。」所以中國的開國元首就變成是華盛頓了，就好像這樣。但華盛頓開立的是美國，中華民國開立的人是孫中山，不能拿美國的歷史來套到中國頭上來。

同樣的道理，聲聞部派的遺緒—那些後代聲聞凡夫僧—去瞭解大乘所謂的空宗、有宗，那也是他們自己說的，但在實證的大乘佛教中從來沒有誰定位為空宗、有宗，是由他們學人誤會而定名自己是空宗或有宗，然後二個宗派就互相去爭執；那就是聲聞部派裡的事，跟大乘實證的佛法從來無關，但學術界竟然拿來套到大乘實證佛教上說：「你們看！佛法前後有所演變。」哪一天印順要是來質疑說：「明明有演變。」我說：「有演變嗎？」就往他左邊腦袋敲他一棍：「有演變嗎？」再問他一句。他如果說有，我在右邊腦袋再敲他一棍：「這樣才有演變。」所以他們是一群糊塗蛋。

話說回來，空這個法眞的惱人不已，從 世尊示現在人間以來，代代都有人為此煩惱。我們正覺出來弘法，就是要把大家這個煩惱滅除掉；因為我們告訴大家說空就是眞如，眞如就是如來藏，如來藏又名阿賴耶識，阿賴耶識又名阿陀那識，阿陀那識又名異熟識，又名無垢識，亦名所知依，亦名為心。還有沒有別的名詞？有！禪師會告訴你：莫邪劍、石上無根樹……等一大堆，連乾屎橛都搬出來用。世尊在《楞伽經》也早就講過了，這一個心有無量名，有很多很多的名稱；婆羅門教說一切有情都從祖父口中化生，他們所謂的祖父其實就是如來藏，只是他們不知道而猜測妄說，所以就稱爲祖父，就推定有情都是大梵天口中化生出來的。

基督教也如是，說大家都是上帝變生的，然而上帝不可考，無法再三證實他的存在；而他們所謂的創世主、造物主或者叫作救世主，其實就是他們自己身中的如來藏，而他們並不知道。許多外道說的造物者，其實就是這個如來藏，再也沒有別的，因爲這是可以證實的，是諸佛與諸菩薩所證實的，直到現在都還有許多菩薩陸續證實中。

所以 世尊在《楞伽經》中說這個心有無量名，說外道們所說的造物主莫非是這個心，但他們不知道。所以正覺出來弘法之前，佛教界把佛法切割得亂七八糟，始作俑者就是釋印順；所以在他所說的「佛法」中，眞如是眞如，空是空，如來藏是如來藏；釋印順甚至把如來藏跟阿賴耶識切成兩個心，說如來藏是如來藏，阿賴耶識是阿賴耶識。這樣的人還可以成佛，才怪呢！怪不得他要在 如來的末法時代宣稱成佛，因爲這是末法時代。

所以這個空很難理解，而我們提出來說：空有兩種。也許有人才聽到這一句話打了個大問號：「什麼空還有兩種？那實相是不是就有兩種？」我說稍安勿躁！空有兩個層面，但卻是一體的；就好像每一張紙一定有兩面一樣，所以空叫作「空性」與「空相」。諸法空相講的就是空性，那空性講的也就是諸法空相；因爲這第八識「無分別法」是個眞實法，但祂空無形色所以叫作空；雖然祂空無形色但有眞實的體性——眞實而如如，所以又叫作眞如，因此眞如就是空性。而這個眞如就是如來藏，那這一個空性能出生萬法，萬法莫不從祂而生；所以萬法從祂出生之後，由祂在背後主導著就會開始了生住異滅整個過程。如果不是祂，萬法不但生不了，還滅不了呢，所以佛法中說：「**一切法、一切有情皆以眞如爲定量故。**」

諸位有沒有想到這個問題？例如阿羅漢入涅槃是把蘊處界全部滅除，包括心所法全部都滅失了才成爲無餘涅槃，但如果不是有後面這個空性如來藏，他能滅除諸法成無餘涅槃嗎？滅不了的。因爲他連證初果都不可能，何況能證阿羅漢、能入無餘涅槃？那他要怎麼滅掉一切諸法？都無法滅。那他如果能死，死後就得要再投胎，或者到畜生道，或者去天道而有諸法繼續生滅？全都滅不了。眞要再詳細追究，連他都不可能存在，還能死、還能取滅而入涅槃？所以他還得要依止於這個空性才有辦法滅掉諸法而出三界。那麼諸法既然由這個「無名相法」所生，有生則必有滅；既然有生有滅，顯然祂顯示出來的諸法就是無常空；而這個無常空的法相在你的生滅法—五陰十八界—存在的當下，就已經可以觀察到是無常空了；而這個無常空的法相——這個空相，豈不正是空性如來藏所顯示出來的嗎？所以諸法的空相其實也就是空性，空性也就是空相。

就好像一面鏡子，你看到明鏡中的影像不斷生滅，從這個影像不斷生滅就可以證明鏡子一定存在；但這個影像的生滅，不就是鏡子的法相之一嗎？所以諸法空相其實就是空性如來藏，是一切實證的菩薩們所看見的事實。因此諸法緣起性空、生滅無住終歸於空，這個空你可以解釋成兩個方面：終歸於空性、終歸於空相，都可以，因爲空性與空相不過是一法之兩面。所以這樣子聽清楚了，以後學佛時就不會走向岔路去。

到這個地步，就知道釋印順是從年輕糊塗到死。不要認爲我這是罵人，我沒有罵人的意涵，我說的這話只是個形容詞，不是罵人。因爲我是形容他的狀況，把他如實表述出來；所說如實就不算罵人，例如世俗人罵別人是忘八，忘八是很難聽的話；現在的人都把它寫成王八蛋，其實本來是罵他忘八蛋，說他忘了八個法；諸位聽了就笑，顯然知道是哪八個法被他忘了。那眞是很難聽的話，有人說那八個法就是孝悌忠信禮義廉恥，也有人說是忠孝仁愛信義和平；當一個人把孝悌忠信禮義廉恥都給忘光光，那他爲人處事是怎麼回事，諸位可想而知；表示他非常壞，因爲他每一德都給忘了。這時如果見到這一個人，就說他忘八，本質上不是罵人。假使我是法官，一定不判這個人有罪，認爲他沒有毀謗，因爲那個被罵的人眞的忘八，這二個字是個形容詞，不是罵人。

話說回來，這一個諸法的空相，形容的是空性的另一面，祂在三界中顯示出來諸法是空，而這空的法相不斷地延續著。如果一面鏡子而沒有影像不斷顯示生滅變異相，你能說那叫作鏡子嗎？一定不行。一定是因爲祂所生的諸法不斷地生住異滅，你才能說祂叫作空性。所以不該要求祂出生的任何一法是永遠沒有生住異滅，就像不該要求鏡中的影像永遠不變動，道理是一樣的。如果你去買鏡子，店家幫你取出一面鏡子，讓你可以看到自己的臉，然後裝起來讓你帶回家；但是帶回家以後，那面鏡子永遠都是你在店家時看到的臉，永遠不變，那你要不要？你一定不願意買那面鏡子了；一定是你所買的那面鏡子裡的影像，是會隨著外境而不斷生住異滅，你才要買那一面鏡子。

同樣的道理，如果你證得眞如——如來藏、阿賴耶識時，可以現前看見祂所生的你自己是不斷生住異滅的，你也可以從比量而斷定過去無量世到未來的無量世以後，祂依舊會不斷地出生世世不同的五陰十八界，不會下一世出生了還是你此世這個色身，這樣你證這個如來藏才有意義。如果你證得這個如來藏以後，祂所生的你永遠不變化，請問你要不要？假使你今年八十歲證得這個如來藏，那你希望你未來世永遠都是一出生時就八十歲嗎？絕對不希望。如果有人想：「**我現在三十幾歲事業作得正好，五子登科；而我現在證悟了，下輩子出生時一樣是三十幾歲模樣，完全不變，應該也不賴。**」是眞的不賴嗎？那可不！因爲背後還有一個問題，突然間有一個人來了，有神通讓你看見十年後、二十年後的你會多麼飛黃騰達，這時問你說：「**你未來生生世世出生就是現在的三十幾歲成就，永遠是如此，你要不要？**」這時又說不要了，因爲不變異的就永遠不變異，就不會往上發展。

這樣的話，就表示盡未來際永遠都是在這個階位中，再怎麼努力修行也是這個階位，永遠無法成佛，因爲不變。從此以後都不變，有智慧的人誰都不要這個樣子；正是因為可以有變異，所以那一些無明可以不斷去掉而變成更有智慧；正因為不斷地有變異，所以那些習氣種子可以不斷地去掉，成為清淨的種子。成佛之前就是要有變異才好，可是假必依實，因此一定要有一個從來不變異的眞實法恆存，祂叫作空性；而祂出生了五陰十八界等萬法，卻是可以不斷變異而叫作空相，這樣才能次第進修最後成佛。

所以空有兩個層面：從祂自己本身來說就是空性，從祂所生諸法就叫作空相。所以不能把空切割成兩個部分成為不相干，這兩個是一體的兩面。所以當你說空相時其實背後就是指空性，當你說空性時其實也就函蓋了諸法的空相，因為這是同一個法的兩面。也就是說，在實相法界祂叫作空性，在現象法界中祂就叫空相。但這個空眞的難理解，所以害末法時代許多大師們苦惱一輩子，不得解脫；他們不是因為不能解脫於三界苦惱，因為他們還談不到這個層次，他們是不能解脫空這個法義的煩惱。所以人家問：「如何是佛？」老趙州說：「與一切人煩惱。」還眞沒說錯。因為 佛來人間講了空這個法，就害大家煩煩惱惱好幾世，可不只是一世。當然也得附帶說明一下，老趙州說「與人煩惱」，自有弦外之音，大家都得自行會取。

那麼空的意涵概略說清楚了，回到這一段經文來：「有一個比丘教導別的比丘說：『比丘啊！你們如今應當知道念佛這件事情是空，』」那麼請問，「念佛這件事情是空」，應該怎麼解釋？是要像那些大師們解釋說念佛這件事情緣起性空，也會過去，所以你睡著了就不能念佛，這叫作空。是不是要這樣解釋呢？當然不是！諸位會搖頭否定那個說法，一定有搖頭的道理。「念佛的事情是空，因爲它是藉緣而念佛，都會過去。」從表面上看來，他解釋得很好，似乎沒有過失，因爲我們去觀察檢驗時發覺：你在這裡念佛，不斷地念佛，但念到晚上以後你總得要睡覺，睡著了這念佛的事情就是無常，就過去而不存在了，所以是空。看來似乎沒錯，於是幾千人、幾萬人、幾十萬人都相信他的解說，因爲眞的不可推翻。

但世尊說的不是這個道理，世尊說「念佛」這件事情，其實就是空性如來藏。這裡面當然有不同的意涵，例如你在念佛時其實就是如來藏在念佛，但卻不是如來藏在念佛，所以念佛是空。怪不怪？知道不怪，就表示你開始有般若智慧了。那我們從理上來說，不從宗門來說，諸位聽了也就能理解；世尊有說見分與相分都是如來藏所生，金剛藏菩薩也作了譬喻：就像一條蛇而有兩個頭，這兩頭蛇中的一個蛇頭叫作見分，另一個蛇頭叫作相分，但同樣都是這個身體所生，身體比喻第八識眞如。這個眞如身體出生了兩頭蛇，這一邊頭是相分，另一邊頭是見分；見分是講七轉識，能見（接觸了知）色、聲、香、味、觸、法，能了知便叫作見；相分就是五色根以及六塵，叫作相分，是因爲有相而可以被見分所了知。

但見分與相分都是這個如來藏身體長出來的，長出來以後，見分一天到晚在玩相分：這是我的身體、我的眼根、我的耳鼻舌身根，這是我的六塵，這是我的境界。這意思告訴我們什麼？告訴我們說，其實都是如來藏自己玩自己。如來藏出生了見分，然後由這個見分來玩如來藏出生的相分，那不是如來藏自己玩自己嗎？所以我剛剛說念佛是如來藏在念佛，就是自己念自己；因爲能念的你七轉識是如來藏出生的，念佛時有相分——一定有五色根加上六塵，不能離開這十一個色法相分來念佛；那這十一個色法也是如來藏所生的，而如來藏出生了七轉識來念佛，這不是如來藏念佛嗎？沒有人能否認的。所以念佛的是誰？是如來藏。

所以當你在那邊持名唸佛：「**阿彌陀佛！阿彌陀佛！阿彌陀佛！**」就是

如來藏念佛，難道還會有別人念佛嗎？那敲地鐘的在那邊敲，他嘴裡也在唸：「南無阿彌陀佛！南無阿彌陀佛！南無阿彌陀佛！」也是如來藏念佛。有沒有聽人這樣講過？沒有啊？首次聽聞喔？可是我告訴你，這是實相。因此念佛是空，眞正的義理是說念佛這件事情就是空性；因爲你口中唸出來的聲音，心裡面唸出來的心聲，或者打地鐘時你也聽到地鐘的聲音，這一切相都是如來藏所生。能念的你七轉識藉著嘴巴不斷地唸：「南無阿彌陀佛！南無阿彌陀佛！」這七轉識也是如來藏所生，所念跟能念都是如來藏所生的，那念佛這件事情不就是空性如來藏嗎？好多人會心一笑。不是一笑，笑了好幾笑還在笑，但我仍然善護密意，對吧？家裡人知道我在講什麼，還沒入門的人也知道我在講什麼，只是所知道的層面不同而已。

這個比丘接著又說「念所緣處，是不應念」，例如念佛時大家共同唸著「阿彌陀佛……」，哪一天也許辦了持名唸佛會，分成兩個班，一個班唸「南無本師釋迦牟尼佛」，另一個班唸「南無阿彌陀佛」，都行！不管念哪一尊佛，念佛時一定有個所緣處；所緣固然是某一尊佛，但還得要有所緣才能念佛；譬如持名唸佛所緣一定要有聖號，如果沒有某一尊佛的聖號，能緣於什麼而念佛？所以一定有個所緣處，就是經由那個聖號而來；而那個聖號卻要有一個能念的處所以及所念的聲塵，這就是持名唸佛。但這個「念所緣處」，其實是不應念的，因爲這不是眞實念佛，只是表相上的念佛。

如果是無相念佛呢？無相念佛難道就沒有所緣處嗎？依然有的。你無相念佛時有一個作意，憶念著某一尊佛，雖然沒有語言相，無文字相、形像，但是還有一個憶念的法相在。你知道自己憶念的是某一尊佛，這時必須要有個「所緣處」，就是你一定要有覺知心存在於這個色身之中，否則你也無法念佛。假使不必有這個色身作爲「所緣處」，不必有覺知心來緣於這一個憶佛的淨念，說這樣還能念佛的話，那應該人類悶絕時也可以還在念佛。但事實不然，所以說，即使無相念佛時依舊有個所緣處，因此我們說無相念佛仍然不是實相念佛。

這位比丘開示說「念所緣處，是不應念」，因爲念的「所緣處」依舊是生滅法，那樣念佛就不是眞實念佛，所以眞實念佛的境界是沒有所緣之處的。例如你證得如來藏之後眞實念佛，當你憶念釋迦牟尼佛時，你心中的作意很清楚知道 釋迦牟尼佛的本際，並不是我們所認識的 釋迦牟尼佛，而是祂的無垢識；而祂的無垢識，你能給祂安個什麼名字？無法安立。當你安立個無垢識名稱時，那已經是名字了，已經不是釋迦如來本身的無垢識；祂無可名狀，你能叫祂作什麼？所以你不能叫祂是「釋迦牟尼佛」。當你把世尊的無垢識叫作「釋迦牟尼佛」時，那阿彌陀佛的無垢識叫作「阿彌陀佛」，那無垢識就會有無量的名稱了！可是你看因地時的如來藏就已經跟語言文字不相應了，怎麼能夠叫祂「阿彌陀佛」、叫祂「釋迦牟尼佛」？當你把世尊的無垢識叫作「釋迦牟尼佛」時，你念釋迦牟尼佛，如來會笑你說：「你這個傻弟子，證得如來藏了還把我的無垢識叫作『釋迦牟尼佛』。」所以當你緣於「釋迦牟尼佛」佛號時，心中其實不應該有所念；這時你就嘴巴跟著大家唸：「南無釋迦牟尼佛！南無釋迦牟尼佛！」完全無妨，但你心中其實無所念。

因爲無垢識無形無色又離六塵見聞覺知，你要怎麼念祂？所以你眞正念佛時，其實是緣於自身第八識如來藏，住在「無取無捨」的境界中，這樣才叫作「眞念佛」。因此這位比丘開示說：「汝所念空，念亦復空。」這可不能像那一些凡夫大法師們說：「你所念的佛是空，因爲會過去；而你正在念佛的這個念也是空，因爲也會過去，所以都是無常，因此眞正的念佛就叫作一切法空。」他們就這麼說，但其實都錯了。這位聖比丘的開示是說：「你所念的就是空性如來藏，這個能念的也是空性如來藏。」可別說我胡謅，因爲我假使胡謅了，座下一切實證者心裡面就會開罵：「老師今天又開始胡謅了。」可是從來沒有人這樣開罵過，因爲他們知道我說的不是胡謅。

就像剛剛說的，你所念的佛，不論念哪一尊佛，其實都是空性如來藏；因爲不論你念哪一尊佛，那一尊佛的本質就是祂的無垢識，那就是空性。所念的既然是空性而不是那一尊應身佛、化身佛，或者報身佛等的外相，這樣的念佛才能叫「眞念佛」；因爲所念的佛是諸佛如來的本際，而本際是常住法，是眞實的如來，這樣才能說所念的佛是空性，這才是「眞念佛」。假使所念的佛是無常之法，諸位要不要念這樣的佛？那麼沒有搖頭的同修們是什麼意思？是說也可以這樣念嗎？如果所念的佛是無常的而你也接受，我倒覺得不用到正覺同修會來學法，因爲外面所有的道場念的都是無常的佛，但你來到正覺要的就是眞實佛，不是無常的佛。化身佛、應身佛、報身佛都是無常，雖然說報身佛可以延續無量，所以名爲無量壽、無量光，但本質依舊不是常住法，還是從法身佛無垢識中出生的有生之法。所以我們念佛時要念眞實佛，是永遠常住不壞的佛，那叫作眞實如來，才是「眞念佛」。要學會這樣念佛，才是來到正覺求法的目的。

所以假使有人把佛號編成歌曲，或者甚至於編成舞曲，那大家一面唱佛號一面跳舞，可不可以呢？也可以。因爲你只要證得眞實如來之後，就可以在那個舞曲學好時，依著那舞曲一面唱著佛號一面跳舞，那你念的依舊是空性如來藏，有何不可？豈不見經中記載菩薩證悟之後依舊編了歌曲寫了佛偈，然後在 佛前跳舞讚頌 如來，不曾見 如來有所呵責。對吧？而且 如來還鼓勵呢，因爲可以增長福德。有時 世尊讚歎某某菩薩往昔如何歌詠讚歎如來、累積了多少功德，這不就是認同嗎？不就是讚歎嗎？所以如果有菩薩本來是個音樂家，寫了佛曲讚歎諸佛如來，大家證悟了以後也來演練彩排一番；然後到了佛誕日，浴佛之前先在佛像前歌舞讚歎 釋迦牟尼佛，有何不可？因爲大家念的都是眞實如來啊！

這時讚歎歌詠，那可是天下第一供養、第一讚歎了；因爲菩薩證悟後這樣來供養 如來、讚歎 如來時，法、報、化三身具足，有誰作什麼供養能比菩薩這個供養更偉大？假使有個凡夫弟子當上了轉輪聖王，供養無數金銀珠寶，遠不如這位菩薩在 如來聖像前這樣唱歌跳舞讚詠如來；因爲他具足了法身供養、報身供養、應化身供養，轉輪聖王以世俗財物的豐盛供養如何能及？因爲這位菩薩很清楚知道「**所念空，念亦復空**」。

這樣來「**念佛**」，這層次可高了，所以 世尊開示說：「**這位比丘所教導這樣的念佛是無性空，能斷色相，能斷取相；**」說這位比丘教導的念佛法門是在無性空的境界下來念佛，因爲他凡所念佛都是空性，沒有三界性，而能念的這個心也是從空性如來藏中來，所以依如來藏來看，這個能念的心也沒有三界性，這樣的「**念佛**」，能念與所念既然都沒有三界性，那不就是空性如來藏嗎？而這樣的無性空能夠斷除色相，斷除色相就表示不依色念佛。

那麼諸位想想看，依色念佛到底有幾種呢？譬如持名唸佛，需不需要依色來唸佛？有沒有人搖頭？眞的不能搖頭，因爲如果不依於色，如何能持名唸佛？你把這個色陰給捨了，沒辦法唸佛的。假使說我把色陰捨了，我於空中念佛；但你在虛空之中還能念佛啊？沒有色陰時怎麼個念佛法？縱使能，在空中發出聲音來唸佛，因爲有時空中會出聲音，那其實是天神、鬼神，只因爲人類肉眼看不見，所以就說空中出了聲音，但其實還是有色陰。縱使沒有色陰——眞的沒色陰還能有聲音出來唸佛，那麼這聲音是不是色？也是色；因爲六塵都是色法，所以依舊是色。

如果依於觀想的影像來念佛，那觀想出來的影像是不是色？也是色。又譬如思惟憶念的「念佛」，那思惟繫念時的「念佛」能不能離於色而念佛？也不行。因爲離開這個色陰，命之不存，佛將安念？都不能念了。又譬如無相念佛好了，無相念佛總算沒有色了吧？對吧？不對喔？依舊不對喔！欸！你說「不對」還眞講對了，如果沒有這個色身、沒有這個六塵，還能無相念佛嗎？眞的不能；因爲沒有六塵時，覺知心都不能存在，你還能念佛啊？如果沒有這個色身，連命都不在了，又如何念佛？所以這一些念佛法門都不離色法。

但「眞念佛」是說，你所知道的眞實如來的境界，那是沒有色法的，這樣才能說你的念佛是「眞念佛」。因爲你念的是眞實如來，而眞實如來的境界中沒有一切色法，所以世尊開示說：「是無性空，能斷色相。」一切色相全部斷除，這才是眞實如來的境界。你所念的眞實如來是這樣的境界，那你這時念佛就把色相給斷了；不但「**能斷色相**」而且「**能斷取相**」，所以證悟之後眞實的念佛就不念佛了，爲什麼不念佛？因爲佛無可念，那你能念什麼佛呢？這樣才是《佛藏經》講的「**眞念佛**」。所以證悟之後秉持著悟前所發的願：「**我要努力去復興佛教。**」結果忙到沒時間可以念佛，請問你這個境界，人家是不是就可以指責你說「**你都沒有在念佛**」？不行！因爲這是「**眞念佛**」啊！所以悟後依如來藏而爲眾生忙到沒時間念佛時，那是「**眞念佛**」；因爲你不斷地要爲眾生去努力，希望眾生都可以有因緣實證眞實如來，而眞實如來的境界不念佛，這樣的不念佛就是「**眞念佛**」。

但是還沒有悟的人不可以依樣畫葫蘆，未悟之前如果依樣畫葫蘆，那不能叫作「**眞念佛**」，因爲連佛的本際都不知道，努力爲眾生去作事的結果就是培集福德而不能稱爲眞實念佛。所以悟後不取一切相，就只是不斷努力去爲正法的久住而付出你的精神體力時間，這樣眞的可以讓你斷除各種取的法相。雖然看來你在六塵中不斷有取，其實都是爲眾生而作，不是爲自己而取；所以取的習氣就一分一分開始斷除，這就叫作「**能斷取相**」。因此你依於眞實如來的智慧在爲眾生作事時，人家告訴你說：「**欸！你現在憶佛的念還在**

不在？」你回說：「你認爲在不在？」反問他，當他說：「我認爲你憶佛的念不在了！」你說：「答對了！」然後他就說：「那你就是沒有念佛。」你就說：「答錯了！」因爲你依於眞實如來，所以這時沒有取相可言；悟後依於眞實如來時，沒有所謂的憶佛或無憶佛可說，也沒有所謂念佛或不念佛可說，這樣才是「眞念佛」。

這時種種取的法相開始消失了，當種種取的法相開始消失時卻無妨繼續取一切諸法；取一切諸法時都不是爲自己而取，都只是爲了在六塵中去幫助眾生令正法久住，可以廣利人天，所以這時一切取其實都不是取了。這時一心一意爲眾生、爲正法去作事時，你心中還會想著 釋迦如來或者 阿彌陀如來嗎？不會。你心中也不會想著說：「我正在爲眾生努力作事，辛苦勞累時我是無相的。」你不會去想無相這一件事，所以這時你的心中乃至無相這個法也不存在；連無相的法都不存在了，何況還會有念佛這個念呢？所以當你努力在爲正法的久住、爲眾生的法身慧命去作事時忙到一塌糊塗，把無相也忘了，把眞如也忘了，把如來藏也忘了，什麼都忘了，全心在作事，這時就是世尊說的「是人爾時不得無相，何況於念？」這時都沒有在念佛了，這樣是不是眞實念佛？是！正是眞實念佛，表示你轉依完全成功了。諸地菩薩就這樣生活，從來不掛念自己的道業等，這才是眞實念佛，表示轉依完全成功。如果指責說：「轉依完全成功的人由於沒有在口中唸佛號所以不是眞實念佛，在那邊唱著佛號的人叫作眞實念佛。」沒這個道理吧？今天講到這裡。

今天要從十二頁的倒數第三行中間「是人爾時都無所有，寂滅無性」，要從這裡開始講起。終於弄清楚了，但還是得先把前言說分明，前面說的是這位比丘教別的比丘怎麼修行，然後說：「這個無性空，能斷色相，能斷取相；這個人這樣修時連無相都不可能存在，何況還能有念？」今天接著說，這個人念佛時什麼都不存在了，所以「寂滅無性」。然而這裡說的什麼都不存在，是不是全部都空無呢？是否全部都空？讀經或學佛的人，常常在這個地方產生誤會；看到經文中說「都無所有」，就以爲在現象界中也全部都空掉了。但這裡講的「都無所有」，並非全部空掉，而是說這是他意識作意的境界。

換句話說，當他知道諸佛的實際就是第八識「無名相法」、「無分別法」時，從他所見的諸佛實際—「無分別法」第八識—的境界中來看時，在「無分別法」的境界中其實沒有任何一法存在；沒有任何一法存在，指的是這位比丘證得如來藏之後所見的如來藏中的境界。但是這位比丘的五陰十八界依舊是存在的，仍然是萬法具足，依舊是萬象森羅；但是萬象森羅不斷地崢嶸時，他卻看到 諸佛如來的本際無垢識中的境界，是沒有任何一法存在的，這才叫作「都無所有」。所以這個「都無所有」並不是一切法空的意思。不能像一些誤會的大師們錯誤的以為要把一切諸法滅掉；莫說他們無法滅掉，縱使能夠滅掉了，他們也還是不懂這「都無所有」的正義，因為「都無所有」是指如來藏所住的境界。他們縱使能把自己的五陰十八界全部滅掉，而不知道如來藏的境界是什麼，那他們依舊不懂這一句「都無所有」的眞義。

這道理中我們必須要明白的是，當我們證悟如來藏以後，現前觀察諸佛如來的本際就是第八識如來藏——無垢識，而這個如來藏的境界中沒有一法可得；無一法可得是因為祂不了知六塵諸法，也就沒有一法可得；也正因為祂不了知任何一法——對六塵境界不作了知，因此祂的境界也是「寂滅無性」。為什麼如來藏不了知六塵中的一切諸法呢？因為如來藏對於六塵是不加以了知的，就好像鏡子對影像不加以了知，影像繼續映現給你，但是要了知影像的是你而不是鏡子。所以每一個有情的如來藏就像是一面明鏡，把六塵影像配合著外境而映現出來給有情去了知，想要或需要了知的是有情五陰而不是明鏡如來藏。

那麼爲何說祂是「寂滅無性」？因爲這時菩薩的所見就是如來藏的境界，而如來藏對六塵不了知，所以祂不知道任何境界，不知道任何諸法；可是在背後卻了知五陰的一切而持續支援五陰，但祂不了知六塵中的任何一法。所以當你從如來藏的境界來看時——當你設身處地站在如來藏的境界來看，其實如來藏的境界中沒有任何一法，因爲連一塵都不可得；如來藏的境界中既然不了知六塵就不可能有任何一法存在，沒有任何一法時就是寂滅的境界。三十幾年前有一本書很有名，叫作《寂靜的春天》，你們年輕的人大概不曉得這一本書；《寂靜的春天》書中說，如果 DDT—殺蟲劑—不趕快禁用，再過十年、二十年後所有生物都死絕了，只剩下植物，當春天即使來了也是很寂靜的，因爲沒有有情的聲音，蟲鳴鳥叫都不見了，書名取爲《寂靜的春天》。當年是因爲那一本書的強調，所以各國才禁止 DDT 的使用。

話說回來，《寂靜的春天》有寂靜嗎？還是有風、水等聲音，怎麼會寂靜？當然這是相對而言的。可是如來藏的境界中非常的寂靜，不但沒有春夏秋冬可說，因爲春夏秋冬已經是六塵中的境界了，而如來藏的境界中沒有六塵，沒有六塵就表示祂沒有三界性；有六塵時，不管這六塵是多是少，就一定是三界性。但是如來藏的境界中沒有六塵，沒有六塵時一定是寂滅的。最寂滅的境界就是沒有六塵的境界，有沒有誰可以了知沒有六塵的境界？到底有沒有？眞的沒有人能了知啊！因爲沒有六塵的境界就表示沒有六識，還有誰能了知？那意根，雖然祂對於法塵只了知有沒有大變動而已，其他細微處全都不知道，但從第一義來說，依舊是不寂靜的；如果連一點點法塵都沒有了，那就絕對的寂滅。

所以沒有六塵的境界是如來藏獨有的境界，而如來藏這樣的境界就是寂滅的境界；因爲祂離見聞覺知，所以祂沒有三界性。只要有一絲一毫的法塵，就有三界性了；譬如非非想定中的法塵存在，就一定會有細意識存在，那就不是眞正的寂滅，也不是眞正的「無性」；因爲那依舊是三界性，叫作無色界性。如來藏的境界既然沒有六塵，一絲一毫都不存在，當然絕對寂滅而且沒有三界性，所以叫作「寂滅無性」。而這個「寂滅無性」中不能說是空無，不能說祂是斷滅，依舊有第八識自心如來繼續存在，只是沒有六塵等其他境界，沒有意根、沒有五色根也沒有六塵，絕對的寂滅，因此說祂沒有三界性——「無性」。這種境界不是妄想的人所企圖要把覺知心修成的境界，因爲這是與覺知心並行而同時存在的境界，是本然就已經是如此。

而這個境界其實就是無餘涅槃的境界。所以對阿羅漢來說，無餘涅槃是修得的；但是對菩薩來說，菩薩說那叫作「顯得」，而說是非修非不修；因爲不管你是凡夫或是阿羅漢，無餘涅槃的境界本來就存在著，能不能取證無餘涅槃，只是你能不能斷除我執與我所執的緣故而有所不同，但是從菩薩來看，阿羅漢把我見、我執、我所執滅除了以後，捨報入了無餘涅槃，那個無餘涅槃依舊是他自己的如來藏的境界，而如來藏在無餘涅槃中獨存，沒有六根、沒有六塵、沒有六識。但是菩薩看阿羅漢入無餘涅槃後的境界，是凡夫眾生身上就已經存在的，但阿羅漢認爲這是修來的，菩薩卻認爲這本來就是存在的，所以菩薩證知這個涅槃以後，就把祂叫作「本來自性清淨涅槃」。既然這個境界就是「眞念佛」的人—實相念佛的菩薩們念佛時—所住的作意，顯然這境界中沒有任何一法可得，因此 佛說「是人爾時都無所有」。而這個境界中既然十八界的任何一界都不存在了，當然寂滅而沒有三界的法性可說，因此就說這叫作「寂滅無性」。

世尊又開示說：「不集諸相，滅一切法，是則名爲修習念佛。」也就是說，其實這個比丘證悟了以後如此念佛，他知道任何一法都是法，只要是法當然都有法相；不管它是清淨無爲的法相，抑或是染污有爲的法相，全部都不離於相；這樣實證以後來看諸佛如來的本際也是都無所有，都是「寂滅無性」的境界，菩薩們轉依這樣的境界而住，當然他就「不集諸相」了，所以得要滅除一切法。那麼當他滅除一切法「不集諸相」時，是否就每天無所事事，只坐在蒲團上閉眼塞耳什麼都不理會了？是不是如此？眞的不是如此，因爲這是五陰的打坐境界，不是實相。很多人都讀過經中講的「法不可見聞覺知」，或是「法離見聞覺知」，有時又說「法是無覺無觀的」，所以每天就吃飽了沒事打坐，眼睛閉起來、耳朵塞起來，不聞聲、不見色，說這樣叫作離見聞覺知；如果有人想要把覺知心修成這樣的境界，全都是盲修瞎練，我說「是人不解如來正義」。

因爲大乘佛菩提道實證的人，都知道實相法界與現象法界是同時同處，是並行不悖的，因此有智慧的人就知道：「我這個有為性的、有見聞覺知的，時而染污、時而清淨的七轉識，應該要好好修行，去取證本來就同時存在的實相法界；證得實相法界以後就看見實相法界是離見聞覺知的，然後轉依實相法界如來藏這個離見聞覺知的『寂滅無性』境界來安住。」後來遇到阿羅漢時就跟他們說：「我們現前正在言論紛爭之時，已經是『寂滅無性』的，不需要等入涅槃以後才寂滅。」有沒有人認為菩薩這樣講有問題？啊？你們都搖頭，因為你們對正法的知見或者見地已經建立了！

可是我如果去外面這樣講，很多人一定會有疑惑。但其實不必疑惑，因為禪宗也是這麼說的。學人問：「要如何取證寂滅的境界？」禪師回說：「向市集裡去。」市集中買賣吆喝人聲鼎沸，吵鬧得很，禪師竟然說：「想證寂滅境界得要到市集裡去找。」怪不怪呢？不怪？諸位都搖頭說不怪，是為什麼呢？是因為寂滅的境界，就得去市集中最容易找到。不要以為禪師是在講反話，也不要以為禪師就是要讓你沒辦法思惟，讓你的念流就停頓。都不是這回事。有人問：「天氣這麼熱，到哪裡避暑去？」禪師說：「火爐裡避暑去。」「天氣這麼寒，哪裡避寒去？」禪師說：「雪地裡立去。」叫他去雪地裡站。

緣何如此呢？當然你也可以說禪師意在言外，但我說，這樣講可就是廢話了。禪師當然每一句都意在言外，可是他到底意在何處？你要直接去體會。聰明人當下會了，笨的人就到火爐前面去烤火，每天都去烤，不論怎麼熱都一樣，烤久了，有一天舉步前突然就懂了：「唉呀！原來如此，怪不得叫我烤火去避暑。」這一下就會啦。於是人家問避寒，他也會答：「雪地裡立去。」他就現學現賣了，因爲他知其然也知其所以然了。

所以菩薩這麼說：「大阿羅漢！您與我論法之時就已經是『寂滅無性』的了。」阿羅漢聽不懂，也不能質疑他，因爲菩薩據理依教而如此說，無點滴之過。換句話說，菩薩們在喧鬧之中就已經看見這個「寂滅無性」的境界了，依於這個「寂滅無性」境界而住時，就不需要逃離喧鬧，反而投入喧鬧之中去爲眾生作事，爲正法的久住去作事，都不計較自己的利害關係，都不著墨於自己的道業有沒有成長，因爲他現見當下就是「寂滅無性」。

既然如此，心心念念就是爲正法久住、爲眾生去作事，雖然表面上看來他修集著一切諸相，投入一切諸相中，可是他心中「不集諸相」，因爲他的作意中是「滅一切法」的；然後爲眾生在一切法中不斷地生住異滅打滾，就這樣一世又一世滾下去，一直滾到成佛。菩薩們眞的在六塵境界中不斷打滾，可是當他們在六塵境界中打滾時，心境是滅一切法的，心境是不集諸相的，因爲他們轉依於都無所有的「寂滅無性」境界。

能這樣去作時，是不是已經具足成就「眞念佛」的法門了？還沒有！因爲世尊說：「**是則名爲修習念佛。**」那具足圓滿念佛的境界是什麼境界？是成佛的境界。這樣看來念佛的法門好不好修呢？眞的很難啊！所以不要像那一些狂妄之人動不動就說：「**念佛？那是老公公、老婆婆的事情，我是何等根器？我是學禪的人，你叫我去念佛？**」其實他根本不懂「念佛」，因爲世尊說像這樣能夠住於實相境界來念佛、來爲正法作事的人，都還只是「修習念佛」而已；是還在修行學習念佛，表示這個「念佛」法門他還不究竟。那諸位想想看，我如果十五年前就講這一段經文，能講給誰聽呢？十六、七年前我跟一位專教念佛的大法師說，可以從持名唸佛然後無相念佛、體究念佛，到達實相念佛，他才一聽就扣我帽子了。那還是專教念佛法門的大法師，如果我講給一般人聽，不知聽者作何感想？不罵我是精神病也會罵我是狂傲之徒；但現在沒關係，都可以講了，因爲我連難可思議、難可信受的《法華經》眞義都講了，這怎麼不能講呢？

所以修習和熏習「念佛」法門，是從持名唸佛開始，來到熏習般若波羅蜜，再來到證悟實相法界，現觀如來藏心就是諸佛的實際，這時繼續「念佛」已經是實相念佛了，結果世尊說這個只是「名爲修習念佛」，還不究竟。老實說，這眞是實話；因爲剛明心的人「念佛」不同於一般人，但是明心後二、三年的人「念佛」又不同於剛明心的人，眼見佛性的人「念佛」又不同於明心多年後的人，入地以後「念佛」又不同於地前，乃至十地、等覺、妙覺「念佛」也是不同於八地、九地菩薩，所以具足圓滿「念佛」法門的人只有諸佛。諸佛已經瞭解佛地的全部了，這時來「念佛」才是具足圓滿念佛內涵。

這樣看來「念佛」還眞難，如果有機會，雕一尊阿難尊者的塑像，送給那一些持名唸佛的道場，他們也許好奇說：「欸！你爲什麼送我尊者的雕像？」你就說：「你們念佛幾十年了，現在懂不懂念佛？」他們可能很不服氣：「我念佛幾十年了，還說我不懂念佛？」那你就輕聲細語恭敬地請問他：「請問大師您懂不懂實相念佛？」這時他就愣住了。你也別多話，只告訴他說：「所以我送阿難尊者給您。」他如果還弄不懂，你就合掌說：「難啦！」

轉頭就走，以後他每天見了那一尊阿難尊者的雕像就會想：「念佛難！」他就會想到了。也許哪一天激發起他的雄心壯志說：「我無論如何要弄清楚念佛法門，到底這實相念佛是什麼境界？」那個道場的人就有機會漸次提升上來，這就是那個道場信眾的利益。

實相的「念佛」眞的是難，世尊講到這裡大家就能理解嗎？不然！不然！所以世尊還得繼續開示說：「念佛名爲破『善、不善』一切覺觀，無覺無觀寂然無相，名爲念佛。」一般的人讀到這二句，大概心裡面又茫然了。對他們來說，「念佛」是善法，這個善法的覺觀是一切「念佛」的佛弟子們所要追求的；不善的覺觀當然應該要摒除，可是爲什麼世尊竟然說「念佛」還得要再破善覺觀呢？善的覺觀不是要抱持不放的嗎？這個疑問始終不得其解。

那我們先要來探討一下什麼是善覺觀？什麼是不善覺觀？不善的覺觀，例如搭捷運時常常會看見，有一個男人不斷盯著一個女人瞧個不停；像這樣一直瞧著，會有兩個狀況，一種人是純欣賞，因爲她長得美，純欣賞；另外一種人，是色瞇瞇的看著好像豬八戒。如果被師父要求守八戒，偏偏他又是個在家人，表示什麼呢？表示他的貪欲重得不得了，才要他守八戒，因爲矯枉必須過正。那這兩種人，從世俗的層面來說，第一種人可以叫作「善覺觀」，第二種人叫作「不善覺觀」。第一種人最多像以前我們小時候過年時，那大張月曆都會印電影明星，家家戶戶都貼上一張，大家覺得好美；可是你把我們那個年代電影明星的海報，現在拿來看時都不覺得美了，但在那個時代大家都覺得很美，因爲那個時代沒有什麼美的可以看，而且生活物資很缺乏，每天看到的是柴米油鹽都缺乏，大家都愁眉苦臉過日子，因此從世俗的層面來說，第一種人的覺觀叫作「善覺觀」；第二種人眼光色瞇瞇的，我們就說他一定是想入非非，所以叫作「不善覺觀」。

可是從修學了義法的立場，以及從解脫道要出離三界生死的立場來說，即使是第一種人，依舊是「不善覺觀」。且不說看女人，也不說看白馬王子，單說他看見一朵花時很欣賞，不斷地端詳，那已叫作「不善覺觀」，爲什麼呢？因爲這時已經落入欲界中了。奇花異卉，指的是忉利天的事，在忉利天來講那是他們的五欲之一；一般情形可以說他們進入園觀欣賞奇花異草時，叫作「善覺觀」，因爲不在男女欲上了；可是從色界天來看忉利天的境界時，又說這叫作「不善覺觀」，因爲已經落入欲界法中了！如果到了色界天，沒有花、沒有樹、沒有香味了，更沒有好吃而香噴噴的色香味美的食物，那境界你要不要？你去問一般的學佛人，他們一定跟你說：「我不要。」因爲他覺得太無趣了！

但即使是這樣，無色界天有情還是覺得色界天的境界不善，因爲墮於色法之中。那麼這樣說來無色界的境界總該是「善覺觀」了吧？因爲他們只剩下定境中的法塵，這個覺觀連色法都沒了，應該是「善覺觀」了吧？這對無色界天而言是「善覺觀」，但如果從聲聞聖人來看，從實證的菩薩來看，那又不是「善覺觀」了，依舊稱爲「不善覺觀」。因爲聲聞人心心念念要取證的是無餘涅槃，菩薩心心念念所住的是本來自性清淨涅槃，在這兩種涅槃中都沒有一法可得，所以說「都無所有，寂滅無性」。既然如此，只要有法、只要有觀或者有覺，就已經是三界境界了！既然是三界境界，就叫作「不善覺觀」，因爲這是生死輪轉的境界，這不是實相境界，也不是涅槃解脫的境界。

那這樣子說來，有人說：「我早就開悟了，我證得離念靈知，於一切境界都不動心，這就是眞正的實相念佛。」任憑我們說破了嘴都沒用，他們始終不改「邪見」。我們不斷地指稱這是識陰的境界，即使修得第四禪等至的境界，依舊是意識的境界，仍屬不善覺觀；但我們說破了嘴，佛教界依舊不信。後來佛教界漸漸會信，是兩個原因：第一是我們二〇〇三年時會裡出現了第三次法難事件，那眞的叫作禍生肘腋——從我胳膊裡面狠狠咬了一口，俗話說「不死也半條命」，可是我們也只不過流了幾滴血，沒有所謂半條命的事，連一個指頭都沒損失，你們看同修會十指不都是好好的嗎？正因爲這個緣故，使得佛教界想：「連會裡面證得如來藏的人都無法否定他，我們都不知道如來藏是什麼，如何能夠推翻他？」這是第一個原因，因爲我們當年爲了這件法難而印出了很多書，包括《眞假開悟》等五、六本書。

另一個是無形中產生對正法的助力，是來自現代禪的李老師。我說他其實是個菩薩示現，這樣講比較恰當。因爲佛教界任憑我們說破了嘴都沒用，等他死前幾天發懺悔文給少數好友，而那些好友廣傳給海峽兩岸佛教界以後，大家不得不正視他所說的內容：「我自覺的開悟，當我生了大病時，使不上力……」公開宣示說：「我這個開悟應當是因中說果。」也就是向佛教界承認自己悟錯了。眞不容易，你們看二十世紀、二十一世紀初，佛教界一百十幾年中，有哪個悟錯的人能出來說自己悟錯了？還沒有人啊！一直到他站出來公開懺悔，成爲佛教界第一人之後，才又有人出來作了半個懺悔。那個人是誰呢？是以前在信義路有個十方禪林的人，他是什麼人呢？正是南懷瑾大師。他死前可能有交代，所以他死後，在他的官網貼了一篇他寫的文章說：「**我不自認爲是開悟的人，我也不認爲自己是眞正在學佛的菩薩，我講的只是用佛學國學文化的角度來解說，有人要認爲我開悟，那是他們的事，跟我無關。**」這樣算是半個懺悔，功德不圓滿，眞的好可惜。

像這樣落在意識上的法，遇到境界時是無法使得上力的，會外的那些大法師不懂這個道理；但我們十幾年前早講過了，因爲那所謂的離念靈知，不論是落入五塵中的離念靈知，或者細至定境法塵中的離念靈知——從欲界定一直到非想非非想定爲止的所有離念靈知，全都不離識陰範疇。三世離念靈知境界都是意識的境界，而意識的生起和存在以及正常的運作，必須仰賴根與塵都正常，否則無法存在、無法正常運作。當一個人生病了氣力衰微，這五色根不好用時意識就跟著不正常了；當這五色根很累時，五色根的作用很微劣，意識心自然就昏昏沉沉了，這時還能夠有離念靈知嗎？所以生了重病時意識是使不上力的。李老師是個很有世間智慧的人，他這時知道悟錯了，當然他那時都已經讀過正覺的很多本書了，只是沒有那一場大病來考驗時，他還無法確定意識在那個境界是無法自在的，後來得那一場大病時確認這個事實；所以他算是末法時代的一位男子漢，南老師還及不上他，只得他的一半。

那麼 世尊開示這一句話說：「念佛名爲破『善、不善』一切覺觀，」很清楚告訴我們說，「眞念佛」的境界是沒有覺觀的；你意識心正在「念佛」時無妨覺觀具足，無妨六塵具足，但是你所念的眞實佛的境界中是沒有覺觀的。既然沒有覺觀就不必談「善、不善」的覺觀，當然包括善的覺觀也一併要破除掉。破除不善覺觀只是初入門的人要修的，所以剛入門時要先受持優婆塞五戒；就好像一條繩索把心中那一隻攀緣的猿猴給綁住，綁久了、習慣了、不攀緣了，這時只是不攀緣「不善覺觀」，但是「善覺觀」還在；所以喜歡看見弘揚佛法的境界相，喜歡聽聞說法的音聲，這些都是「善覺觀」；可是從實相念佛來說，這「善覺觀」也得要破除；但是破除時不是叫你摒除，這話是不是有矛盾？沒有矛盾的，如果是會外的人聽我這麼說，一定會說有矛盾；因爲他們會把我剛剛說的兩句話當作是同一件事，而諸位知道是兩件事。

也就是說，我們「念佛」時覺知心無妨繼續有諸種覺觀，即使你「念佛」時看見惡狗正在咬一隻小狗，那覺觀是不善的，但是你無妨自己的「念佛」境界中依舊無覺觀。當你看見人家在浴佛、慶祝佛誕，又譬如南洋佛教界慶祝佛誕時總是潑水，所以叫作潑水節，他們叫作衛塞節；那時有人去買塑膠的水槍到處射人，被水射到的人也蠻歡喜的，因爲天氣實在太熱；但也因爲是浴佛節，當作自己被人家浴佛了，沒有什麼不好。

這時你心中正在「念佛」，看見大家在浴佛，也許人家也幫你浴佛，你的覺觀是「善覺觀」；雖然有「善覺觀」，卻無妨另一方面同時沒有「善覺觀」，因爲你所憶念的如來境界中沒有善覺觀也沒有不善覺觀，眞實如來的境界是離覺觀的。而 世尊說：「念佛名爲破『善、不善』一切覺觀，」意思是告訴我們說，眞正的念佛時，你所念的如來境界沒有絲毫「善覺觀」，也沒有絲毫「不善覺觀」的；當你「念佛」時如是念，才是眞實的念佛。

世尊又從另一個方向作了定義：「無覺無觀寂然無相，名爲念佛。」沒有覺也沒有觀而寂然無相，這樣才是眞正的「念佛」。從文字的表義來看就是沒有覺觀，但是覺與觀到底有什麼差別？覺叫作粗心分別，觀叫作細心了別，一個粗一個細。另一層意思說，「覺」叫作前心分別，「觀」叫作後心了知；「覺」是初心分別，「觀」是後心細察，一個前一個後。換句話說，粗心去了知或者細心去分別，前心粗糙的去覺知，後心詳細的去了別，都是覺觀。

但是有的人稍微懂一點修行，他遇到境界時知道了，但是不理會那個境界，繼續唸他的佛，所以拿著念珠：「阿彌陀佛！阿彌陀佛！阿彌陀佛！」一直唸，突然間那邊一個巨響，他繼續唸著佛，同時轉過頭去看，口中仍繼續唸著：「阿彌陀佛！阿彌陀佛！」他不繼續了別境界，只是一看就結束了，那你就說這個人持名唸佛功夫還好。如果有一個人聽到一聲巨響，頭轉過去還一直看著，嘴裡繼續唸著：「阿彌陀佛！阿彌陀佛！」原來阿彌陀佛在那裡，就表示他有覺、也落到觀裡面去了！前心過了就應該止住，結果他還落到後心分別裡去了。粗心了知以後也就該過去了，結果他細心還在分別，那他就具足覺觀了。如果他只是看一下又回來繼續「念佛」，表示他對那件事情有覺而無觀；但如果從更好的層次來說又要說他有觀了，這更好的層次是，唸著阿彌陀佛，手中一直撥著數珠，突然「蹦」一聲出來時，他聽到聲音而知道有一個大聲音，知道有事發生，但是他轉都沒轉過去看，繼續唸他的佛，這表示他離開觀的層次，這時他的「觀」是在唸著佛號，是比第一個人更好。所以說這覺觀有粗細分別境界，是不一樣的。

假使無覺也無觀，那是什麼境界？這個「無覺無觀」你不能用禪定的「無覺無觀」三昧來套用；例如初禪叫作「有覺有觀三昧」，初禪後的未到地定叫作「無覺有觀三昧」，到了二禪發起時叫作「無覺無觀三昧」，但這禪定三三昧的「有覺有觀、無覺有觀、無覺無觀」，是指對於五塵境界而言，跟實相所說的「無覺無觀」不一樣。所以二禪等至的境界中不了知五塵，前五識消滅了，那是二禪等至位的境界，可是他終究還有意識存在，還有定境法塵存在，依舊是有覺有觀的。

那麼　如來在這裡所說的「無覺無觀」是實相的境界，是對六塵不加以了知的。也就是說實相的境界中沒有六識也沒有意根，所以不了知六塵，那是如來藏自己的境界，對諸佛來講就是無垢識自己的境界（當然，無垢識也會與五別境、善十一心所相應，那是地後的增上慧學的境界，留在增上班《成唯識論》講解時再來說）。那麼對六塵沒有覺也沒有觀時還會喧鬧嗎？連等至位中沒有五塵的定境法塵都不存在了。換句話說，那個境界裡面是沒有六根、沒有六塵、沒有六識的境界，這樣的境界當然是寂滅的境界。在這種寂滅的境界中連一法都無，何況能夠有任何一法的法相呢？所以這叫作「寂然無相」。請問諸位：你們覺知心能不能住在離六塵的境界中？如果有誰作得到，我要拜他爲師，並且要送給他一個封號叫作邪見大師，因爲沒有六塵時六識就不可能存在了。

哪能有六識住在離六塵的境界呢？只要意識存在時，不管意識粗或細，都一定有法塵，有法塵時才會有意識在那邊運作。如果不是有法塵，意識就不能存在；法塵出現在你心中時，表示你的意識已經存在了，這當然不能叫作「無相」，也不能稱之爲「寂滅」；因爲意識住在那法塵中不斷在觀察著，當然不是「寂然」也不是「無相」。佛陀說：「無覺無觀寂然無相，名爲念佛。」在我們弘法之前大家讀了這一句時，一定會想作：「我念佛就是要念到後來把佛號也忘了，我心中也不曉得該怎麼念，就這樣定住了，這樣一念不生時才是『**眞念佛**』。」但我們得要質問他了：「請問你這個境界中有沒有覺、有沒有觀呢？」

如果他讀過 世尊這一句聖教，這時可就不敢開口了，因爲想要開口時心中又知道這樣錯了，但若不開口時又覺得很尷尬。如果他夠聰明，趕快合掌說：「**承教承教，我回去再努力。**」可是他的邪見如果不改，回去努力也是白努力，因爲他想要把這個不能離開六塵的覺知心修行轉變而離開六塵，但那是永遠不可能成功的事，永遠都不可能成功。所以這個「念佛」法門還眞的難死了諸方大師們。可是這對於諸位來講沒什麼難，所以哪天老爸說：「**女兒！今天咱們來個男女合唱。**」因爲他新買一片卡拉OK回來，妳就說：「**行！我陪老爸唱歌。**」於是妳就陪著他唱。老爸也許突然想起來說：「**我昨天有翻妳的經本，說無覺無觀寂然無相，名爲念佛。那妳現在可就沒念佛了吧？**」妳說：「**不！我依舊在念佛。**」管教他丈二金剛摸不著後腦勺，好叫老爸知道妳的境界多麼深妙。也許哪一天好奇：「**沒想到我女兒證量這麼高，我也去正覺瞧瞧吧。**」等他進來上了課以後，管教他跑不掉了。

這就是說「念佛」的層次差別眞是太多了，因爲十信位中的信不具足菩薩，有時遇到念佛法門時也會念個二、三年吧；例如念佛法門中常說的：念佛一年佛在心田，念佛二年佛在眼前，念佛三年佛在西天。但終究還是念著西天的佛。到第四年時他不念了：「西天的佛太遙遠了，我不要念了。」但他終究還是念了三年，這三年也是「念佛」，雖然很粗淺，也是念佛。接著初住位、二住位、三住位修到六住位時也是「念佛」，所以破參之前無相念佛也是「念佛」，破參之後實相念佛也是「念佛」，入地以後乃至一直進修到十地等覺地都還「念佛」；由此可見這「念佛」的層次差別萬端，不是一言可盡，所以眞正懂得圓滿「念佛」功德的只有一個人，就是佛，因爲都具足了知了。

所以諸佛成佛以後絕對不會約束弟子們說：「你是我的弟子，可不許跑到極樂世界去，也不許跑到東方阿閦如來的世界去。」沒有一尊佛會這樣，因爲諸佛也是「念佛」——包括自性佛與十方佛；假使諸佛沒有「念佛」，怎麼可能爲大家介紹東方有什麼佛世界，西方、南方、北方、下方、上方、東南、東北、西南、西北有什麼佛世界？爲什麼要跟大家介紹那麼多佛世界？因爲「念佛」，心中有諸佛。連諸佛如來都「念佛」，一個還沒有斷我見的人竟然嘲笑念佛法門說：「那是八十歲老爺爺念的，不是我該學的。」

但他何曾懂得持名唸佛？人家證悟的禪師還持名唸佛呢：所謂「一句佛號概括事理」。老禪師「念佛」時，一句佛號中有事有理，那些凡夫們何曾知曉？竟然敢狂言說：「我是參禪的料子，我不念佛。」狂妄自大眞要叫作無與倫比！所以「念佛」法門太深了，但是佛教界不知道「念佛」法門深到什麼地步，等到這《佛藏經》講義整理出來，讓他們讀一讀，看看自己的「念佛」層次在哪裡。

拉回經文來，世尊解釋說：「何以故？不應以覺觀憶念諸佛，無覺無觀名爲清淨念佛；於此念中，乃至無有微細心心念業，況身口業？」世尊說：「爲什麼我要這樣說念佛呢？因爲不應該以覺觀來憶念諸佛，無覺無觀的念佛稱爲清淨的念佛；」這樣大家可能會想：「糟了！原來我幾十年來唸佛都不清淨，因爲如來是這樣定義清淨念佛的，說無覺無觀名爲清淨念佛，而我十幾年來每天日夜唸佛，這八萬聲可不簡單，睡覺都要省下一些時間來，一天要唸八萬句阿彌陀佛。」我想他大概整天都不作事，睡覺大概只能睡四個鐘頭，要這樣才能唸得上八萬句佛號，對吧？你們有誰一天唸完八萬句佛號的？請舉手！啊？都沒有？去打佛七時也沒有嗎？看來打佛七時晚上十點已經睡到打呼了。但即使是打佛七，這樣子「念佛」精進，都還叫作不清淨。一天唸八萬句佛號，嘴巴要像機關槍一樣唸不停的，否則一天唸不了八萬句。但這樣已經無暇去想別的事情，沒時間胡思亂想了，像這樣精進唸著都還叫作不清淨，那怎麼辦？也許有人想：「那我無相念佛時沒有佛號，不用計數；我就從早上起床開始，一直到晚上睡著爲止，全部時間都無相念佛，應該清淨了吧？」沒想到這樣子努力精進，我還是跟你說：「不清淨。」爲什麼呢？因爲還有覺觀。有覺觀的念佛就是不清淨，現在問題來了，佛說：「不應以覺觀憶念諸佛」，又說「無覺無觀」才可以「名爲清淨念佛」，但爲什麼說以覺觀來憶念諸佛，譬如持名唸佛、無相念佛都不離覺觀，這樣爲什麼還不能稱之爲「清淨念佛」呢？因爲有覺觀的心有時是「善覺觀」，但有時是惡覺觀。

例如你無相念佛功夫很好，那你學佛之前很喜愛買珠寶，因爲家裡有的是錢，花不完，所以看見頂級的珠寶就去買，已經買慣了；來到同修會學無相念佛學得很好，可是要來講堂時路上會經過一家珠寶店，突然看見櫥窗裡有一方翡翠又厚又大又翠綠，而且雕著佛像；哇！眼睛都亮了起來；雖一面憶著佛一面走過去，腳步也沒停，可是眼睛卻一直盯著而繼續無相念佛，就這樣盯，盯到眼球轉不過去時才把頭扭回來，請問這個覺觀善不善？啊？善喔？不善喔？對啊！是不善覺觀，因爲這時起貪了，那貪的習性現前了。然後又繼續無相念佛，可是這時兩念並行，一個念是無相念佛的淨念，同時是想著那個翡翠的念，這就是覺觀的問題所在——只要有覺觀，就是時善時惡。

到後來下定決心不想那個翡翠了，可是它依舊會繼續冒上來，沒辦法，走進巷子裡，狠狠給自己一巴掌：「**再也不要起那個翡翠的念了。**」好了，狠狠給一巴掌，這五爪金龍手印都還在，因爲這一下打得很嚴重，眞的叫作大手印！就繼續念佛終於把它捨掉，這時成爲「**善覺觀**」。成爲「**善覺觀**」時總該稱爲「**清淨念佛**」了吧？不！佛陀說有覺有觀的念佛就不是清淨的念佛，爲什麼呢？因爲不論是覺與觀，這個心有時與善相應，但有時會與惡相應，所以只有「**無覺無觀**」才能稱之爲「**清淨念佛**」，因此 世尊指示說「**不應以覺觀憶念諸佛**」。

讀過這一句，不知道諸位有沒有想到一首很有名的偈？我提示一下，在

《金剛經》中說，若以什麼見我？（大眾答：以色見我。）如果以音聲求我，這個人就是行邪道的人，說這個人永遠見不到如來；因爲他只能見到應身如來，沒辦法見到眞實如來，所以說用音聲求佛念佛是不對的。因此持名唸佛是較淺的層次，我不是說他們錯誤，而是從實相境界、從實相念佛來看時，持名唸佛就成爲錯誤的（是以音聲求我）。等你證得自心如來時，持名唸佛又對了，雖然你仍然是以音聲求「我」，但這時已經不求了，你已經證得眞我了，再也不求「我」了，這時持名唸佛具足理事——一句佛號中有事有理，這時當然不以色見如來。

所以 世尊從忉利天說法三個月下來人間時，須菩提繼續住在他的岩洞中，他不來迎佛見佛，因爲他以眞實如來而見。這就是說，眞實如來離見聞覺知，不在覺觀裡面；所以如果要眞實憶念諸佛時，不應該落在覺觀裡面來憶念諸佛，應該了知諸佛如來的本際是「無覺無觀」的，就是第八識無垢識自身，因地稱阿賴耶識，通名如來藏；以這樣的作意來憶念諸佛如來，不論你有沒有覺觀，所憶念的眞實如來是「無覺無觀」的，這樣來「念佛」就叫作「清淨念佛」。千萬不要死於句下，什麼人叫作死於句下？就是依文解義之徒。依文解義的人讀到了義的念佛法門經句，都會死於句下跳不出去；所以他們「念佛」時都認爲如來是有覺有觀的，他們不知道眞實如來的境界是「無覺無觀」。

有覺有觀的如來只是應身如來，但應身如來生滅無常，所以會有八相成道的生住異滅過程；但眞實如來是第八識「無名相法」，那是「無覺無觀」的境界；假使不懂而依文解義時，就會落到文字上面來說：「我們憶佛念佛時不應該有覺觀。」那他思惟以後就會走進死胡同，再也無法迴身，禪師就會罵這個人是「老鼠入牛角」。「老鼠入牛角」，諸位想想看，牛角一頭尖一頭寬，而老鼠頭尖身胖，牠鑽進去走到底以後有沒有辦法迴身？沒辦法了，逃不出來！禪師說這話是罵人家不懂得迴身，這是罵人的話。可是二十世紀有一個大法師當年講禪聞名，竟然這麼說：「禪師講老鼠入牛角，就是說你這一鑽進去就再也不起念了，永遠一念不生，這是最穩當的。」這是我親耳聽到的。

你看罵人的話來到他嘴裡都會變成讚揚的話，這還是名聞五大洲、走過五大洲的大法師；殊不知這是禪師罵人的話，罵他不懂得迴轉，就死在禪門窠窟中。所以假使人家問我說：「老師啊！人家說老鼠入牛角是怎麼回事？」我就用閩南話告訴他：「穩死欸！」國語叫作「死定了」。因爲他轉不了身，退不了那境界，只好死在裡面。所以不能依文解義，他如果依文解義時就會說：「那我念佛時，佛說『不應以覺觀憶念諸佛』，那我得要離開覺觀。」問題緊跟著來了：要怎麼樣離開覺觀？意識永遠離不開覺觀的啊！離不開時他就想：「那我要怎麼念佛？既要離開覺觀才是清淨念佛，否則就不如法，那我要怎麼離開覺觀？但明明我離不開，顯然我沒辦法念佛。」這時心中很懊惱：「我要證初果也沒有辦法，我想要明心也沒有辦法，想不到今天我連念佛都沒辦法，不如死掉算了！」很氣惱。

等到有一天他遇見了菩薩：「佛說『不應以覺觀憶念諸佛』，請問菩薩，我要怎麼念佛？」菩薩就趕快跟他合掌說：「南無本師釋迦牟尼佛。」這一下他可懵了，又問：「明明我問的是如何是『不應以覺觀憶念諸佛』，菩薩您這樣子教導還是有覺觀，而且您還有聲音欸！」這時菩薩往他腦袋瓜一拳：「汝喚什麼作無覺無觀？」讓他疑三十年去。爲什麼要讓他疑三十年去？菩薩這麼沒慈悲？不是的，是因爲他的悟緣還淺，突然一下子爲他說破，他不會信受的，將來萬一謗法反而害他。得要等他如實修學正確的般若波羅蜜以後，才能爲他點破，這不是每一個人都能點破的。也就是說，不應該以覺觀的境界來當作是如來的境界而憶念諸佛，這句話的正義如此。換句話說，念佛人、憶佛的人，無妨有無量的覺觀，但所念的佛是不應該有覺觀的境界，這樣才是「眞念佛」；懂得這樣眞實念佛而現觀的人，他所念的佛是「無覺無觀」的，這樣才叫「清淨念佛」。

世尊又解釋說：「於此念中，乃至無有微細心心念業，況身口業？」在這樣念佛的念裡面，沒有很微細的心，也沒有很微細的心念所造成的業。那麼請問大家，最微細的心業、最微細的心念業，是什麼境界？（有人答話，聽不清楚。）對！大聲一點！正是非想非非想定，因爲這是一切意識中的最微細意識心。非想非非想定中的念，也是最微細的心念；所以假使有人宣稱他能在非想非非想定中以最微細的心業、最微細的心念業來念佛，而說這樣叫作「清淨念佛」，你依舊得當下把他否定說：「你這樣念佛還是不清淨。」他當然不服氣，質疑你說：「那你能夠在非非想定中念佛嗎？」你就告訴他：「我沒有在非非想定中念佛。」他又問：「那你是不是在無想定中念佛？」

你說：「我不但沒有無想定，我也沒有初禪，但我卻是『清淨念佛』，因爲我的念佛『無覺無觀』。」

他聽你這麼一說可傻了！他會說：「你明明會無相念佛，動中的無相念佛功夫作得很好，在跟我講話時明明也在無相念佛，顯然你的未到地定不錯啊！今天竟然說什麼禪定都沒有，這是什麼話？」你就告訴他：「這是實相，不是什麼話。」因爲實相境界中沒有任何禪定，能有什麼定？什麼定都沒有。然後你再回頭來告訴他：「你宣稱能在非想非非想定中念佛，這是誑語，因爲在非想非非想定中不可能念佛。」如果他還能夠念佛，表示他不在非非想定中，他連二禪等至都不是。你立刻可以斷定他的境界就是離念靈知的境界，他錯把沒有語言文字的境界當作非想；可是心中沒有語言文字妄想時，又能夠想起某些時候的事情，在心中一閃一閃而過，他就以爲這樣叫作非非想；原來他是把離念靈知當作非想非非想定了。所以他縱使眞的能夠沒有聲相、形像、文字相來念佛，眞的會無相念佛時也只是在欲界中來念佛而已。

你可以告訴他說：「你這個念佛的境界具足六塵。」他推翻不了你的，你就告訴他：「這不是非想非非想定，這是在欲界中的念佛境界，頂多是無相念佛，那你這時念佛還是有覺有觀，不能說你沒有覺觀。縱使有人進了初禪、二禪次第到達非想非非想定中，那已是三界中最微細的意識心，這時以最微細的意識心來念佛時，這個心念之業都還是不離覺觀的。但世尊說的『清淨念佛』是『無覺無觀』的；在這個『無覺無觀』的『清淨念佛』境界中，不但粗的心、中的心、粗的心念業、中的心念業都不存在，乃至極微細的心業、極微細的心念業也都不存在了。這『無有微細心心念業』，何況能有身業、口業來念佛呢？」持名唸佛時要有口業、要有口業唸，口業唸時要不要有身業來配合？也要的。如果不靠肺臟、肚子來呼吸幫你壓縮空氣出聲，還能唸佛啊？所以這算是最粗的、用身業口業來念佛，但是佛說「乃至無有微細心心念業」，這樣念佛時才叫作「清淨念佛」。

這「念佛」境界一定是「無覺無觀」的，正是住於第八識眞如境界中來念佛的；那麼這樣看來除了正覺同修會你們諸位以外，有誰是眞懂「念佛」的？看來諸位出了會外就沒有知心了，很孤獨喔！可是你們卻說不孤獨，因爲佛在心田，你們時時刻刻了知 釋迦如來的本際，再也忘不了諸佛如來的本際了，所以不孤獨。因此晚上很累，該睡覺了，就抱著如來睡覺，哪裡會孤獨？從來都不孤獨。這樣的「念佛」實在是很深妙，意識思惟之所不知，因此稱之爲不可思議的念佛，所以不容易理解，世尊當然得要從不同的層面再來解說，因此又開示說：

「又念佛者離諸相，諸相不在心；無分別、無名字、無障礙，無欲無得，不起覺觀，何以故？舍利弗！隨所念起一切諸相，皆是邪見；」講到這裡似乎罵人了。世尊說：「除此以外，念佛的眞實境界是離諸相的，」是離種種相的。諸位可以看看，在正覺弘法之前各地道場所謂的念佛法門，有誰是離諸相的？都不離諸相：不然就是觀想念佛，心中有一尊佛的影像；不然就是觀像念佛，眼睛盯著 如來的莊嚴畫像念佛，或者盯著 如來的莊嚴雕像；不然就是繫念思惟念佛，想著 如來有什麼樣的功德，或者想著 如來是如何的大慈悲，或者就像我們同修會的無相念佛，但這些都不離諸相。無相念佛也不能離諸相，只是離開形像、音聲相、文字相而念佛，還是有覺觀的。一定是在六塵中才能念，只是你所念的佛沒有語言文字、形像符號而已，才叫作無相念佛，但這時依舊有念佛的法相，依舊有六塵的法相，還不能嚴格的稱之爲離諸相。那麼 佛說的「離諸相」念佛，顯然不是持名唸佛、無相念佛的境界，也不是體究念佛的境界，這一定是實相念佛的境界。時間又到了。

《佛藏經》上週講到十三頁第一行，最後一句講到「又念佛者離諸相」，今天要從「諸相不在心」繼續說起。在《佛藏經》說的實相境界中的「念佛」是要「離諸相」來念的，所以念佛時所念的佛不應該有「諸相」。有「諸相」的念佛法是佛方便施設而不是眞實念佛。有「諸相」的念佛法，例如持名唸佛，又例如觀像念佛、觀想念佛、體究念佛，或者我們講的無相念佛（還有心相，這是有相的念佛法最高的層次）；但是這些「念佛」法，例如我們講的無相念佛，是從世俗的層面來說無相，可是從實相來講這還是有相，因爲還有念相。凡屬於有相的念佛方法其實都是 佛的施設，因爲如果不預先施設這一些法來爲大家演述，沒有人可以實修而次第達到實相念佛的境界，所以說有相的念佛法門其實都是 佛的慈悲施設。

那這些有相的念佛法之中，最粗淺的就是持名唸佛。持唸佛名是念佛法門中最粗淺的法，可是在末法時代其實眞正會持名唸佛的人也不多。也許我這麼說，有人第一次來正覺講堂聞法，這一聽到心裡面又起煩惱，但是我說明以後大家就不會有煩惱。也就是說，會持名唸佛的人，他其實是口中唸著某一尊佛的聖號，而心中也同時在想著、在憶念著那一尊佛，這樣才叫作會持名唸佛的人，才能說他眞的會持名唸佛。如果嘴裡喃喃不停地唸著佛號，可是心中不斷地打妄想，其實他是不會持名唸佛的人，因爲嘴裡面在唸佛號而沒有在想佛時就不叫作念佛。例如唸著佛號時，心中想的是他女兒去美國留學不曉得怎麼樣了，他在擔心；那他在唸佛號時其實是在念著女兒，不是念佛，因爲他想的是女兒，不是佛，所以應該叫作念女兒，不是念佛。

從另一方面我們再用聖教量來說明，例如《觀無量壽佛經》講下品下生，他造作五逆十惡臨命終時心地散亂，也對即將往生的去處心生恐懼，唸佛號時心中無法想著佛，這時善知識來告訴他說：「你只要跟著我念佛，就可以往生極樂世界不必墮落惡道。」可是他那時因爲業風吹了起來，被那惡劣境界所逼迫，所以經中說他「不遑念佛」，也就是說他那時心思驚恐而沒有辦法憶念於佛，於是善知識告訴他說：「你既然不能念佛，那你跟著我唱唸佛的聖號十聲。」世尊開示說：這個人跟著善知識一句一句唸著 阿彌陀佛的聖號，唸了十句以後即得下品下生往生極樂世界。這經文的意思告訴我們說，口中在唸著佛號時並不等於在念佛，而是同時要在心中憶念著佛時才叫作持名唸佛。

所以如果參加念佛會，坐在那邊持名唸佛時唸著「南無阿彌陀佛」，一直唸著，可是他心裡面想著：「**我明天那一筆生意可以賺一千萬元，不曉得賺不賺得到？**」他一直在思索這件事情，嘴巴卻跟著在唸佛號，這時他念的是錢，是念孔方兄，不是念佛。這道理是一樣的。由此可見到了末法時代，甚至於持名唸佛都不太有人會了；直到我們提出無相念佛說要憶佛，過了兩年才有一個很有名的淨土宗的大法師教信眾說：你們持唸佛號時要憶念著佛。這時他才算懂得跟進，原來他以前也不懂持名唸佛。

至於觀想念佛、觀像念佛，那就不是一般念佛人之所能爲；至於無相念佛、體究念佛，那就更別提了。繫念思惟念佛，倒是有人在作著，可是他們不曉得那叫作繫念思惟念佛，以爲自己只是在理解佛的功德，不曉得那就是繫念思惟念佛。所以說那一些有相的念佛法門其實也不容易學，縱使是最粗淺的持名唸佛也不容易學。那現在念佛人只要讀過正覺的書大概就懂了，可是也許他們不太服氣說：「**你爲什麼可以斷定持名唸佛是層次最低的？**」那我們也可以從聖教量來說明，經中有說，當正法即將滅盡時，最先滅的就是

《般舟三昧經》和《首楞嚴經》，最後只剩下持名唸佛法門可以繼續維持最後一百年。最後只有求生極樂世界的持唸 阿彌陀佛聖號的法門，可以在末法時代最後的一百年延續下來；當這個法門沒有人要學、也沒有人相信，所以連持名唸佛的法門都滅了，那時月光菩薩也無所能爲，因爲眾生的業力如此，這時就率領諸阿羅漢移住山中，大家捨壽後都往生到彌勒內院，或者已入地而有四禪的菩薩們就往生到色究竟天去，人間的法於是正式宣告終止。

所以凡是有相的念佛法門都是 佛的施設，但實相的念佛法門是「**離諸相**」的，只要有任何一相存在，就不是實相的念佛法門。可是實相念佛卻不妨礙「**諸相**」的繼續存在，例如證悟之後，知道諸佛如來的本際就是無垢識（因地所說的如來藏阿賴耶識），那你證悟以後繼續持名唸佛，依舊可以說爲無相；因爲你持名只是一個表相，而實際上憶念著佛時很清楚知道諸佛如來的本際是第八識，很清楚知道第八識的境界，這樣念佛雖然依舊是用持名的法門在念佛，仍然可以說是「**離諸相**」的「**眞念佛**」，因爲你實際上的念佛境界並非表相所看到的持名唸佛的境界。如果你在實相念佛時不但沒有名號聖像語言音聲，乃至連憶佛的念都不存在時，才是實相的境界；知道諸佛這個實相境界時，回來用無相念佛的法門，心中很清楚憶念著某一尊如來或者十方如來，這時依舊是實相念佛。

這樣算是很厲害了吧？其實還不夠厲害，因為更厲害的是你已經具備這樣的見地之後發起了大心，什麼都不顧慮——完全不考慮自己的道業，一心一意為正法久住的事情去作，這時可以說連憶佛的念都不存在了，就只是一心一意為正法久住去作事，這就是最究竟的「**離諸相**」的「**眞念佛**」。有沒有人想要異議？沒有啊？你一個人搖頭，不代表大家沒有異議，要看每一個人。假使一定要堅持說：「**我悟了以後還要有憶佛的念，這樣才是實相念佛。**」那麼請大家回憶上週、上上週、上個月所說的《佛藏經》經文中告訴我們說：「**在這個念佛的境界中，是念亦無。**」連憶佛這個念都不存在，世尊說這樣才是眞正的念佛，還記得吧？記得。可別忘了。所以我剛剛說的連憶佛的念都不存在，就只是為正法為眾生去行道，是不是眞正的念佛？為何這麼少人回應我？（大眾回答：是！）是喔？你們男眾都不答，好像有一點懷疑？也就是說，當你到達這個境界時，才是眞正的眞實念佛。

可是你「**眞念佛**」時，有時偶爾一念反觀，會發覺意識的層面並沒有在念佛，只是爲了正法久住不斷地作事，你有時會觀察到其實意根是有掛著佛的憶念，只是你自己沒有發覺到而已。因爲你不論想到什麼，想要作一件事情、規劃未來怎麼作時，不論想到什麼事情，一定會隨即聯想到：如果是 佛，佛會同意我這麼作嗎？如果我是 佛陀，佛陀的想法應該是什麼？你會發覺到自己會連想到這一點；那麼這時你心中不是等於時時刻刻都在想著 如來嗎？是啊！只是沒有在意識層面來念佛而已，那你的意根還是繼續在「念佛」啊！一直牽掛著下一步要去作什麼時，如來對你的規劃會有什麼看法，其實還是有「念佛」，不是沒有。

但是對一般聽經的學人來說，要告訴他們連念佛的念也不存在，說這樣才叫「眞念佛」，他們不容易接受。可是等到你深入意根的層面去觀察時，會發覺意識都沒在念佛，但意根仍然念著佛。有機會你們慢慢去觀察，如果一時無法觀察到，未來也許下一世、也許下一劫，有一天你總是會觀察到的，所以還是有在「念佛」的。但是因爲你六識的層面中都沒有在念佛，一心一意爲正法的久住去作事，因爲你要把 如來的家業承擔下來而且要延續下去，而這一個動機和行爲背後就是「念佛」。如果不是背後有念著佛的這個心念存在於意根，你這六識不可能這樣長年不斷經年累月地作下去，因爲這只有傻瓜才會去作。那你爲什麼願意當世俗人眼中的傻瓜？是因爲你在意根的層面念著佛；可是從識陰六識的境界來看你沒有在念佛，連念佛的念也不存在，依《佛藏經》的說法這樣才是眞實念佛。

因此回歸到經文來，佛說「**又念佛者離諸相**」，在「**眞念佛**」的層面中，你根本沒有念佛的法相存在，連無相念佛或者心裡有一個作意說：「**我現在是實相念佛。**」連這個法相都不存在，這樣就是「**諸相不在心**」。「**諸相不在心**」才是 佛說的「**眞念佛**」。這樣看起來「**念佛**」還眞的難，所以有人動不動就說：「**念佛？那是老爺爺、老婆婆作的事，我這麼聰明、我還年輕，我又是知識分子，我幹嘛念佛？**」這時你如果跟他說一句：「**那我問你，你懂得實相念佛嗎？**」他才這麼一聽就傻眼了，因爲他沒聽過這個名稱。實相念佛這四個字從來不曾聽過，你看他無法回應時接著問：「**那不然問淺一點好了，體究念佛你會不會？**」他聽到這裡依舊張口結舌，那你再告訴他更淺的：「**不然我問你更淺的，這些對你還是太深，那請問繫念思惟念佛你懂嗎？**」想當然也不懂，你就接著繼續問：「**那無相念佛你懂嗎？**」「**那麼觀像念佛你懂嗎？」「不然觀想念佛你懂嗎？」一直問到：「持名唸佛你懂嗎？」他大約會說：「我懂。」你就告訴他：「其實你不懂。」然後把《觀經》下品下生「不違念佛」那一段經文告訴他，然後問他說：「你持名時有沒有一直在想著佛？」他只好老實答覆說：「我常常在打妄想。」你就告訴他：「所以你連持名唸佛都不會，持名唸佛哪有那麼簡單？你還說那是老婆婆、老爺爺才念的。」這一下他的慢心被降伏，你可以救得他了。

所以念佛很深啊！因爲念佛法門中說的「眞念佛」是「離諸相」的；但「離諸相」總要有個具體的說明吧？所以佛說「諸相不在心」。既然說到「諸相」就表示一般人念佛中有很多的相，有的人生來很孝順，不怎麼掛念孩子，就是掛念堂上二老，出門時總是想堂上二老在家裡不曉得有沒有很平安？其實那二老也不是很老，不過七十幾歲而已。你可別說：「這話有點誇大吧？七十幾歲才叫作『而已』？」不誇大，因爲現代人說「人生七十才開始」呀，所以剛過七十歲時當然不要說他老。雖然還有一句話說「人生七十古來稀」，但是畢竟才剛剛開始老，所以才說「七十幾歲而已」。如果是這樣子，他出門後是擔心什麼？他擔心父母，是因爲他覺得七十幾歲已經夠老了；確實也夠老，因爲有的人很注重養生，遠離各種有毒的蔬菜、食品，還是不過活六十幾歲就走了；所以雖然家裡堂上二老才不過七十幾歲，也就是「才不過七十幾歲」，但他心中還有一點擔心；那他擔心時，就有擔心二老的法相，這也是相，這樣就不能說他「**諸相不在心**」，所以那二老之相時時刻刻綁在他心中。

世俗人經商運爲，那就有種種的相，說之不盡；學佛人很努力在念佛，即使是到了高層次的無相念佛，不也是憶念著佛嗎？憶念著佛時有一個憶念的法相存在，雖然沒有語言形像文字聲相，但他知道自己在想念哪一尊佛，這個就是念相，也是相。有相念佛之中最高的體究念佛，也是有個參禪的法相，時時刻刻在尋覓著到底佛的本際是什麼，或者掛念著「我是生從何來」等；甚至於乾脆明著說：到底我的眞實心如來藏在哪裡？這些都是有相的，既然有相就不能說他「**諸相不在心**」；因爲他在體究的過程中時時刻刻有個疑情在，一直在尋找著：「**究竟我的如來藏在哪裡？**」那就是一個參禪的法相，這就有相。有相就不能說他是眞實念佛，所以眞實念佛是「**諸相不在心**」，這樣念佛的人是「**離諸相**」的。

這個道理不容易理解，所以 世尊又作了開示：「無分別、無名字、無障礙，無欲無得，不起覺觀，」先說明「無分別」，從文字表面來看，「無分別」這三個字的意涵很容易理解，但是理解以後終究只是自己的理解，不是佛所說「無分別」的眞正道理，這其間相差不只十萬八千里。例如咱們正覺弘法之前諸方大師、小師、法師、居士們，同一口徑異口同聲說：「當我們打坐，坐到沒有妄想、沒有語言文字已經離念以後，這就是到達無分別的境界，這樣叫作開悟。」我想諸位都聽過這樣的說法，除非你只是不斷地持唸佛名，都沒有努力在修學般若；否則不管到哪裡聽善知識講禪、講般若，他們都說：「只要打坐到離念不打妄想了，那就是開悟，就是證得無分別了。」

請問有多少人沒有聽過所謂善知識像我剛才舉例這樣的開示，請舉手，只有一位？那別的講堂呢？有沒有？也請舉手？也沒有。這表示你們逛道場眞的逛夠了，不然就是我的書讀多了。如果沒有聽過別的善知識這樣講，就表示你逛過的道場很少，或者根本沒有逛過外面的道場，否則一定都聽過，沒聽過也讀過。近代最早這樣講的是哪一位大法師？是哪一位？惟覺是在最後面去了，閩南語叫作「排無班」，那是在名單之外；近代的最早這樣說的是馬來西亞竺摩老法師，臺灣商務印書館爲他印出一本書，書中就這麼講的；你們可能都沒讀過，但我讀過；他說：「如果能夠打坐半天不起妄想就是開悟，但這叫作小悟；如果能夠整整一天、兩天不起妄想，叫作中悟；如果三天、五天都不起妄想，就是大悟徹底。」還是很有名的商務印書館印的書，你們如果有機會去商務印書館問問看，但可能已經絕版了。

那聖嚴法師是繼承他的想法，所以他私下印證弟子時的說法是：「離念時就叫作開悟明心。」又認爲說：「開悟就是見性。」所以他印證十二個出家弟子明心見性，可是這十二人連我見都沒有斷，也不知道如來藏阿賴耶識在哪裡；有這樣明心見性的比丘或比丘尼，這些人都不能叫作菩薩。可怪的是我這個無相念佛，不但靜坐，在行住坐臥中都可以淨念相繼而沒有妄想雜念，他卻說這個不叫開悟，連證得第八識如來藏了都還不能叫作開悟明心，他這個標準很奇怪。所以眞正的「無分別」他們是不懂的，他們誤認爲只要覺知心中沒有打妄想，覺知心中沒有語言文字存在，就是證得「無分別」了！

假使哪一個大師硬要跟你爭執，你就先預備著一個碗，也去玩具店買一個假的狗屎裝在裡面，然後化工原料行買一小罐香料——狗屎味道的香料，把它放下去；等到吃飯時用一個很精美的漆盒裝起來，過堂時你就端上去，蓋子先別打開，恭敬地提上去說明：「我有一件珍饈美食供養師父。」提到他的食案上打開供上去，看他罵不罵？如果他不罵你，也沒有聞到味道，也沒有看到那碗假狗屎，才能證明他眞的「無分別」。

這樣檢驗最簡單了吧，對不對？至少表面上要能「無分別」，因爲他知道說自己成天到晚在講「無分別」，所以這時縱使看到了，知道是狗屎，鼻子也嗅到狗屎味道，他也要裝作「無分別」。換了誰都一樣，因爲一天到晚講自己證得「無分別」了！所以這時他看到狗屎、也聞到狗屎味道，就必須不理會，才符合自己的說法。雖然他假裝都不知道而不理會，你也要點他，否則救不了他。你既然有心救他，就要指點，就從碗裡面把狗屎提了起來：「師父！您有沒有看到？」問他有沒有看到，他能答沒有看到嗎？當然不能。只好答你：「有看到，但是我沒有分別。」然後你再拿近一點：「師父！您有沒有嗅到？」他仍然會說：「我有嗅到，但沒分別。」這時你就放回碗裡面去，你說：「師父啊！您看到時還能不知道這是什麼嗎？您嗅到時還能不知道這是什麼嗎？」因爲一定知道那是狗屎。

他如果夠聰明就只好口似扁擔，閉得緊緊的不敢開口，因爲他知道自己錯了；雖然心中沒有語言文字說：「這叫狗屎，很臭。」但是他已經了別完成。既然分別已經完成了，你就告訴他說：「所以師父您心中雖然沒有語言文字說『這個叫作狗屎』，但您已經分別完成了，並不是無分別；因爲您的眉頭皺起來了，因爲您的臉板起來了，您心中有一點不悅了，雖然您大人大量不罵我，但您的分別都已經完成了。所以沒有語言文字妄想時仍不能說那就是無分別，而是連色塵、香塵都不了別，對六塵都不了別時才能叫作眞正的無分別。」你這樣說完了，他如果有世俗智慧，就應該跟你拱手說：「承教了！」如果他說：「我是法師，又不是打拳的，幹嘛拱手？」不然合掌也行：「承教了！」縱使心中不悅也不誠服，至少口上得要這麼說，手上得要合掌吧？因爲眞正的「善知識」上門來了；你眞是他的善知識呀！

所以對他指點完了再端回自己眼前來，告訴他說：「師父！我視而不見，嗅而不聞，您懂這個道理嗎？」他也許想：「找到機會了，有碴被我找到了。」他就反問你：「你剛剛說看到就分別完成了，嗅到就分別完成了，爲什麼到你身上就說看到、嗅到時仍無分別？」你就告訴他：「我有個能分別的，但我還有另一個實相是從來不分別的；在我正分別時實相仍然不分別，師父您懂這個道理嗎？」你得要最後畫龍點睛這麼一點，他才能夠心悅誠服，才終於懂得：原來不是要叫這個覺知心不分別，而是這個能分別的覺知心要去把那個從來無分別的第八識心找出來；找出來以後，發覺祂時時刻刻都不分別，而我知道祂是不分別的，我也能繼續分別種種法，所以我這個無分別智生起以後繼續有分別，這個智慧就叫作「無分別」的智慧。

他們得要這樣被教導才能學會「無分別」的道理，所以我說他們都不懂佛法。因爲「無分別智」這幾個字有很深的意涵，他們要去探討：既然叫作「無分別」又怎麼可以稱之爲「智」呢？凡是智慧一定是有分別，所以智慧是有分別的；但這個能分別的智慧之前提是因爲找到後知道有另一個從來不分別的，這樣的智慧才叫作「無分別智」，並不是要把能分別的覺知心打坐變成無分別。如果眞要是這樣叫作「無分別」，乾脆每天中午把剛出生幾個小時的嬰兒供上佛龕供養禮拜好了，因爲人間就是這樣的嬰兒最沒有分別，依他們的定義，這些嬰兒的證量最高了；出生後多生活一天就增多一天的分別，多活一年就是增多一年的分別。

可是話說回來，剛出生幾個小時的嬰兒眞的沒分別嗎？當然有啦！所以他要哭，因爲他剛生下來就已經分別了，出生時被擠壓得痛苦就大哭呀！有哪個嬰兒生下來是笑嘻嘻的？他因爲被擠壓覺得痛苦所以哭，他那個哭不就表示他了知出生的痛苦，那不就是分別了嗎？可是他的分別最少，比起那些大師們的分別更少，只有肚子餓了哭、床鋪太硬哭、尿布濕了哭，他的分別最少。如果覺知心分別越少的人修行越好，就表示嬰兒修行最好，那些「開悟」的大法師們修行最差。

所以說，他們把**無分別**的道理弄錯了；弄錯了又不承認錯，繼續打壓證悟的賢聖以後，弄到最後無可轉圜，只能說是他們自己弄擰了。所以最後是打壓了以後想要跟蕭平實對話卻對不上話，因爲他們自己把局面弄擰了。本來是我要跟他們對話，但他們弄擰了以後我不想跟他們對話了，眞是爲時已晚。因爲我的原則就是這樣：我先開出很多方便來，讓他們可以找機會來和我對話；當這些方便他們都不要、都拒絕了以後，就沒有第二次機會了。早期我的機會不斷地給，但後來就不給了，因爲到後來我認爲他們與正法實證的緣已經斷了。我的原則就是這樣，因爲我不巴結人家，也不希求人家給我什麼；所以曾有位很有名的居士打電話找我想要見我，我也不見。他如果直接通知說什麼時候要來拜訪，我會接受，但是要在電話中跟我談法義，我不想接受。可是之前我也留機會給他，我不是一個趕盡殺絕的人，總是會留機會給人家。

這就是說「無分別」的道理確實很難理解，所以古今多少人錯會。諸位千萬不要以為到了現代才如此，其實古時已經是如此；正法時代也有不入流的弟子是如此，像法時代更明顯。部派佛教那些聲聞人之所以會搞分裂，就是從這裡開始的——於法不知不證，所以他們搞分裂，不聽阿羅漢的話。所以說，大乘佛法中弄錯了「無分別」的道理，是古今一模一樣。這樣看來末法時代的大法師們誤會「無分別」的道理，我們也就不需要跟他們計較了，但是我們得要把道理講清楚，講清楚以後他們不接受不打緊，重要的是他們的弟子們能聽到、能讀到而把錯誤的謬見改回來，那他們在法上修行時路途就不會走偏了，這樣我們目的已達。

至於大法師們承不承認我們都無所謂，因為大法師不是我們要度的對象。他們的信徒們這一世熏習了以後，轉生到下一世看見大家都在讀蕭平實的書，心想：「這是大師咧！」他們心中自然會信受，因爲他們在這一世已經信了一半了，只是心想：「你正覺這個山頭又沒有比我師父的山頭大。」所以他們不願意來學。有的人是想：「這正覺一天到晚都在說我師父錯了，我才不想學。」他是被情執綁住了。有的比丘尼更愚昧，她們連法義辨正和罵人都分不清楚；這樣的比丘尼很多，不是你們想的那一位而已，是很多很多；所以她們說：「我不要去正覺學法，我知道他的法對，可以實證，但我不要去學，因爲他一天到晚罵人。」

可是只要轉生到下一世去，她們全都信了。下一世正覺還在，她們就來學了。下一世她們都來了，我們臺北講堂大約要買下整棟才夠用，現在這六個講堂眞的不夠用。所以雖然大法師那些信徒這一世不會來學，這無所謂，下一輩子能夠回歸正法就夠了，我們又不是想求廣大的眷屬、求名聞利養。所以我們只要把她們心中錯誤的邪見滅除掉，讓她們下一輩子可以回歸到正法中來，這樣我願足矣，夫復何求？當她們心中對「無分別」的錯解已經修正過來，佛法二十年後、三十年後就復興起來了。因爲二十年後、三十年後她們都轉生到下輩子去了，那時反對正覺正法的人已經不存在了，那時不就復興了嗎？所以弘法時要看前世、今世、後世，不要單單看今世這一小段時間。

當大家心中都有了「無分別」的眞正理解，未來世只要有誰再說：「我見聞了了而無分別。」大家打從心裡就不會接受，就會直接有一個正念生起來：「既然叫作見聞了了，那就是分別完成了，不能叫作不分別。」就好像我這一世聽人家那樣開示，讀到人家書上那樣講時，我說如果開悟明心就是悟這個覺知心，那阿貓阿狗也知道，怎麼可以叫作開悟明心？我一聽就不認同了。讀過竺摩老法師寫的那本書，那是更早時，是我初學佛大約第二年就讀到了，但我不接受，因爲我認爲覺知心有念或無念的境界大家都知道。有念時和無念時都是同一個覺知心而分成悟與未悟，那不就等於說大善人也是大壞蛋嗎？可是大善人怎麼會是大壞蛋？所以那個說法不通，因爲全都是識陰的層面；如果覺知心離念可以叫作開悟，那 佛陀爲什麼要說人有八個識？那第七識跟第八識的開示豈不成爲贅語？不就是廢話了嗎？可是 如來不會講廢話，因此我就不接受他們那個說法。

那我們把佛教界所有佛弟子都教育好了，大家都懂得「無分別」不是大法師們講的意識心的事，都知道證得「無分別」的境界不是要把意識心變成不懂得分別的白癡，這個種子在他們心中種下去了，未來漸漸發芽滋長以後，下一世他們就不會接受人家講的「見聞了了而不分別」的邪見，所以我們要不斷去教育佛教界。但諸位不要抱著一個期待的心說：「我們正覺都印出這麼多書、講出這麼多正理，你們還不來學？」千萬別這樣想，因為他們如果全都來了就歸我倒楣，我哪來錢買那麼多講堂給他們進來聽？所以他們只要心裡信受就夠了，其中少數有緣可以實證的人，才進來同修會實證，這樣就好了。

「無分別」講解過了，接下來說「無名字」。世尊為什麼要說「無名字」？請問諸位，名字是怎麼產生的？嗄？我沒聽見，我有一點耳背；名字怎麼樣？「是施設」？還有沒有別的答案？「先有相所以有想」？這又進一步了。就進一步？有沒有再進一步的答案，有沒有？可見你們《阿含正義》都沒有讀。有名字講了出來時，是不是口行？是口行！在《阿含正義》書中我有引述一小段《阿含經》中的開示，說口行亦名覺觀，還記得吧？記得的人就是有讀過，不記得的人就是沒讀過。

那問題來了，爲什麼說口行也是覺觀呢？口行一定有語言名字出現，那語言名字之所以出現而成爲口行，根本原因就是「了知」；因爲了知這一個物品的表相，了知某一個人的長相，了知某一個人的行爲法相，了知某一個人表情的法相……等，這一些了知都屬於覺觀。從最開始的覺到後面細分別的觀，全都屬於了知；因爲有這一些了知的緣故，所以施設了名言文字來表示意思，名言文字施設出來以後大家就可以互相表達溝通，追溯名字的根源則是覺觀，所以名字的施設是從覺觀而來的。

接著再問諸位，那覺觀從何而來？尋伺就是覺觀，是覺觀的另一個名稱。覺觀是怎麼來的？是因爲心有了知的功能，心了知的功能就是五個遍行心所法加上另五個別境心所法，這十個心所法運作時才能夠有了知；有了知的功能才有覺有觀，有覺有觀才會去施設名字，所以是從了別、了知開始。因爲分別到這個人跟那一個人不一樣，說這是男人、那個是女人；同樣是男人來了，分別出來這是老爸、這是兒子，是從相的分別而知有不同，但是都是從了別來——從分別而來。因爲分別以後爲了溝通的方便，就要施設這個人是老爸、這個人是兒子，名字就出來了。如果你不如此施設名字，那你跟你妻子說：「他來跟我要那個，要去作那個。」那你妻子聽懂嗎？一定聽不懂：「他是指哪一個人？」你說：「他啦、他啦……」怎麼講也講不清楚，除非把他拉到面前說：「就是他。」那不很麻煩嗎？如果施設了名字，就沒這些表達上的困難，否則光是想要指稱一個對象就大有問題了。

那你如果說：「老爸。」他就知道你是在說誰。「老爸來跟我要那個。」「那個」到底是什麼？不能全部物品都稱爲「那個」吧？你如果說：「老爸來跟我要存摺。」那麼妻子一聽就懂，是要存摺，有這個名字就講得清楚了。你如果說：「那個人來跟我要那個去作那個。」誰聽得懂？你就說：「老爸來跟我拿存摺要去存款。」簡單幾個字就明瞭了。如果你沒有施設出「名字」來，全部都用代名詞講，誰也弄不清楚你的意思。所以「名字」的施設在色界欲界中都是必須的。在無色界爲什麼不必要？因爲無色界有情全都在四空定中，不互相往來，你看不見我也不知道我的存在，我看不見你也不知道你的存在，不必互相往來，要施設名字幹嘛？可是色界就不一樣了，因此從色界天開始就必須要有名字，有了名字以後才有辦法互相溝通。

可是名字之所從來，追溯到最根本，就是因爲有了知。了知的自性其實就叫作「分別」，如果有分別就會有名字。不要懷疑這一點，即使不能言語的動物，牠們也有名字，只是名字很少，而且不是人類所使用的名字。譬如猴子在樹上，地面上有鹿或羊走過來，牠們會發出一種聲音通知同伴；過一會兒換了花豹過來，猴子叫聲就不一樣了；如果是蟒蛇遊行過來了，牠們又換成另外一種叫聲，大家聽了都知道現在是什麼動物過來了，有沒有危險。那你說牠們有沒有名字？當然有啊！之所以會有名字，是因爲那一些猴子了別現在來的是沒有危險性的，待會來的是有危險性的另一種動物，蟒蛇過來時則是另外一種有危險性的，爲了區別出來而方便令其他同類知悉及應變，就施設各種不同的叫聲；這些不同的叫聲，就是牠們施設的名字。

　　這個現象其實在人類小時候就有了，還沒有學說話的小孩子，他們的父母都可以了別他的聲音是在表達什麼；雖然小孩子永遠都是哇哇叫的聲音，但哇哇叫時也有抑揚頓挫可以了別。就算成人，同樣也會有離開語言文字的叫聲出現，例如家裡有個嬌生慣養的女兒，她看見了一隻蟑螂哇哇大叫，爸爸聽了知道她是這麼叫的，以後再聽到時就知道是蟑螂；可是下一回跑出一條蜈蚣來，她的叫聲可能就不一樣，同樣是哇哇大叫，但叫得很恐怖；這也是一種沒有語言文字的名字，所以爸爸一聽就知道這回不是蟑螂；所以因分別而產生的名字，這些名字不會單單是語言文字。

例如患耳聾而不會講話的人，他們學手語，手語也是一種名字。又如遇到一個聾啞人士，你叫他去作什麼事情時，他聽不見你的聲音，但他會看你的嘴唇動作，懂得你在說什麼；雖然他的嘴沒有辦法講話，那他就跟你這樣比一下，意思是說：「等一下。」告訴你等一下。如果他說他要去搭火車，他會怎麼比呢？就這樣子比，你如果也學過手語，這樣就懂了，那也是叫作名字。因爲大家約定俗成：這手勢代表什麼意思，另一個手勢代表什麼意思。如果他跟你比這樣子，是說：「我要去遊玩。」這算不算是名字？當然也算是。所以名字其實非常多的。

狗也是一樣的，主人門還關著，牠才聽到主人摩托車的聲音就知道那是主人的摩托車，就開始興奮大叫，這興奮的聲音是不是名字？是。所以門一開，牠叫得更高興，才一打開立刻跳上來，以牠的肢體來表示牠的意思，所以我們把它叫作「肢體語言」，也是「名字」。那麼人類有沒有肢體語言？也有；遇到一個令人恭敬的人來了，你在座位上不會躺著坐，只會坐在椅子前端，很恭敬的、坐得正經八百，也是「名字」。如果遇到一個心裡覺得很恐懼的人，他講話時嘴角會抖，手也會抖，這也是「名字」，你一看就懂——看他的神情是那麼恐怖。也許他的神情正經八百，但是沒有恐怖，表示他很尊敬，這也是「名字」。所以在有情界，「名字」其實廣有多種。

但是「名字」的由來是什麼呢？就是分別或了知。能分別的原因是因爲對於「諸法相」有所了知，有了知時就是分別。但一般人不懂就以爲：心中只要沒有名字語言，那就是「無分別」了；這是末法時代佛教界一直存在的現象，直到我們弘法之後這個現象才開始漸漸消失。那麼念佛的人是「離諸相」的：「諸相不在心」，表示他「念佛」時是沒有分別、沒有名字的，那麼請問諸位：當你還沒有證悟如來藏之前——還在無相念佛的階段，這時的念佛有沒有分別？怎麼女眾說有，你們男眾沒反應呢？當你無相念佛時，爲什麼不能說就是「無分別」呢？因爲你念佛時很清楚知道自己現在憶念著哪一尊佛，雖然沒有形像、沒有語言文字、沒有佛號，而你很清楚知道自己正憶念哪一尊佛；當你換另一尊佛來憶念時，也就知道這一尊佛的念與念相和剛才憶念另一尊佛的念相不一樣，你都可以很清晰辨別出來。

這表示無相念佛時仍然是有分別的，那這樣念佛就不能稱之爲實相念佛，還不是「**眞念佛**」，所以我們後面才接著解說體究念佛、實相念佛。那麼當你終於體究念佛的過程經歷完，來到實相念佛的層次了，你繼續念佛，這時不管是持名唸佛、無相念佛或實相念佛，你「**念佛**」時還會有障礙嗎？再也不會了！因爲這時你對於持名唸佛、觀想念佛、觀像念佛、繫念思惟念佛、無相念佛、體究念佛、實相念佛都知道了；全部知道了，所以在這些不同層次的念佛境界中，你都已經了然於胸，無所懷疑。這時就不只是在念佛中無所障礙，這時包括你對般若波羅蜜已經了知：怎樣才能叫作智慧到達無生死的解脫彼岸，你已經了知了；所以深入觀察以後最後你說：「**我在生死中就已經度過生死了，當我生死的當下就無生無死了。**」

你敢開口這麼說，腳下很實在，一點兒都不虛，因爲這是你自己親身體驗、現前安住的現量境界，不是想像思惟得來的。所以這時談到佛法，你沒有障礙了；如果還有障礙，只是更高的層次仍不了知，但是在般若波羅蜜部分你已經了知。此時某一位大師，某丙、某乙、某甲、某丁大師們，他們有沒有證悟、有沒有般若智慧，他們有沒有斷我見、有沒有證初果，你都了然於心，所以你都「無障礙」；因此不管誰要來跟你挑戰，你都無所畏懼。不要懷疑我說的這一句話，假使你悟後對我這個說法還有疑惑，還沒有具足信心，就表示你沒有方便善巧，那我跟諸位講一個方便善巧就夠用了。

以前我講過了，不論誰來挑戰你，他自稱比你懂佛法，你就跟他說：「那你講講看，看你哪一個境界的智慧是比我高超，我們再來合計、合計。」就讓他先講，你不需要講自己的證量。如果他要求你：「你先講吧。」「我這個無境界法、無所得的法，無一法可得，你要我說什麼？但是你的境界一定是有所得法，所以你講，看你能夠講幾種，我都能聽進去。」他就講，講了以後你不要插嘴，讓他講完，十分鐘、二十分鐘、半個鐘頭都讓他講，講完以後你就問他：「那請問，你講這麼多的勝妙境界，是不是識陰的境界？」就問他這一點，如果他說：「這都不是識陰的境界。」你就把他一一挑出來講給他聽：「這不是眼識的境界嗎？這不是耳、鼻、舌、身識的境界嗎？這不是意識的境界嗎？」他可就沒轍了，然後你畫龍點睛告訴他：「我的境界不在這六識的境界裡，說了你也聽不懂。」因爲他所知就只是六識的境界。

所以假使哪一天達賴喇嘛來找你，自稱他是法王，你就跟他說：「你這個法王是假的，自己封的不算數。我超過你的境界很遠，都不敢自稱法王，你算什麼法王？」他不服氣就說：「我是如此成佛的，我已經成佛。」你就問他：「你現在講的這一些成佛境界，全都在識陰六識的範圍內，根本跳不脫識陰六識的範圍，表示你沒有斷我見，都還是凡夫，講什麼成佛？大妄語人！」甭客氣，你如果想要救他就別客氣，客氣便救不了他。所以不論誰，他的境界多麼勝妙，你就讓他講出來，講出來以後分析給他聽：「你這些境界全部都在識陰六識裡面，所以你沒有斷我見。」他聽了一定很不高興，但是回到家裡去一夜輾轉難眠、轉側難眠，一夜思惟以後他會想，你說的對。那他的道業就有轉機了，否則你想要救他還眞難。

那麼諸位想想看，這一些人，有大禪師、大法師，包括密宗假藏傳佛教的法王來到你面前，原來都是識陰的境界，那你面對這一些人會有障礙嗎？當然「無障礙」。哪一天也許作夢時印順老法師來了，縱使他來跟你挑戰，你也不需要畏懼。你就告訴他：「釋印順！你這個老糊塗，都落在識陰裡面還不曉得反省，還敢自稱成佛！」他如果要狡辯說他沒有落在識陰裡面，那就叫他提出來：「你哪一個證量是超過識陰境界？告訴我。」他會告訴你的一定有兩個，一個叫作：「我證眞如了。」你就問他：「你證眞如了，你的眞如是什麼境界？」他說：「滅相不滅就是眞如，我把自己滅掉了，那滅相不能再滅了就是眞如。」你就問他：「你現在在哪裡？你有滅掉嗎？」他也許狡辯：「我念念生滅一直在過去，這就是滅了，滅了以後不再投胎就是滅相不滅，就是眞如了。」你得告訴他：「那你不再投胎，落在鬼道裡不也是重新受生嗎？難道你現在正在三界外？如果你現在這模樣就是在三界外，那你看看身邊那一些鬼，不都同樣是阿羅漢了嗎？」

他一聽沒轍，不談眞如了：「我還有一個境界，我證得細意識，細意識不在識陰裡面。」你就問他：「細意識叫什麼意識？」「『細』意識啊！」他這麼答，你說：「細意識不是意識嗎？難道加個細字就不是意識？要不然我說粗意識不是意識，你接受嗎？」他又不接受了，那你就跟他下個定義：「所以你沒有超過識陰六識境界，你只是個凡夫僧。」所以不管他講的一大堆，甚至於他把《中觀今論》搬出來講上一堆，你慢慢等著，不急，好整以暇，茶端起來慢慢喝，等他講完，你就告訴他：「你這一些都是意識思惟的境界，所說這一些法都是你意識心中的境界，沒有超過意識，那你是什麼地方超過識陰了？」因為意識在識陰裡面啊！他也許不服氣說：「那你告訴我，你證的境界是什麼境界？」你就說：「我證的超過識陰境界，你聽不懂的。」也許他硬要你跟他講，你就說：「我說的這個法你一定不樂意接受的，我跟你講了也沒用。」他一定跟你堅持：「我一定樂意接受，絕對不會討厭你說的法。」那你就告訴他：「我跟你說了，你可不能生氣。那我先問你，你要聽親切的還是比較不親切的？」那他說：「那我要聽當然要聽最親切的。」他話還沒完，五爪金龍給他了！如果他說：「那我聽比較不親切的好了！」你就說：「我證的境界叫作釋印順。」然後就問他：「你聽懂嗎？」如果他還不信，你就告訴他：「那我跟你講了吧，你要小心聽好，好話不說第二遍，我也不要讓別人聽到，來！」把他耳朵拉過來說：「三十年後告訴行家。」你就走了。

那你想，這一些念佛的層次你都經歷過了，來到實相念佛的境界中，不管遇到哪一個大師，你都不需要覺得有障礙。十幾年前咱們印《邪見與佛法》時，有的同修私底下想：「老師好大膽，竟然敢登那篇法義辨正無遮大會的聲明，公然印在書中。」一定有人這樣想，只是不敢來我面前說。可是我覺得這沒什麼，因爲知己知彼百戰百勝，有什麼好怕的？假使有一天來了一個人是八地、九地、十地菩薩，他來跟我法義辨正贏我了，正好拜以爲師；打著燈籠天下難找，踏破鐵鞋無覓處，得來全不費功夫。刻意要去找個八地、九地菩薩作師父還眞難，今天大菩薩送上門來，你怕什麼？求都求不到的，還要起一個念頭說要抹脖子啊？那麼笨！可以挖寶的機會來了，而且讓你挖一世，幹嘛要抹脖子走人？也得聰明一點才好。

所以當你把這一些法通達了以後，不論遇到誰都沒有障礙。只有事相上的障礙，就是你正法的根基不穩固，勢力不夠強，所以諸方大師聯合起來共同抵制你，但這只是事相上的障礙，不是法上的障礙；而且這個障礙不會長久，有一句話說：「**善知識如錐處囊。**」好像一根鑽子放在布袋裡面晃來晃去，時間久了它總會鑽出來吧？這一不小心刺著一個人，他會警覺：「喲！**你會刺人！**」他發覺有善知識出世了。咱們正覺被現代佛教界稱爲善知識是因爲什麼？因爲他們各個被我們刺到了。是啊！我們的書出來以後，沒有被我講到的某一些大山頭，他們也覺得被刺到了，不是只有我們指名道姓的那一些大山頭。但爲什麼他們剛開始都抵制？我們剛開始弘法時又沒有指責他們，從來沒有指責他們說：「你們悟錯了！」

但是因爲他們看了我們的書，主要是他們信徒讀了以後去問：「師父！人家正覺是這麼說的，而我們講的跟他們講的都不一樣。但正覺說的跟經典一樣，跟菩薩的論一樣，我們說的從正覺來解釋、來看時，顯然我們不符合聖教量，這是怎麼回事？」這時師父臉上是不是三條線？對啊！那不就是被刺到了嗎？所以善知識住世如錐處囊，是千古不易的道理。因此雖然正覺的勢力還不很大，但是不論是哪一些大山頭、小山頭，他們都會畏懼。爲什麼畏懼？因爲不敢與你論法。當他們想要私底下評論你時，心中都是虛虛的；因爲他們私底下爲了名聞利養、爲了怕法眷屬流失掉，所以不得不評論你時，他們心裡面會生起一個作意：「我這樣有沒有毀謗賢聖？有沒有抵制正法？」所以他們心裡面是虛虛的。

更何況你如果打電話去說：「我是正覺同修會的老師，我是正覺同修會的幹部，想來拜訪你們山頭的大和尚，請問您哪一天有空？」答案是：「沒空！我們和尚很忙，沒時間接見你。」那你於那個山頭不就沒有障礙了嗎？甚至於你不表明身分，有一天你到他們山頭進了大殿禮佛，故意像在家裡作功夫一樣，一拜十五分鐘；等你三拜完，他們會問：「請問你是不是正覺來的？」你答覆說：「是啊！」他又問：「你在正覺是幹什麼的？」你就說：「我是正覺增上班的學生。」增上班是悟後才能修學的，他就不敢再開口了，頂多奉個茶；因爲你包了紅包五百塊、一千塊錢供養了，他們總要奉一杯茶吧。就這樣跟你客客氣氣，但是保持距離。

這是很常見的現象，所以你只要懂得佛說的「眞念佛」——懂得實相念佛，那你於法、於佛教界就沒有障礙。正覺弘法的過程是現成的例子，剛開始我一個人弘法，後來有三個、五個、八個、十個人弘法，漸漸地增長出來；但是初期那十年我們一直都被打壓著，再加上後來將近十年在大陸也是一直被大法師們打壓的。但正覺畢竟是一根很尖銳的鑽子，在布袋中遲早會穿透出來，晃來晃去刺了一個、刺了兩個，最後藏不住，話傳出去了。一定會傳出去，告訴人家說：「你遇見正覺要很小心，免得被刺著了。」何況正覺有很多刺。因爲我們有很多法，不是單單懂一個禪，所以正覺不論去到哪裡，哪裡都不歡迎；因爲從正覺出來的人混身是刺，對吧？不論講解脫道、講佛菩提道、講種智、講般若，他們都講不贏你們。而且你們都可以把對方毛病挑出來：「你的毛病在這裡。」

所以正覺弘法是直到這幾年大家公認了以後就保持距離，這也是無可奈何的事。但是保持距離也好，我們法布施，就遠遠地布施給他們也可以；所以現在有很多比丘、比丘尼讀正覺的書，他們很努力在讀，因爲很想提升自己，但是不好意思來學。還有更多比丘、比丘尼在等待，等待正覺寺蓋好了可以進來成爲正覺寺的常住；而我們也願意開放一些名額給還沒有證悟的出家眾，只要他們菩薩性足夠，就讓他們來正覺寺出家。

那正覺寺的問題就順便報告一下，就是鄰地很難買、很難處理，因爲我們有一些規劃，得等到某一些部分完成時才可以進行下一個階段；沒想到鄰地牽涉到桃園縣政府，就這樣一年又一年拖下來，結果現在局面大變，眞的叫作計畫趕不上變化，進行得很辛苦，功效不彰。又加上這兩年正覺名氣在外，所以不管到哪裡，大家都知道正覺，只是規模沒有四大山頭那麼大，就說正覺是第五大山頭，就得以貴價買地。正覺怎麼會是第五大山頭？因爲正覺的法「無障礙」，「無障礙」就是第一大山頭；你盡可以開價一坪一百萬，雖然農地一坪不過萬把塊，你開一百萬也行，我不會責怪你，因爲我是第一大山頭；然後我來就地還價，總可以吧？

因爲我們看的是法，那一些世俗表相的學佛人看的是硬體，但是硬體跟法的實證無關啊！最好笑的大概是十年前吧，有一個大山頭的比丘尼接受訪問，記者問：「妳們那個寺廟爲什麼要蓋那麼高？全球都沒有人蓋那麼高的。」她答覆說：「因爲我們師父證量最高，所以我們寺院就蓋最高。」如果哪一天一○一大樓最頂樓設了佛堂，那他的證量最高了？也就是說他們只看表相，連出家人都會這樣，那他們落在表相上時，於法就有諸多障礙；但我們在法上「無障礙」，所以我們不管去到哪裡都很自在。我剛剛也跟你們教過了，不管對方說他證量多麼高，你就讓他講，講完了你就作一個結論說：「你這個證量不叫作證量，因爲這是識陰的境界，所以你沒有證量。」當他反問：「那你有證量嗎？」你也說：「我沒有證量。」「那你沒有證量，爲什麼比我高？」「我因爲沒有證量才比你高啊！你有證量，都是識陰的境界，我是『無所得、無分別』，沒有境界的境界，不能說證量，所以方便說我比你高。我的無證量比你的沒有證量還要高。」對他來講根本就是聞所未聞，你就方便善巧度他；這一世度不進正覺來無所謂，只要他心裡信受如來藏這個妙法，下一世就能得度，這也是度啊！度不一定要當世；這樣叫作「無障礙」。

接著 世尊說這個境界「無欲無得」。有欲的人會想方設法賺錢，賺了一億元就想要賺十億元，賺十億元他就想要賺一百億元，會想方設法一直賺。對諸位來說，你們會覺得某一些商人很奇怪，他已經有一百億元了爲什麼還要用那種不太正當的手段再去賺錢？但我不覺得奇怪，因爲諸位是菩薩，他們不是菩薩。諸位在同修會中即使還沒有證悟，也不會幹他們那一種事情；因爲你知道最後還是「無所得」；但他們不知道，都落到有所得法上面。可是以諸位的見地來看他們，會發覺他們夠笨，因爲從學佛的立場來看，一世又一世、一劫又一劫，這樣一直延續下去，如果把往世所有的福德在這一世都轉過來，就表示他把往世累積的福德全部實現了，全部實現以後未來世的福德沒有了。未來世的福德就看他這一世懂不懂得布施，但他把所有福德在這一世全部實現了，一心一意想要累積更多的錢財又不肯布施，那未來世就生到餓鬼道去。他沒有傷天害理，但是他的手段不正當，賺了很多錢卻是有違公平正義，又沒有去布施利樂有情，於是死後去餓鬼道；到了餓鬼道中想要再回來人間可就很久了，眞的划不來。你們很清楚這一點，但是你告訴他這個道理時，他心中不會接受。不信的話你去找那些大企業家，透過關係找到人以後當面跟他講這個道理，看他們信不信？一定滿臉像狐狸一樣懷疑著，所以叫作狐疑不信；因為他們的慾望是無止盡的。

不說錢財，王□慶娶了幾房妻子？四房嗎？聽說暗中還有，不過傳出來的沒有超過五個；還不算過分，《根本論》中說「多不過五」（編案：《瑜伽師地論》卷五十九：「過量而行名為非量。是中量者，極至於五。」）。而 彌勒菩薩在印度的環境下說：菩薩的配偶最多不過五個，就不算犯戒。但是諸位！有一個前提，世尊有說，大意如是：「我所未制戒，於他方若不應行者，即不應行。」那麼若是行了，也是犯戒；而臺灣的法律可不可以嫁兩個丈夫、娶兩個老婆？不行的。如果臺灣的法律像回教那樣可以娶四個老婆，請問諸位男眾好不好？（有人答話，聽不清楚。）真的不好，因為同樣的道理，如果菩薩也可以比照而行，那你家老婆應該也可以說：「我要有四個男人。」那你要不要？換你不要了；這道理是一樣的。

那世俗人都是有欲的，所以當他有欲時，你就看得見他落在識陰中；因此有了一千萬元就想要有一億元，有了一億元就想要有十億元，沒有止盡！

所以清朝皇帝的事，大家耳熟能詳的叫作「乾隆皇下江南」——見一個愛一個，這就是下江南的歇後語。所以人家問你：「乾隆皇下江南燈謎，你猜什麼？」（大眾答：見一個愛一個。）對了！這不就是欲嗎？那康熙的一個小跟班兒太監，叫作三德子，他有三德喔？所以他們都胡扯，他們都是心中有欲。

那你如果證了實相心如來藏，眼見祂是「無分別法」，現觀祂是「無名相法」，這時連「錢」這一個字你都不想聽到。那竹林七賢，還有一些古代的賢人，只要誰提到錢，就趕快去洗耳朵，那叫作自命清高；可是從菩薩的立場來看有兩個方面：第一方面是從解脫道來看，這個五陰去不到未來世，五陰所有的這一些財產眷屬等，包括名聲也都帶不去未來世，終究是無常，捨報時全部得棄捨；就算還沒有捨報之前，擁有了這麼多的財、色、名、食、睡等法，但卻都是無常的五陰之所有；從「無名相法」——從眞我如來藏來看，一向都沒有得到，能得到的是五陰。第二方面從「無名相法」如來藏中——諸佛如來的本際中——都沒有所得，既然沒有所得，爲什麼還要追求那一些無常之法？不如在法上好好修證，所證的這些法的淨業種子、智慧種子，都會跟隨著自己的如來藏與意根去到未來世，下一世種子流注出來時你遇到佛法，這一些法又會再回來，可以生生世世受用無盡，這種法財才是無價之寶，而且沒有誰可以剝奪，誰都搶不走；既然是這樣，就不需要看中世間法。不需要看中世間法時，還需要貪汙舞弊嗎？根本就用不著了。

因爲即使是生財有道，譬如經商，古人說逐什一之利，十塊錢的成本賣出去時賺一塊錢，天公地道，即使如此正心誠意來經商也不會去貪著，只是當作一種世間營生之道而已；只是當作一種生存在人間的工具，而去跟眾生保持接觸作爲未來世度眾生的因緣。所以心中現前看見是無所得的，也就不需要使這五欲的貪求繼續增長，這樣叫作「無欲無得」。但只有「離諸相」的人，只有「諸相不在心」的人，才可能作到「無欲無得」的境界。

那麼反腐敗的根本辦法要從哪裡作起？第一步要讓眾生深信因果，第二步要讓眾生在解脫道上至少有初果的實證，第三步要讓眾生證悟如來藏妙法，現觀無所得；這樣就不必再起貪欲，隨順於世間的正道去行，行有餘力就來修學出世間正道，這樣才是反腐敗的最根本辦法。所以眞正的反腐專家在這裡，在正覺。那麼這樣「無欲無得」當然是一個示現在外的表相，但這個表相的實質，是因爲你所證的境界是不起覺觀的；你知道實相法界不起覺觀，就知道一定是「無所得」，才能夠作到「無欲無得」。因爲時間到了，只能留到下回繼續講解。

《佛藏經》上週講到十三頁第二行「無欲無得」，講完了。今天要講：「不起覺觀，何以故？舍利弗！隨所念起一切諸相，皆是邪見；舍利弗！隨無所有，無覺無觀無生無滅，通達是者名爲念佛。」上週講的是「諸相不在心；無分別、無名字、無障礙，無欲無得，」延續下來就是這四個字「不起覺觀」。對於一般學佛人來說，般若很難理解，因爲不可思惟、不可臆測，唯證乃知。之所以不可思惟、不可臆測，就是因爲沒有證得「無名相法」、「無分別法」所致。在正覺弘法之前，沒有人敢請出般若系中比較深妙的經典例如《佛藏經》出來演講，是因爲再怎麼思惟、再怎麼研究也無法理解。

古時禪宗證悟的祖師們，詳細演述般若系列諸經的人非常少，通常都是只針對某些弟子們開示，或者只在某一些場合，例如知州或者知縣或是某某節度使的邀請，在某些日子爲大家解說，平常是不講經的。縱使講了也不記錄下來，只會記錄禪師講的某一些有關禪的言語，後來結集起來就成爲祖師語錄。而這類經典通常是由其他的法師們來註解，那些法師們既然稱爲法師而不是禪師，當然就是依文解義。所以《大藏經》中有很多法師們註解經典的，例如《楞伽經》等，而我不加以參考；我如果要參考他們的註解，我不如不要再寫註解，因爲依照他們所註解的義理，跟實證還差了一大段距離。所以禪師們大多是不講經的，因此這樣一直流傳到現代，證悟者通常也都是不講經。

來到近代以後又加上一個問題：人間沒有證悟者。也就是說證悟者是極爲稀有的，即使偶爾出現一位證悟者，往往也不出世弘法；就像我上輩子在江蘇、浙江躲著過一世，因爲想要爲正法作事都沒機會。廣欽老和尚是個證悟者，但他不說法、不講經，也有他不得已的苦衷。所以想要在《大正藏》中找到像《佛藏經》這一類了義經典的注釋—我說的是正確的注釋—是非常困難的。看來這好像就是把機會留給我，讓我這一世有機會好好詳細演繹，讓大家如實理解；所以在我心中認爲，不應該也不可能埋怨他們，因爲他們留機會給我，我要感謝他們才對。

那麼回到主題來，說般若爲何這麼難理解？因爲依文解義的人永遠都無法理解，用盡意識的情解思惟也一樣無法理解，例如這一句「不起覺觀」，說的是「眞念佛」「不起覺觀」。這「不起覺觀」依文解義者要如何爲大眾演說？現代依文解義最行的人就是釋印順，他的徒眾們也都是專門作依文解義的事，美其名曰佛學學術研究，但那只是學術而不是實證的研究，因爲他們的理解被意識的境界所侷限，所以遇到這一類聖教時各個作不得手腳，於是大家避之唯恐不及，因爲他們怎麼想也想不通：念佛不都是要持唸佛號嗎？怎麼可能「不起覺觀」？沒有覺觀時還能念佛啊？眞是百思不得其解。問題是，這個「念佛」是實相念佛的境界，不是六識、七識的境界，他們如何能憑藉思惟而得理解？於是在誤會的情況下，第一種人是避而不談，第二種人就以定爲禪，他想：「我就努力打坐，當我坐到沒有覺知時，就是不起覺觀了，那我就是懂得『眞念佛』了，我這樣就是開悟了。」可是努力了二、三十年以後，終究還是有覺觀啊！

「念佛」時當然要有一個人能念，這當然要有覺知心；還要有一個所念的對象，就是被憶念的佛。既然要有能念的覺知心才能夠有所念的佛，那覺知心現起時不可能沒有覺觀的；因爲覺知心的現起一定是要有六塵，即使是二禪等至位中的意識也得要憑藉定境中的法塵才能生起，那依舊有覺觀。但是佛說「眞念佛」時竟然說「不起覺觀」，這可怎麼辦呢？打坐了三十幾年後，有一天心裡沒事無所罣礙，坐著、坐著落入無記去了，什麼都不記得；然後突然一念驚醒：「唉！我還在打坐，怎麼天暗了？原來時間過去很久了。啊！我知道了，這樣就是佛說的『不起覺觀』，那我就是『眞念佛』了。」等到問了善知識，善知識說：「你睡著了！」因爲是他睡著了意識中斷，他誤以爲就是「不起覺觀」。

可是問題來了，「眞念佛」既要「不起覺觀」又要有能念的心，那怎麼可能「不起覺觀」？於是自作聰明膽大心粗的法師就敢出來講：「這個道理不通，一定是僞經，一定是後代的佛弟子們爲了對佛陀永恆的懷念，所以寫出來的僞經。」你們聽過這樣的說法吧？對啊！這就是說，「眞念佛」時必須要理事雙全才可能「不起覺觀」。也許有人這時又想：「既然理事雙全，有理有事，但有事時就一定有覺觀，因爲事都在六塵中，怎麼可能離開六塵還有事呢？」於是念頭一轉：「這是僞經。」只要讀不懂的都把它說是僞經就夠了，什麼問題都解決了，沒有人再能質疑他了。可是等到善知識出世說法證明這不是僞經，他可就沒轍了，嘴掛壁上，那張嘴再也不是他的了。

也就是說，世尊所說的眞實念佛，念的是「無名相法」、「無分別法」如來藏的境界，而能念的是這個意識心；不管是無相念佛或者是實相念佛，或者持名唸佛、觀想念佛都有意識心，都在六塵境界中念著，但同時存在著另一個「不起覺觀」的心，就是第八識如來藏這個心，祂自無始以來到現在，乃至盡未來際都是「不起覺觀」，這才是三世諸佛的本際。既然是三世諸佛的本際，這樣的「念佛」當然就是眞實的念佛，這樣的「念佛」就不是念假佛，而是念眞佛。所以這時能念的心念著諸佛如來的實際，即使正在持名唸佛時，心中的作意很清楚知道如來的實際，不論念哪一尊佛，每一尊佛的實際都「不起覺觀」。

所以即使他回去持名唸佛時，依舊是實相念佛。這時持名唸佛中有事相，嘴裡喃喃唸著：「南無阿彌陀佛！」而覺知心裡面想著「阿彌陀佛」時是有覺有觀的，但無妨另有一個作意是無覺無觀的。這個作意放在自己的如來藏上面，放在諸佛如來的無垢識上面，了然而知「不起覺觀」。這樣的念佛正是上一週講的「念佛者離諸相，諸相不在心，無分別、無名字、無障礙，無欲無得，」所以如果念佛時他所念的佛是有覺觀的，就表示他這時「不離諸相」；這時他心中有很多的相，他心中是有分別、有名字、有障礙、有欲也有得，因爲他不斷地住在覺觀之中。所以找到如來藏之後看見十方三世一切諸佛都是這個如來藏，全都是「不起覺觀」的，這時「念佛」才能說是眞實念佛。

那麼爲了解釋這個道理，當然世尊得要繼續開示，但是開示前要先作一個定義，所以世尊說：「舍利弗！隨所念起一切諸相，皆是邪見；」不管誰念佛，從持名唸佛開始乃至無相念佛，隨所念起一切諸相，皆是邪見。也許這時有人想：「欸！那你這樣講，無相念佛也是邪見喔？」對啊！從實相念佛來說，無相念佛依舊是邪見。可是換個角度，依凡夫的境界來說，從無相念佛下至持名唸佛都不是邪見。若是把層次拉高，來到實相境界時就說持名唸佛上至無相念佛、體究念佛皆是邪見；因爲佛在前面講過了：無有任何一法可得，所以沒有名相、沒有分別。

那麼我們學佛時一定要了知法有很多不同的層次，對初機學佛人來說，你不能說這些是邪見。就好像不可以告訴他們說「你的五陰不存在」，可是把層次提高到實相的境界來說時，就可以說：你的五陰不存在，你的父母子女都不存在，你所學的佛法也不存在，山河大地三界世間都不存在，沒有任何一法存在，連一個有情都不可得。所以法有很多的層次，要從各種不同的層次來理解法，因此不可以把對實相境界的解說，拿來套在世俗境界上面講。假使依實相境界來說，阿羅漢也是邪見；因爲從實相的境界來看時沒有阿羅漢、沒有緣覺、沒有菩薩、沒有諸佛；而阿羅漢說自己是阿羅漢，這就是邪見。這樣解說，眞有證量的阿羅漢聽了也不敢回嘴；只是你必須先把前提點出來說——從實相境界來看。你如果沒有講這個前提，他可要反駁你，他會用解脫道的實證跟你講：「**我是我生已盡，梵行已立，所作已辦，不受後有，這是眞實的涅槃，你怎麼可以說我是邪見？**」所以你就有過失了。

但你如果把前提講出來：「**從實相境界來看，阿羅漢所證有涅槃可得，就是邪見；但是從你的證量來看，你告訴我說有涅槃可得，對我來說不是邪見。但我證得涅槃時我也無所得。**」讓他心裡落下一個斗大的問號在那邊無法理解。你若破參了，聽我這麼一講，了然於心，我也不用再解釋。所以「**隨所念起**」就會有種種相，持名唸佛的人就有佛號的文字相、語言相；觀想念佛的人就有佛的影像；繫念思惟念佛的人他就有諸佛的功德相；無相念佛的人就會有一個念佛的離語言文字形像的念相；如果體究念佛，那就是參禪的法相；全部都有相，所以只要有一個念在，你就會有相。但這些終究是正法修行的過程當中所必定會有的法相，對一般人來說，不能說他是邪見。然而《佛藏經》講的是「眞念佛」——實相念佛的境界，所以依這個境界來說：「隨所念起一切諸相，皆是邪見。」

世尊接著就開示：「舍利弗！隨無所有，無覺無觀無生無滅，通達是者名爲念佛。」特地呼喚舍利弗，讓大家都注意接著要開示什麼：「隨著眞實念佛的境界，這時來看是沒有任何一法存在的，都無所有，在實相念佛的境界中，你所念的如來境界沒有覺、沒有觀、沒有生、沒有滅，通達這個道理的人才是眞正的念佛。」覺比觀更早生起，覺比較粗糙而在前頭，觀比較深細而在後頭。但不管覺的層次或觀的層次，全都是六塵中的境界。沒有覺沒有觀，不是指進入無想定或者滅受想定而叫作「無覺無觀」。如果把層次拉低來說，二禪等至位開始叫作「無覺無觀三昧」，那已經是等而下之了。因爲二禪等至位的無覺無觀只是相對於五塵來說，只是對五塵沒有覺觀而已，依舊是對定境中的法塵有所覺觀，所以這層次就低了。

即使是入了無想定或者滅盡定，六識俱滅而成為無覺無觀，終究還有個意根面對法塵，也不是究竟的「無覺無觀」。如果念佛念到睡著了，覺知心不在了，以為是離覺觀了，那就不值行家一哂。哂，就是輕微嘲笑的意思。那麼諸佛如來的實際——包括現在十方諸佛、過往一切諸佛，乃至未來即將成佛的諸位菩薩們，下至地獄有情所有眾生，一切有情的本際第八識，都是「無覺無觀」的，而且不是暫時「無覺無觀」，是永遠「無覺無觀」。所以假使有人坐到忘了自己，就像道家講的「坐忘」，或者儒家孔子的年代，他們也曾經有人坐忘；就是無事一身輕，閒來無事坐著就忘了自己，誤以為就是「無覺無觀」，那你可以為他指點一下：「你說的無覺無觀，就暫時算作是無覺無觀吧，等過了一會兒有聲音出現了，或者地震了，你是不是又恢復覺觀了？再不然天晚肚子開始叫起來不是又回復自己了嗎？依舊是有覺觀啊！然而佛說的無覺無觀是無始劫來法爾如此，並且盡未來際依舊如此，這才是真正的無覺無觀。」

凡是有覺有觀的都會有生滅，生與滅都是合在一起來說，這就是三界世間的事實而不可改變，所以只要所證是生滅的，就說他是凡夫。一定是凡夫，因爲不離生滅。即使是初果人歷經七次人天往返，也是要滅掉生滅法，所以最後一次回來人間成爲阿羅漢，到這個時節，他對世人宣稱：「我生已盡，梵行已立，所作已辦，不受後有。」就是不會再出生了，所以說他證得無生，無生以後將來就不會有滅；假使有生，他就逃不了將來壞滅的命運。即使生去非想非非想天，他的定力圓滿具足，最多也只是八萬大劫，一樣得要滅掉非非想天的壽命與福報，下墮人間。

至於一神教講的上帝自稱是永生的，其實永生的註腳，或者歇後語，要叫作什麼？叫作永滅。因爲他永遠生，永遠不斷出生的就會一世又一世永遠滅下去。可是他們不懂，以爲自己是不死的，其實只不過是一個鬼神壽命比人類長一點而已，上帝的境界到不了忉利天的，你們看看《舊約》（《新約》中可能這一點也還沒有改掉），裡面說祭祀上帝時要用酒，還要用帶血的鮮肉。請問你們：「忉利天的天人吃不吃肉？」才一看見、才一聞見就作嘔，遠離而去！忉利天人吃甘露，連人間的米飯都不吃了何況吃肉，而且還是生肉帶血？那諸位想一想，上帝的境界會是欲界天的境界嗎？答案三個字，請諸位講一講。（大眾答：不可能。）對！就是不可能。因爲他吃生肉而且又帶血，這在《舊約》裡面明明白白寫著，請問諸位：身爲人類菩薩的你們，就算尚未受菩薩戒前吃肉時，肯不肯吃生的？何況你們根本就不吃肉。那麼上帝的境界不就很明白了嗎？不過就是鬼神。鬼神的壽命是比人間長的，但他不過是個有力鬼。

我最近看見一神教作了一個廣告只有幾個字，我覺得很奇怪，說「上帝在乎你」，有沒有人看見？我是在什麼地方見的？好像是一座路橋的橋頭掛著「上帝在乎你」。我要是遇見了神父、牧師，就說：「**你們瞎扯淡**。」那就是沒話找話說，不就是扯淡嗎？講出來的都是淡而無味，言不及義。你們看所謂的《聖經》，說上帝要諾亞造方舟，諾亞去造了（我們現在不談那個神話的眞假，只說那個神話是多麼荒唐）；造了方舟以後要選擇動物，每一種動物都一對一對選上船；但人類所信奉的上帝，他的規劃是人類要全部滅絕，所以諾亞的兒媳婦懷孕生了嬰兒，諾亞還想要把他殺掉；還好諾亞還有人性，不是泯絕人性的人，最後下不了手，把刀子丟了，所以人間才有信基督教的人。那你看看上帝多狠，有沒有在乎你們人類？你們看上帝認爲諾亞的孫子也得死，是因爲諾亞捨不得下手，所以才有信基督教的人類流傳下來。那上帝何曾在乎人類？一點都不在乎。那麼動物呢，每一種選一對，其他的都該死，但那些動物造了什麼業全都該死嗎？而且爲什麼那些動物只選一對？可見上帝很孤僻而且很無情。

但他們如今在一個橋頭立起一個白色的牌子，用很大的紅色字寫著「上帝在乎你」，我看了那個牌子心裡都笑了起來，心想：「你這簡直就是睜眼說瞎話，因爲《聖經》明明不是這樣記載啊。」所以上帝他還想要滅絕人類；他認爲世界之所以有罪惡就是因爲人類，但問題來了，那麼多的動物上帝認爲牠們可以流傳下來，爲什麼卻規定只選一對兩個呢？爲什麼其他的都要死？牠們有何大罪非得要死？沒道理吧！這就是說上帝的知見非常膚淺，他連人類的智慧都不夠，眞的及不上人類的智慧。我這麼一講，諸位都懂，可是上帝不懂；當他降下洪水淹死了那麼多人，被淹死的卻是他所創造的人（咱們不是他創造的，所以我們不用被他淹死），那他明知這些人會有罪而必須死，他幹嘛創造那些不信上帝的人？還說是全知全能呢。

至於其他的動物那就活該倒楣，因爲上帝狠，牠們只好自認倒楣了。所以投胎再來以後，這傳教士說：「鹿啊！羊啊！你們要信上帝。」但是鹿、羊充耳不聞，因爲以前被他殺了，現在重新投胎再來：「那我當然就不信你了。」也就是說上帝不懂自己也有生滅。當然話說回來，《聖經》只是一個人類編造的神話，事實上，上帝並不存在，不過是一個家族分裂後兩邊鬥爭而已，所以成爲回教與基督教的戰爭到現在還在打，而兄弟兩邊都各自宣稱自己家奉侍的才是眞神，但不管誰家奉侍的是他們分家前的神，其實都只是鬼神，卻是兄弟鬥爭個不停。因此《國家地理雜誌》說他們是「兄弟鬩牆一千年」，活該人類倒楣啊？但聰明的人不信那一套，愚癡的人信了就去打仗吧。

話再說回來，「無生無滅」的才是眞正的常住法，上帝只不過是比人類壽命長一點點，而壽命長不值得誇耀於人，不值得傲視於人類；我若不行菩薩道，生到色界天去，壽命可就是他無法想像的長。又譬如落入餓鬼道中，那餓鬼道的壽命很長，在餓鬼道中可能看著同一個人死生幾百世了，他自己都還沒死；這樣，壽命長有什麼可以炫耀的？眞的沒有。有解脫的功德、有實相的智慧才是最重要的。但因爲上帝不曉得自己的壽命其實還是很短，若是從四王天人或者從忉利天人來看，上帝的壽命也眞的不足道哉，只是相對於人類時比較長壽而已；因此上帝看著人類出生後又死了，就想：「人類爲什麼這麼短壽？」就自以爲永遠不死而敢誇稱永生，我說的自以爲永生不死或是很長壽，是因爲編寫《聖經》的人自以爲上帝很長壽或者永生，而不是上帝自以爲很長壽或永生。

因爲所謂出生一切的上帝是不存在的，無可驗證。不像我們佛教說的出生五陰萬法的如來藏可以驗證，能被不同的人再三再四反覆驗證。所以哲學界一直提出質疑：「上帝在哪裡？」這質疑已經很久了，基督教無法回答。假使誰有空，閒得發慌，把「月亮在哪裡？」那一首歌改編爲「上帝在哪裡？」弄上網去流通也不錯。以人類粗淺的智慧編寫了《聖經》迷惑天下人，但在邏輯上處處不通；連有生必滅的道理都不懂，還主張上帝是永生的。然而既然主張是永生的，就表示他一定有覺觀，有覺有觀就一定是生滅法，這是放諸於十方三世宇宙而皆不能改變的正理。那麼請問：上帝究竟有沒有覺觀？有啊！答案當然是有。即使他們後來改革了教義，因爲發覺佛教的經典是這樣講，自己的說法處處破綻，不得不改革；但改革以後仍然不離覺觀，所謂的三位一體只是世間人類的想法；因爲上帝不離覺觀，一定有生有滅，而這一定是識陰六識的事情。識陰六識的出生，依於根與塵相觸才能出生，所以這是有生之法，有生則必有滅；只有無覺無觀的法才是常住法，才是「無生無滅」的，這道理放諸十方三世而皆準。

「無生」在佛法中很重要，因為實證了三乘菩提的人都說是「證無生」。「證無生」是學佛人才能接受的，但也只是表面上接受，骨子裡還是不接受的。有生就有老病死等苦，或者有三苦、八苦具足；想要離苦只有無生，就是滅掉有生的蘊處界諸法，但上帝不會想要滅掉自己的五陰，因為他的身見很厚重。「無生」，雖然一般的佛弟子接受，可是我卻說他們骨子裡還是不接受；也許有人想不通這一點，但若解釋了也不難理解。以前大法師們都說已經證得涅槃，也有人公開宣稱死後要入無餘涅槃，因為他宣稱自己是阿羅漢；可是這一些大法師們的想法都是要用離念的靈知意識心去無餘涅槃中安住，想要因此永遠不再出生於人間或世間。當我們把事實告訴他們：無餘涅槃叫作無生，而無餘涅槃的境界是把六根、六塵、六識全部滅盡後不再投胎，永遠不再出生來世的覺知心，只剩下第八識如來藏離見聞覺知而無所住，這樣就是五陰、十八界消失了，再也沒有後世的自我，連意識心都不存在了。

這時，那些大法師們各個不接受，於是他們就毀謗蕭平實是邪魔外道。可是問題來了，既然是個邪魔外道，爲什麼所有大法師們不聯合起來具名破斥？爲何不肯寫文章來救正覺的信徒們？各大山頭大法師們名氣多大，佛教界勢力多大，對一個小小的正覺同修會加以破斥有何難哉？而竟然大家不但縮手，而且閉嘴，這是什麼道理？正是因爲他們不能接受我講的無生，而我講的無生卻與 世尊聖教完全相符。我們講的無生是把蘊處界全部滅盡而不再受生，沒有未來世的意識覺知，一切法全都不存在了，這樣叫作無生。但他們想的是這個有覺知的離念靈知心還要繼續存在，想要存在無餘涅槃中。可是解脫道中沒有這種涅槃，佛菩提中也沒有這種涅槃啊！

無餘涅槃是十八界都滅盡；只要意識還在，不必說到識陰六個識都在，單單一個意識存在就是三界內，已經又出生，絕對不是無生啊！意識是有生的，有生終必有滅；乃至非想非非想天的天人，如果不中夭的話，歷經八萬大劫依舊下墮重新有生。但我們說的眞正無生，他們不接受，他們怕斷滅，這就是我見與我執的問題了。所以「無生無滅」不是外道們或者是俗人所能接受的，但眞正的無生就是無餘涅槃，卻又不是佛門中還在凡夫位的大法師與學人們所能接受的；所以我們講了二十幾年的法，這種佛說眞正的無生法，他們有哪一個大法師接受了呢？至今沒有看見過哪一位大師說：「正覺講的無生才是對的。」表示他們不接受眞正的無生。

所以「無生無滅」這個法甚深極甚深，凡人不容易接受的。當你對於「無覺無觀無生無滅」已經通達了，這表示你雖然還在人間隨於一切諸法持續運行著，但你心中其實是「隨無所有」。這就是我說的菩薩腳踏兩條船，一條船是實相界，一條船是現象界。在現象界中無妨所有諸法同時現前，所以叫作萬象森羅許崢嶸，可是心中迥無一法；因爲他另一條腿踩在實相法界，無一法可得，同時也是「無覺無觀無生無滅」。當你通達了這個法以後，就說你是眞實念佛的人；所以要當個眞實念佛的人也不容易。我這一世沒有師承，只是把往世的證量找回來，然後不斷地整理，次第通達之後說法二十幾年了，書也出了一百多本，而我一直在等一個人，等那個人能從我說的法，從根本把我推翻掉；因爲如果有這樣一個人，那是我的福報，那就是我要禮拜的老師，我得要拜他爲師。

然而一年一年過去以後，從失望變成絕望。因爲連我自己也沒有辦法推翻，我能叫誰來推翻？放眼天下又沒有一個什麼十地、八地菩薩，就算有，哪天來了等覺菩薩也不能推翻我說的法，雖然我同樣拜他爲師，但他也不能推翻我，因爲他所證的也是如此，既然同一所證，就不能推翻我，只可以訓示我說：「**你講的太淺了。**」那我要抗議：「**我不如到忉利天去講，不要在人間講，換你來住持。**」因爲在人間弘法時就不能講太深，即使我現在講的說是很淺，但會外有很多人抱怨說：「**蕭平實的書好難懂。**」不說別人，我哥哥都抱怨：「**你就不能寫淺一點嗎？**」我說：「**我已經寫得夠淺了，沒有辦法再淺了；是因爲這個法太深，不是我要講太深。**」他有繼續努力讀，讀了十幾年說：「**我現在終於開始理解一些。**」十幾年呢，結果現在每天都在讀、放不下手。

所以這個法很深，但是你只要把它通達了，漸漸就知道爲什麼 佛要說：「**法住法位、法爾如是。**」每一個法，包括無量無邊的法，各有它所安住的位置，永不錯亂，而你沒有辦法把它們的位置改變，因爲每一個法的位置是固定的，這是法界中的定量。無量無邊的法，每一個法都有固定的位置，而你通達了以後，就好比說你對一整棵樹全都瞭解了，從最頂端的樹葉下來，樹枝、莖、幹、樹盤、樹根，全部都瞭解了，當你碰觸到哪一個部分時就說這是在什麼部位，接著往這邊是怎麼樣、往那邊是怎麼樣、往上面是怎麼樣、往下方是怎麼樣，你全都知道，這叫作通達諸法。到這裡，有一天突發奇想：「**我把這法移到另一個位置來，行不行？**」結果不行，因爲這裡不能缺少它，到別的地方也安不上去，法就是這樣，所以說無量無邊法，一一法都是「**法住法位**」。

爲什麼不能放到別的地方呢？因爲「**法爾如是**」。這時表示你對一整棵的菩提樹具足瞭解了，知道這一整棵菩提樹的每一片葉子也都是「**法爾如是**」各住其位；這時叫你來修剪菩提樹，行不行？不行！因爲菩提樹是完整而不可能被修剪的，否則就不成其爲三界有情了，一定會因爲被修剪後全都成爲殘障者（編案：《法華經》說：「是法住法位，世間相常住。」）。只有外道才會寫書命名爲《修剪菩提樹》，那些外國人、日本人把一些胡說八道的論文集合起來成爲一本書，叫作《修剪菩提樹》，其實他們連菩提樹的影子都沒見著，就別說看見菩提樹本身，那他們要怎麼修剪？而我是看得清清楚楚的人，卻下不了一剪。說句老實話，三界中沒有哪一把剪刀可以用來剪菩提樹，諸佛都是如此；根本找不到那一把剪刀，因爲即使是剪刀，也是菩提樹生的，還能回過頭來剪自己所依的菩提樹喔？

所以見道後進修到通達非常重要，當你通達時，人家問你一個法，你馬上知道這個法是在這個位置；譬如整個法是這麼大的一個範圍，這個法只是在這裡面的一個像針尖那麼一點大，你就從這一點往東邊講、往西邊講、往上講、往下講；人家問：「我只問你這一個法，你爲什麼講一堆給我？」是啊！就是這樣，因爲相關的法很多。如果他嫌你講得太多，那你就說：「不然我只講最簡要的，你要不要？」他可能問：「最簡要的有幾句？」你告訴他：「只有一句。」那他當然一定說：「我要，我只要這一句就會佛法，那當然好；以前聽那麼多法，都聽到頭昏腦脹。那請你告訴我那一句。」這時你無妨把現成的撿來用：「喝茶！」你就走了，再也甭理會他。這就最簡要了，因爲只要會這兩個字兒，很多劫以後他就會漸漸通達，所以這叫作「佛法大意」。

人家來問：「如何是佛法大意？」「山下爲我挑三擔土上來。」這就是佛法大意，你要什麼？這就是禪宗很有名的「木平三轉泥」，不就這樣嗎？他要是夠利根，三擔泥挑上來，就該禮拜回家了！所以佛法的通達眞不容易，當你通達了以後就會想：「佛陀還眞厲害，竟然在阿含部就講『法爾如是』，就把生命的根源說了。」看看南洋有什麼阿羅漢來了就問他：「這是《阿含經》講的，想來你們南洋《尼柯耶》應該也有說吧！『法爾如是』，請您解釋給我聽聽看。」他不就傻眼了嗎？而且在大乘經中，更說「法住法位」，說明諸法是本來就這樣的，是各住自位而不混亂的，這時你就想：「佛陀眞厲害啊！」

同樣的道理，「念佛」想要念到能夠通達諸法，至少得要把三賢位中的「眞念佛」境界證得；不說滿分通達而入地，至少也要八分通達、五分通達、三分通達，因爲已經能夠自度度他了。所以這眞正的念佛境界是可證的，如果不是可證的，我上得座來要怎麼編派這些言語跟諸位講解？我可不是像那些大法師們寫著一個字一個字的稿子唸出來的，我這只是經文，講這麼久了，我這支撫尺都還沒有移動，還在這一行經文上；如果是要用編派的、思惟的，單憑這幾句經文，那我怎麼能夠編派出這些法義來？這就是說，實證才是最重要的；如果不能實證，那麼「念佛」時就像南部人說的「念帕佛（閩南語）」，翻譯過來叫作念假佛；這就不是「眞念佛」了，因爲念不到諸佛的實際。

那你如果能念到諸佛的實際，就表示你是證悟者，已經證得眞如了。當你由眞如心來看待諸法時，這個法在什麼位置、那個法在什麼位置，你就會開始通達了；通達時有少分通達、多分通達，最後就會成爲滿分的通達。那麼你只要從眞如心來看待「念佛」法門時，對於「念佛」究竟是應該怎麼念，心中再無疑惑了，這就是世尊說的「通達是者名爲念佛」。到這地步以後再有人問你說：「你學什麼法門啊？」你就說：「我學念佛。」他可能就嘴角撇著、下巴高一點瞅著你：「嗄？你修念佛喔？」這時你如果有心接引他，就跟他說了：「汝喚什麼作念佛？」他一定不服氣啊：「念佛還不簡單？就是『南無阿彌陀佛！』」你可以告訴他：「原來你不會念佛。」他一定得要問你：「那你如何念？」你就告訴他：「南無阿彌陀佛！」他一定不服氣說：「你還不是跟我一樣的念。」你就告訴他：「看來是一樣，骨子裡大不一樣。」如果他再請問，你就說：「附耳過來。」等他靠近，把他耳朵擰著輕聲告訴他：「不可以告訴別人喔！」他一定一臉茫然，你就說：「三十年後告訴行家去吧！」

這就得了，因爲他的慢心很重，不值得你再爲他作別的因緣。這個因緣作下去已經夠了，二十年後他就會走進門來；別期待明年後年，要等他二十年。

接著又開示說：

這樣子把「眞念佛」解釋了，世尊很老婆，怕有人無法全部理解，於是接著又開示說：「如是念中無貪無著，無逆無順無名無想，舍利弗！無想無語乃名念佛；」世尊說：「像這樣的念佛境界，在念佛那個念中是不會有貪、不會有執著的，」拿到我的金剛寶印的同修們，可以現前來觀察一下，你這時無相念佛或者持名唸佛也罷，看看你這個念佛的念之中有沒有貪愛、有沒有執著？結果是沒有。因爲你所念的佛是如來藏實相法界的境界，這實相法界中並沒有貪之可言，也沒有執著之可言。舉凡一切貪著莫非六塵境界，諸位可以去檢討看看，有沒有哪一種貪愛、哪一種執著是在六塵外的？假使有，隨便哪一個法拿來讓我看，我一億元臺幣跟你買，多多益善。

你可別懷疑說：「蕭老師！您有那麼多錢嗎？」我告訴你，你如果找得到這樣的一個法，我就會有一億元可以買，我的一億元就會跟著那個法出現，所以你別懷疑我有沒有那麼多錢。因爲如果有哪一個法會貪、會執著而是在六塵外的，表示那個法是無中生有，只是妄想；既然是無中生有的妄想，我就不必花一億元來向你買。因爲不管是誰，永遠找不到一個貪、一個執著會是在六塵外；假使六塵外也有貪著，那阿羅漢就有貪著，就不是阿羅漢了，何況是勝義菩薩呢。所以你實相念佛時的境界中是「無貪無著」的，因爲這是在六塵外的實相法界，不在六塵境界中。

下一句說：「如是念中……無逆無順無名無想，」實相的境界既然不在六塵中，又哪來的逆與順？凡是逆與順，都是在六塵境界中出現的；假使不在六塵中而會有順與逆，麻煩大了，因爲悶絕的人也會生氣，悶絕的人也會高興，而睡著無夢的人也會生氣、也會歡喜；因爲離開六塵時還會有順逆的境界，那他們當然會高興、會生氣啊！可是你無法找到一個悶絕的人會歡喜、會高興，或者會生氣、會瞋恨，那是因爲悶絕以後六識心都不存在了，沒有誰處在六塵境界中來領受，就不會有覺得順心的境界，也不會有違心的境界可以領受，當然「無逆無順」，既然如此，當然也就「無名無想」。

人類很會思想，不像其他的旁生類；旁生類之所以難以深入思想，主要是因爲牠們的表義名言範圍太少、太狹窄；而人類因爲名言的範圍很廣，所以有很多的語言文字可以互相溝通，因此人類就很能思惟；能思惟才會有進步，於是知識可以一代又一代傳遞下來。動物的思惟很差，牠們只能作比較表面的思惟；即使是猩猩訓練到可以跟人類溝通，用圖案來表示牠的意思等，而牠所思惟的範圍依舊很狹窄。但是人類可以思惟到很深、很遠、很廣，正是因爲有很多名相可以運用；而這一些名相之所以產生是因爲有覺有觀，如果不是因爲有覺有觀，名相就無法出生。這樣子追根究柢來看，顯然名相的由來還是依於覺觀。

正是因爲這六識心在六塵中有覺觀，因此能辨別不同品類有什麼差異，而同一種品類之中又有什麼微小的差異，都是因爲覺觀而來。可是覺觀之所由來，卻要依靠六塵；假使沒有六塵存在，六識就不可能出現；六識不能出現時，覺觀就不可能存在，無法了別也就沒有名言；既然沒有名言，就無法作深入的思惟，那麼心中要打個妄想還都難了！所以諸位可以瞭解一隻猴子，當牠睡著以後在夢中，會講人類的語言嗎？不會。牠會用的是猴子的表義名言，就只是那一些叫聲，因爲牠的勝義根所能理解的就只到這裡爲止。至於人類的名言，牠得要跟著人類熏習，熏習很久以後終於聽懂一些；當你在日常生活中指揮牠作簡單的事情時，牠可以作成功，那你再來跟牠談一談思想的層面，牠聽懂嗎？又不懂了。因爲牠無法出之爲語言文字，所以牠沒有廣大的表義名言，對於法的認知就會很粗淺。

那麼人類因爲覺觀再加上勝義根的特殊果報，能有許多的表義名言可以運用，因此就有許多想法出現，乃至從想法再發展成爲思想；有了思想以後懂得探究人間是苦，以及如何離苦的事，於是才開始有修行人；有修行人努力修集福德伏除性障等，然後福德因緣具足時就有佛來示現在人間，菩薩們就跟著來；然後才會有解脫道，才會有緣覺道、菩薩道；這時的「想」就不一樣，就把定義改一下，所以佛說：「想亦是知。」換句話說，之所以會有思想，其實就是從了知來。而了知的本質就是覺觀，覺觀只不過是六識的心所法。

那麼這樣來看，「逆、順、名、想」都不能外於覺觀，也就是不能外於六識心而有。你認定這是違心之境，或認定這是順心之境，或者懂得運用這些表義名言，懂得運用思想在人間生存，這都是六識心的作用，而六識心在作用時不能外於六塵境界。可是諸佛如來的本際無垢識，也就是咱們人類因地的阿賴耶識，或者八地以上菩薩們的異熟識，這個境界中從來無六塵；既然從來都沒有六塵，就表示這個實相境界中—也就是每一個人的自心如來的境界中—都是沒有六塵的；這境界中既然沒有六塵，當然就沒有六識，所以就沒有「逆、順、名、想」之可言。

還記得嗎？《心經》是怎麼說的：「無眼耳鼻舌身意，無色聲香味觸法，無眼界乃至無意識界。」既然如此，怎麼可能會有逆順以及名想？所以每一個有情的自心如來第八識中，全都是「無逆無順無名無想」。當你這樣子實證而能如實地如此現觀時，你「念佛」時不論念哪一尊佛，還需要用到祂的聖號來念嗎？你所知的諸佛如來的實際就是這樣，一切應身如來、化身如來、報身如來都是由祂這個本際第八識出生，所生的都不是究竟法。諸佛如來的究竟境界就是這個第八識的境界，而這第八識的境界既然無六根、無六塵、無六識，當然就是「無貪無著，無逆無順無名無想」，而你繼續在念佛時，你這個淨念中的認知就是「無貪無著，無逆無順無名無想」。

當你這樣子念佛時，不需要用到思想就可以直接念了，也不需要用到語言文字就直接念了，所以這時你的「念佛」是「無想無語」。在一般的念佛層次都會要求你念佛時一定要想佛，即使是無相念佛也告訴你要想著佛；可是來到實相念佛境界中不告訴你想佛，因爲假使你對憶佛的淨念還放不下時，你就離開實相的境界了，那就不是世尊說的「眞念佛」。可是今天諸位聽我講到這裡，可別馬上把我今天講的這些話貼上網去，那會惹來大紛爭的；因爲他們沒有前面那些基礎，你一下子講到這裡，他們無法接受的，於是又罵起來：「聽說蕭平實這樣說，眞是邪魔外道！」你便害他造口業，他的業報大約也要算你一份。等到將來整理出來印成書流通時，他們是一字一字、一句一句、一段一段、一篇一篇讀到這裡來，如果仍然要再毀謗，那就是他們自己的事了！但我相信他們從前面一一讀到這裡時，有勝解了就不會毀謗。

也就是當你到達實相境界時，閒著無聊就繼續無相念佛、持名唸佛，或是繼續想著佛都可以；但是當你爲正法忙得不亦樂乎時，就不必去掛念這個淨念，對這個淨念不需要再罣礙；你如果繼續罣礙這個淨念，有時不免分心，作事情效率差了，佛也不會歡喜的。不會因爲說：「這個弟子一天到晚想著我，多好！」不會歡喜的，因爲佛最歡喜的是你努力爲正法久住而去爲眾生作事，作到把祂忘光光都無所謂，永遠不會跟你計較。因爲連諸地菩薩都不計較這個了，何況是佛？所以有的人說：「我每天都是憶念您蕭老師欸！」但我聽了也不會高興，一者慚愧：我遠不如佛，你為什麼要念我？二者，我會想：那你沒智慧，佛的功德遠勝過我，你為什麼不念佛？所以我也不會歡喜。常常有人這樣告訴我，可是我不曾一念歡喜過。連我都不會歡喜了，佛還會歡喜喔？

所以諸佛如來看重的是你怎樣為眾生作事，怎樣為他們的法身慧命著想、努力去作；等到你忙完了，終於喘一口氣、終於有空了，這時回來無相念佛憶念著佛，如來更高興：「這個弟子很努力為眾生作事，終於喘一口氣馬上就想到我，這弟子好。」那時不加持你、加持誰呢？所以這時你該為眾生作事就去作，不要罣礙著：「我作事時有時會把佛給忘了。」這樣不好。你努力為眾生作事時，背後的意根是在念著佛的，只是你沒有發覺而已，因為你永遠都以佛為依歸，這時你無相念佛忘了也就忘了，忘了的時候才證明是意根與佛相應最深刻時；所以這時不必去想佛，專心去為正法作事就對了；終於有空喘一口氣、喝一口水，一面喝著一面想佛，這樣才叫作眞正的念佛，這時不必用想也不必有語言文字。

假使你努力在寫一篇文章要度眾生，結果放不下憶佛的念，所以這篇文章寫了又改、寫了又改，佛不會認同你；因爲你效率變差了，利樂眾生的功德變差了！同樣的時間你可以寫三篇出來利樂更多人，結果你只弄出一篇來，而且還是錯別字一堆。所以眞正念佛時應當知道實相的境界是什麼，這樣來念時你努力爲眾生作事的本身就是念佛，因爲「無想無語乃名念佛」啊！你在爲正法作事時還想著佛，這時有沒有想呢？有想。有想就不符合這一句聖教。所以你只是一個作意：「世尊交代要護持正法，這是菩薩的使命，既然如此我就努力去作，心中不必罣礙著有沒有繼續想著佛。」所以心中既沒有想著佛，努力在爲眾生作事時當然也就沒有語言，不必在那邊：「阿彌陀佛！阿彌陀佛！」一直串連不斷；佛說「無想無語乃名念佛」，這才是眞正的念佛。

接著又說：「是中乃無微細小念，何況粗身口意業？」世尊說：「在這一個境界裡面，乃至於很微細的小小的憶佛念都不存在，這樣的念佛境界中何況能有粗大身口意的念佛業存在嗎？」諸位想想看，當你這樣住在眞實的念佛境界——實相念佛的境界中，看這個境界中有沒有微細的小念？一定沒有！因爲實相法界的境界中沒有六塵，既無六塵就不可能有粗念、細念、小念。念的順位其實是排在後面的，諸位想想看，即使是沒有語言文字的念，例如無相念佛的念，當你念 阿彌陀佛時，這無相念佛的念，跟念 釋迦如來時無相念佛的念是不一樣的，會無相念佛的人都可以分辨；但這個淨念出現之前先要有「知」，如果沒有知就不可能有後面的念；一定先要有知，知以後才能有念。

可是知的前面是什麼？知就是覺觀，知的前面就是六識心；六識心運用祂的心所法於是有了知，有了知才能夠有念；但是六識心前面得要先有六塵，六塵又在六識前面；六塵之前得要有六根；這樣知的前面有四個法，念已經排在第五位。那六根是無中生有的嗎？不可能，所以要由自心如來這個「**無名相法**」來出生。如果從「**無名相法**」實相境界來看，那個念就排在第六順位了，可竟然有人愚癡到把這個離念—離開語言妄想雜念—這個靈知心說就是實相，那眞的叫作天差地遠！這意思在告訴大家說，先要有實相境界出生了六根，藉著這六根再來出生六塵，再藉六根與六塵來出生六識，然後才能有六識的心所法，才能產生覺觀、了知，才能夠有念。

那這個念離實相境界那麼遙遠，可想而知，實相法界中是不可能有念的，不管是粗念、細念、小念都一樣；因爲先要有六塵，然後有六識，也有五遍行，才能有心所法運作，才能了知、才能夠有念，而這個念只是意識心所擁有、所相應的，所以實相的境界中「**乃無微細小念，何況粗身口意業？**」因此粗糙的身業口業意業，在實相境界中都不可能存在。那麼談到粗身口意業，從修行人來說最粗的身口意業，我們把密宗假藏傳佛教的無上瑜伽容納在裡面；因爲他們也自稱修行佛法，而密宗假藏傳佛教最粗的身口意業是什麼境界？對啊！就是「無上瑜伽」。應該把它定名作「無下瑜伽」，因爲跟無下之法相應，那是往生三惡道之法；那樣的粗身口意業，而宗喀巴說那就是報身佛的境界，只有愚癡人才會信；表示那些相信的人是對十八界都不懂的，也就是對基礎佛法還不懂的人，才會信受他的說法，因爲那根本就是「**粗身口意業**」。

這樣的「**粗身口意業**」，都還不能與微細小念相提並論，何況要談到實相念佛的境界？而密宗假藏傳佛教的根本教義就是雙身法樂空雙運，我在《狂密與眞密》的扉頁就講了，他們的觀想、持咒、氣脈、明點、般若等，包括他們講的如來藏等法，那就像一串念珠的一顆顆珠子以及隔珠，以及佛首珠和裝飾的花穗，是用什麼串起來的呢？是用雙身法的細繩把它串起來，就是這樣。所以我們談到實相境界時，假藏傳佛教沒有一派願意認同，因爲實相的境界離諸覺觀，沒有六根、六塵、六識；如果他們要接受這個實相境界時，雙身法就要砍掉，就要推翻掉；把雙身法推翻掉，他們還能叫作密宗藏傳佛教嗎？都不能了。這一推翻掉時，他們標榜的—尤其畫成圖騰的—金剛杵與蓮花，也得要全部棄捨了！這一棄捨不就是滅宗滅派了嗎？

假藏傳佛教很想推翻我們說的實相境界，偏又無法推翻，所以他們現在苦惱無邊；想推翻又推翻不了，因爲聖教俱在。所以我常常覺得很幸福，也常常感念白馬精舍，因爲他們努力印《大正藏》，當《大正藏》廣爲流通以後，大家都可以查閱；有時我又回過頭來感念釋印順他們那一票人，因爲他們把 CBETA 弄出來，有電子佛典流通很方便，搜尋印證時更方便。大家都可以證明，不管他想不想要證明，最後都能證明蕭平實說的才是正確的。所以人家問我說，這 CBETA 要不要流通？我說要啊！就幫他們流通吧，因爲流通出去時也幫助了正法。也就是說實相境界是如此，他們是無法否定的，因爲聖教量俱在。今天講到這裡。

《佛藏經》上週講到十三頁第五行，講完「何況粗身口意業？」今天要繼續講：「無身口意業處，無取無捨，無諍無訟，無念無分別，空寂無性，滅諸覺觀，是名念佛。」這段經文依文解義是說：「沒有身業口業意業的地方，就無取無捨，乃至滅諸覺觀，這樣叫作念佛。」接著就有一個問題來了：什麼處所、什麼地方沒有身業、語業、意業？諸位想想看，有哪個地方可以是這樣？（有人回答，聽不清楚。）是如來藏。如來藏跟你們在一起，明明你們現在答我的話，也聽見我的話了，這就有身業、語業、意業；答大聲一點，別怕呀！是無餘涅槃？我不說諸位剛剛答如來藏錯誤，而說諸位剛剛答如來藏是對一半，我得給面子嘛！說諸位答對一半，不說諸位答錯了；因爲無這三業的地方就是如來藏獨處，外於十八界；是單單如來藏本身的境界，當然也就是無餘依涅槃的境界。

可是話說回來，無餘依涅槃並不是你入了涅槃才有，而是如來藏本身就是無餘依涅槃；當如來藏獨處時就是無餘依涅槃，所以直截了當地說，無身業、語業、意業的處所，就是無餘依涅槃、就是如來藏。咱們正覺弘法之前除了祖師的論上講過，例如《百論》等，這一、二百年來的善知識有誰講過？一個也無。但末法時代這些大法師們畢竟還是有一點點世間的聰明，當我們這樣講出來時，他們終究沒有在文字上來反對，這要算他們聰明。這一、二百年來沒有人知道無餘依涅槃就是如來藏獨住的境界，我們正覺是第一個講出來的；但我並不是讀了古時菩薩的論著中講了才這麼說，而是因爲我們有這個現觀；所以十幾年前在桃園講《邪見與佛法》時，我把這個道理講了，我乾脆直接說：「**聲聞阿羅漢沒有證得涅槃**。」至今也沒有誰能推翻。

因爲他們證涅槃是　如來的方便說，當他們捨了十八界，捨了五蘊、六入、十二處、十八界並無一法繼續存在，那就沒有人能了知無餘涅槃裡面是什麼；而他們還沒有入涅槃之前又沒有證得如來藏，所以他們也不知道無餘涅槃裡面如來藏獨住時究竟怎麼回事，那他們怎麼有證得涅槃？換句話說，未入無餘涅槃前不知道涅槃裡面是怎麼回事，入了無餘涅槃以後他們又不在了，沒有人在，也就是沒有一個我能了知無餘涅槃裡面的境界，那怎麼能說他們證得無餘涅槃？既然不證無餘涅槃，那麼證有餘涅槃一樣是方便說。

當年在桃園講完、整理好了我還不敢出版，把它擺著整整一年；那是打字行都打好了，那時我還不會打字，是請打字行打出來的；打好以後我放了一年，我想：「這印出去是一場大風波，很多山頭會群起攻擊，我可沒那個時間來應付他們。」我想：「這麼好又容易勝解佛法的法義，不印出去也可惜。」於是我就想：我來寫一本《宗通與說通》，把整個佛法與八個宗派的內涵與定義都寫出來，大家讀了以後發覺說：「原來這樣才是佛教，佛法原來是這個模樣。」他們有一個整體的概念了，這時再印《邪見與佛法》就不會有問題了。所以我等了一年之後，把《宗通與說通》利用零零碎碎時間寫好出版了，再過一個月才把《邪見與佛法》印出來，所以臺灣佛教界讀了雖然很震憾，但就沒有人來質疑。

可是大陸佛教界就不同了，大陸佛教的水平，當年落後臺灣大約二十年，現在大約落後臺灣十年，當時大陸的同修拿到這本書後，就趕快去翻印，全國佛寺到處寄，就有一些大寺院的大法師們看到時就罵：「這是邪魔外道，竟然敢說阿羅漢沒有證涅槃。」因爲他們從來沒有聽過這麼勝妙的法，那對他們是聞所未聞法；於是叫徒眾去收集起來燒掉，包括河北省一個很有名的禪寺也收集了一、二十本當眾燒了！他們怎麼想也想不到阿羅漢為何沒有證涅槃，所以當時在大陸佛教界這本《邪見與佛法》造成很大的衝擊。然後我們的書就在成佛之道網站開始貼出去，讀的人漸漸多了，而我們後續也有新書繼續出版，大家終於才弄清楚：果然如此，這蕭平實說的不錯。開始轉變認知：不但不是邪魔外道，還應該說是眞正的菩薩。由於大陸的佛教界在網路上知道蕭平實的人太多了，所以大家就開始討論、就開始閱讀，於是漸漸地跟上來，現在差距就小一些了。

那麼「**無身口意業處**」，就是無餘涅槃裡面的境界，而那個境界是如來藏獨住的境界。阿羅漢入無餘涅槃時只是如來藏獨住，五蘊、六入、十二處、十八界都不存在了，當然他們無法瞭解無餘涅槃中的境界是什麼；而他們生前也沒有證得如來藏，所以也不知道入了無餘涅槃——捨了五蘊十八界之後，那無餘涅槃裡面剩下的如來藏是什麼境界。所以經論上也曾經說過阿羅漢證涅槃是　佛方便說，眞的是方便說。實證涅槃的只有菩薩，但諸位答覆說「**無身口意業處**」是如來藏的境界，我不能說諸位答錯，我只能說諸位答對一半；因為我如果說你答錯了，我會有過失。這就是因為無餘涅槃的境界是如來藏，而如來藏在你身上已經存在，而你現在要「眞念佛」是依如來藏的境界念佛，當然念佛時所念的佛境界就是如來藏，這基本上是對的。但是應該補充說：是如來藏獨住的境界，或者說是如來藏自身的境界，這樣就滿分了！

因爲既然談的是念佛，念佛時一定有能念與所念，總不能沒有能念也沒有所念而稱之爲念佛吧？道理不通。因此念佛時一定有一個五蘊十八界，是函蓋十二處、六入正在念佛，如果不具足時還眞不能念佛。因爲假使你這十八界或者十八界的六根，或者五蘊中的色蘊壞滅不存，那你的識陰六識覺知心能念的，也就不存在了，還能念佛嗎？所以一定得要這五蘊十八界同時存在，才能夠念佛。那你念佛時以這個五蘊、十八界來念佛，所念的佛，你可以現前觀察到自己的自心如來是沒有身業、口業、意業的，你由這個現觀可以比量觀察十方諸佛如來的實際境界，也就是祂們的無垢識自身境界中，一樣是沒有身業、口業、意業；那你這個比量而觀不會成爲非量，一定是現量一樣的正確，所以你這樣的現觀一定符合聖教量。

因此如果誤會了經文的意思，就會想要把自己的身業、口業、意業滅除然後念佛，偏偏又不會無相念佛，這時百思不得其解：「**當我把身業口業捨了，這好像還講得通，可是意業捨了要怎麼念佛呢？講不通啊！**」於是對了義經心生懷疑，就想起那些佛學研究者說的，就相信了：「**沒錯！這一定是佛陀入滅後，弟子四眾為了對如來的永恆懷念才創造出來的經典。**」有沒有聽過這樣的說法？有啊。但其實是因為他們距離真實念佛的層次還太遙遠了，不能理解，妄想用他們的世俗聰明伶俐以及辯才無礙來解釋這經典，可是解釋不通，於是乾脆推翻算了。可是他們沒想到聖教量流傳在人間，佛菩薩不會允許他們推翻的，總是安排著菩薩在適當時機出來繼續弘揚，就把他們的說法推翻，叫他們沒辦法回嘴，或者說讓他們沒辦法回筆、回文。那我們解釋過了，諸位也有很多人證得如來藏，或者已被我印證或是未被印證，或者證得了但是真妄不分；但不管是哪一種，我這麼解釋了你也就能聽懂。

念佛到底是要達到 世尊說的「**真念佛**」？還是只要假念佛？當然大家都要選擇「**真念佛**」。就好像你花了三千萬元臺幣去買一輛勞斯萊斯（也許現在新出廠的不只三千萬元），假設三千萬元花出去了，結果買回來一輛山寨的仿製勞斯萊斯，你接不接受呢？啊？有幾位沒搖頭是什麼意思？一樣是不接受！「因為有人幫我搖頭就好了。」同樣的道理，十幾年前有一個電子公司老闆捐了二十七億元給後山那位「宇宙大覺者」，他有沒有買到眞正的勞斯萊斯？沒有。買到的等於是三十年前裕隆出產的青鳥，現在快要報廢了，開起來哐啷哐啷的老車子。就是這樣子，花了三千萬元，現成一輛嶄新的勞斯萊斯他不買，去買那輛舊到無法想像的裕隆青鳥而自以為是勞斯萊斯，你看了也無可奈何。

由此就顯示出一個人往世為正法所作的事情、所修的福德夠與不夠的問題。諸位不要以為今晚坐在這裡聽經覺得沒啥，我告訴你，如果你往世不是跟著釋迦如來也跟著我在佛法中混很久，今天進不來正覺講堂的，再怎麼樣派九頭牛去拉也拉你不進來。因為很多人一聽到如來藏就說：「哈！我沒興趣。」但一聽到「一切法空」他就有興趣，眼睛就亮了！有沒有這種人？佛教界多的是，你們才會說有。以前我們剛開始弘法時總是被人家罵外道神我，主要是釋印順那一派人；可是我們將近二十年不斷把書寫出來以後，而且都有聖教依據，我們又從現量的觀察寫了出來，他們不是旁敲側擊，簡直是拿榔頭來砸；是拿大榔頭而不是小榔頭，要兩隻手臂很用力才擧得高的那一種大榔頭拿來砸；結果砸不壞，後來才用小榔頭輕輕敲一敲這邊，再輕輕敲一敲那邊，敲敲看裡面是什麼？可是聽不出什麼名堂來。所以五、六年前開始有法師跟進在宣講如來藏，包括法鼓山，以前都說正覺不如法，但現在他們網站也開始貼出來講如來藏，可是你繼續一頁一頁讀下去，到了第三頁時，竟說沒有如來藏，說如來藏是方便說，但終究不敢再罵如來藏是外道神我，如今已經沒有人敢罵了。

這表示第八識如來藏「無名相法」眞的甚深難解，如果福德因緣不具足，連聽都聽不到；假使福德因緣還不夠，聽了不能信受，反而起心毀謗；假使福德因緣差了那麼一點，想要走進同修會來卻總是錯過，不斷地有障礙使他沒辦法走進來。所以諸位能在這裡聽我講經一週又一週、一月又一月、一年又一年，這不是小事；而且我不是依文解義來說，這很難信受的。所以假使講經的過程中偶爾有一位第一次來的，聽到起煩惱走了，請諸位不要奇怪，要當作沒看見，別讓他覺得難堪；大家別都盯著他看，因爲這是正常的。想想看，要如實理解能取的覺知心與所取的六塵相分和我們這個色蘊，全都是如來藏、都是空性心，單單是學到這個地方還無法證悟，就得要學一萬大劫以上；這一萬大劫還不算數，得再加上一大阿僧祇劫的三十分之六，那麼請問諸位這到底是修行幾劫才能信受這樣以眞實義解說的法？你們算算看啊！一大阿僧祇劫的三十分之六，這是幾劫？十個手指不夠加十個腳趾再扳上來數，也還不夠，所以不要小看這個福德。

如果要進入第七住位常住不退，再加上三十分之一，你們看這樣是幾劫？所以一萬大劫不算啥，一萬大劫只是零頭，是用來修學對三寶的信心而已。因此說，能聽進這個法義，心中不起煩惱，每週來聽經都覺得很快樂、有法喜，才能繼續坐在這裡聽我講經，否則心中會起煩惱的。這樣請諸位推斷一下，你們聽經聽得歡喜而不是苦惱，那麼你們往世—應該說往劫—修學佛法以來已經是多少劫了？很難計算的，因爲絕對不是幾萬大劫的事，才能聽得進去不起煩惱，還能夠生起歡喜。

話說回來，「無身口意業處」的境界，對二乘聖者來說，那是無餘涅槃中的境界；但對菩薩來說，就像我常常講的，菩薩是腳踏兩條船的，一隻腳踏在實相法界，一隻腳踏在現象法界；實相法界是如來藏的法界，現象法界是蘊處界的法界，是三界中的法界。所以菩薩兩邊都通，左右逢源；不怕口渴，這邊也有清泉可飲，那邊也有清泉可飲。這時依於所住的現象法界和所證的自心如來第八識境界來看，祂才是我們有情的眞實本際，我們是從祂來的。如果不是有實相法界這第八識如來藏，莫說沒有有情三界，連三界器世間都不可能存在。

當你看這個實相法界時，實相法界中「無身口意業」，所以就沒有「身口意業處」，這是實相法界。而你五蘊、十八界存在時，這個現象法界中是具足身口意業的，所以你所在之處就有身口意業。那你有身口意業時當然就可以念佛，而你可以念佛時所念的是「無身口意業」的處所，就是實相法界自心如來的法界。那這樣不就具足了「無身口意業處」，又同時能夠眞實念佛了？對啊！兩邊都具足，那你這段經文就通了。否則妄想著要把自己的身口意業滅了，又如何能夠念佛？要由誰來念佛？

因此在這個自心如來—也就是諸佛的實際處—是「無身口意業」的，而那個「無身口意業處」就是如來藏自身的境界；這境界是你蘊處界現象法界具足存在時，祂就已經同時存在而跟你在一起的。也許有人第一次來聽經，心裡面想：「奇怪！跟我在一起，我怎麼不知道？」可是我就說了：「你不知道的還多著呢！豈止這個不知道而已。」那麼不知道，值不值得覺得羞赧？都用不著，因爲連三明六通不迴心的大阿羅漢們也都不知道。所以如果有人笑你說：「欸！你去聽了竟然不知道，那以後別去聽了。聽這一次就夠了，這麼笨。」你就告訴他：「我可不笨，還有人比我更笨。」對方問你說：「誰更笨？」你就說：「三明六通大阿羅漢。」他聽了一定很納悶，要問你：「三明六通大阿羅漢是何等智慧，竟然說他比你笨，你是什麼道理？」你就告訴他：「我只是一個凡夫啦！莫說三明，這六通我連一通也無；我是笨得可以的人，不能理解這個道理也是應該的。可是大阿羅漢有三明六通，有那麼好的智慧竟然也不知道，那表示他比我更笨。」

有沒有道理？有就要講大聲一點啊！（大眾答：有！）我這個講法是很有邏輯的。從世間一般人的理論上來看：「他既然是三明六通，以他的智慧要來瞭解這個道理應該比我容易；我是一個凡夫，不能夠理解這是天經地義的，你叫老天爺來，他也不能用雷打我，因爲我是凡夫當然不懂。」就像你不能責備一個剛出生的嬰兒：「你爲什麼不識字？」道理是一樣的。

若是以菩薩來講，這是左右逢源的事，並不難理解；只是還沒證得如來藏的人就有障礙，無法理解，阿羅漢正是還沒有證如來藏的人。這就是說，大乘經中說的是具足實相法界與現象法界的事，是具足八識心王的境界。因此你意根和前六識在念佛時，當你確實現觀到自己是在念自心如來的境界，那麼你憶念任何一佛時，所念的佛「無身口意業處」，而能念的你又繼續存在，具足了念佛也具足了「無身口意業處」的境界，這樣可以跟經典印證。這不是想像的印證，而是你現觀出來時本來就是這樣，那你就自己印證了。

既然沒有「身口意業」的處所，那麼這幾種念佛有沒有取捨呢？凡有取捨一定是有「身口意業處」。沒有「身口意業」之處就不會有取捨，所以說「無取無捨」。「取」的另一個名詞就是分別、了別，當你分別或了別時就是取了。也許有人有一點點懷疑：「**我一天到晚在聽聲音，我一天到晚聽人家講話，週二晚上也來聽您蕭老師講經，您講了我就讓它過去，我哪有取？我哪來的取？**」諸位覺得好笑，這表示那樣想的人和諸位的距離已經是孫悟空觔斗要翻幾遍去了。但是雖然距離你們很遠，他也還是在如來手掌裡面，逃不開五指山；哪個五指山？色、受、想、行、識。

那麼當他這樣想時，諸位知道他想錯了，我可以舉一個例子來說，譬如媽媽吩咐兒子：「你今天出門開車要小心喔！」兒子說：「知道了，媽！」有一點不耐煩。明天出門媽媽又說：「兒子啊！你今天出門要小心喔！」兒子說：「知道啦！您每天都講。」到後天要出門時媽媽正要開口，兒子馬上把耳朵搗起來，不聽了。可是前兩天媽媽說了他有聽進去，很不耐煩回答了，有沒有取？有啊！今天媽媽正要開口他就把耳朵搗起來，他有沒有取？有啊！因爲他取了色塵才知道媽媽又要講那句話了，這就是取。他看見媽媽轉頭向他，就已經取到媽媽的相，知道媽媽接著要講這一句話。他已經取了表示什麼？表示他已經分別完成，分別就是取。

那他不想再深入去取，所以趕快把耳朵搗起來，他就是不想取。因爲見了就知道意思，不想聽，所以要搗起耳朵來。但這時他取了另一個法相——他所見的媽媽準備講話的法相，這也是取。只要對六塵中的任何一塵有所了知，就已經是取了，就是取境。這個取是因爲他有意業、有身業；如果不是頭轉動、眼珠子轉動，然後意跟著去瞧見媽媽準備要張口吩咐，他就不可能有取。所以只要有身業口業意業就一定有取，因爲身業的運轉一定是在意業的作意下去運轉的，口業何嘗不是如此；所以了知時就已經取了。

如果是沒有「身口意業」的地方，就是如來藏實相法界，不是你這個現象法界蘊處界的事。那你蘊處界的「身口意業處」不斷在取的當下，另一邊實相法界—你的自心如來第八識—從來「無取無捨」；因爲祂從來沒有身業、沒有口業也沒有意業，如果沒有這三業時表示沒有處所，就是「無取」。那麼無取時還要捨個什麼？有取才得要捨，沒有取就不需要捨。「無取無捨」時會不會跟人家諍論？會不會有言語一往一來互相訴訟？都不會了！所以「無取無捨」就一定「無諍無訟」。要是有人不信，等將來證得如來藏之後，你作個遊戲，吩咐說：「如來藏！你去跟某甲的如來藏打一架。」看你的如來藏會不會去跟仇家的如來藏打一架？莫說不會，祂根本就不理你。爲何不理你？因爲祂沒有耳朵，你不能跟一個聾子說：「去打架。」他沒聽見啊！

沒聽見，也許你說：「那不然我用寫的叫祂去打架，行吧？」也不行，因爲祂是個瞎子，祂從來沒看見，你寫字祂也看不見。那怎麼辦？不然用比劃的，就把祂搖啊搖，搖到讓祂知道說：「就這樣子去打架。」但你要搖誰？祂又沒有身體，能怎麼搖？如果有一個聾子又兼一個瞎子來了，你用搖的示意他，也許會懂；就拉著他的手不斷地比劃，也許他就懂了，就知道你要他去打對方；可是如來藏祂沒有身體，你怎麼叫祂打架？對了！所以祂根本就不可能跟人家有所諍訟——「無諍無訟」。

看來你要叫祂跟人家打架好像不行，可是有一天你突然發覺祂一天到晚在跟人家打架，除非你不想打架祂才不打，怪不怪？不怪喔？啊？有些人已經忍俊不禁了！對！眞正佛法就是這樣子。可是古來沒聽人這樣講過，爲什麼咱家今晚故意這樣講？因爲我要弄得你們心癢癢地：「這眞是好奇怪，又奇妙又百思不得其解，我如今立下志向非要證悟不行，將來一定弄懂您在講什麼。」我就是要這樣讓你心癢而立下志向，這樣我將來復興中國佛教才有人可以用。如果大家每天懶懶散散，將來哪有那麼多人可以用。

話說回來，祂不會跟人家諍論，自然不會去跟怨家訴訟，也不可能找第三家去投訴說：「張三對我如何如何。」祂永遠不會這樣；祂從來不耍心機，和語言文字名相從來不相應，所以「無諍無訟」。那如來藏「無諍無訟」是因爲祂對六塵的境界都不了知，如果對六塵境界都不了知時會不會起念？會不會起分別？（有人回答：不會。）我們弘法以前各處道場都說打坐可以開悟，怎麼樣叫作開悟呢？說是坐到一念不生；一念不生時就表示不起念，不起念時就沒有什麼東西可以分別，說這樣叫作證得無分別的境界啊！因此他們每天都要上蒲團打坐，要每天坐到一念不生；沒有坐半天最少也得坐兩個鐘頭，沒有兩個鐘頭最少要一個鐘頭一念不生，認爲這樣就是心中無所分別，說這樣叫作開悟。

他們認爲，如果有分別是什麼原因呢？就是掛念，因爲掛念某一件事情或者掛念兒女、掛念公司的業務，掛念金孫、掛念老父母、掛念老爺爺等，總之就是掛念。有的人掛念這些還不夠，還掛念著：「我有一個好同學，不曉得他現在怎麼樣？」甚至有些人更有悲心，掛念著：「不曉得伊拉克那裡會不會眞的發起戰爭，這一打起來不知要死多少人。」他打坐都在想這些事情。以前就有人打禪三時還掛念這事情，我說：「你是在打三還是在發慈悲心？」有一個罣礙存在他心中，於是他就有念，他們說這樣就有分別，不是開悟的境界。

可怪的是一個走遍五大洲講法教禪的大法師，有一次開示說：「坐禪有個好處，就是你越來越有智慧。譬如你坐著坐著有一天突然想起來：二十年前張三欠了我十萬塊錢還沒有還。這不就是有智慧嗎？你忘記的事情都會想起來，而且連他的名字都會想起來。」說這個叫作智慧，可眞是奇怪的禪師！但是不怪，因爲時值末法，這是稀鬆平常的事；這就表示他連一念不生都作不到，怪不得他不會看話頭，所以我們有一位老師書中才會列舉出來，說他不懂什麼叫作看話頭。

他們那個大山頭，以前因爲我們教話頭禪，他們不懂話頭，就開始弄起天童宏智正覺的「默照禪」；可是《鈍鳥與靈龜》印出來以後，證明他們把默照禪的道理弄錯了，於是他們又開始講看話禪，跟在我們後邊走，看來我好像很有造勢引領風潮的能力。可是他們既然講看話禪，人家就要檢驗他：「你到底會不會看話頭？說的對不對？你可別誤導了眾生。」所以我們有位老師才寫了那本《見性與看話頭》的書，那他的底細就被公布了，這對他好不好？好？爲什麼好？因爲幫他救護眾生，你們有智慧。這就導致他誤導眾生的惡業變小了，所以四千多年後他成爲一個女生，留著很長很長的頭髮，那時她會有一個很大的講堂、很環保，裡面都是綠色的，在一所學校的旁邊。

這就是說，「無名相法」第八識的境界中「無諍無訟」，是因爲祂心中沒有罣礙，所以不會起任何的念，不起念就不會有分別。起了念就開始思惟分別：「張三昨天跟我講那一句話，到底什麼意思？他講得語焉不詳。」就開始思惟，有這個罣礙就開始分別。但是有罣礙的心一定是在六塵境界中存在，一定是有身口意業處才會有罣礙，才會起念，才會有分別。那這個念還有一層意思，叫作憶念；會憶念就表示他有「念心所」——他對某一件事情有所理解，或者對很多事情有所理解。有這個念心所存在，當他打坐時就突然冒出這件事情來；他立即排除掉而回到靜坐的法門來，不久突然又冒出另一件事情來，因為他記得很多的事情；記得以後那個憶念會隨時冒出來，於是他就開始想那件事情，他在想時就是分別。

所以不但有罣礙時起念會分別，有記憶而突然記起什麼事情時，他也會分別。可是會記憶事情的心一定是在六識裡面——眼、耳、鼻、舌、身、意識中；主要是哪一個識會記憶？是意識。意識有念心所，所以會憶念某一些事情；事情雖然過去了，他還會記住；有記住—念—的功能，就會常常想起這件事、想起那件事；於是想起來時就會思惟，思惟的過程就是分別。既然是有意識運作，意識作事時是不是有意業之處？有。意識存在時你會沒有嘴巴嗎？有沒有人生來沒有嘴巴而繼續活著？你找不到一個，有嘴巴就會講話，即使是啞巴也會咿咿嗚嗚跟你講話。那有意有口是否一定就有身體？一定有，否則嘴巴掛在哪裡？這就一定有個處所。

所以凡是有憶念的一定是有覺知心，意識絕對跑不掉的，接著就顯示一定有口也有身，這時五蘊、十八界具足了，就會有六入；有六入就會有念、有分別，因爲不斷地在六塵中運轉，都不離識陰與五色根的處所。反過來說，「無念無分別」的到底是誰？（大眾答：如來藏。）正是如來藏。我還以爲你們忘了祂，只想說：「蕭老師也太囉嗦，連這個也要問？當然是如來藏，就是實相法界的事——『無念無分別』。」

接著說「空寂無性」。那麼「無念無分別」——這個實相法界第八識心，祂自己的境界中既然沒有六根、六塵、六識，請問那個境界是不是三界有的境界？不是！所以叫作「空」。那裡面既然完全沒有六塵，連覺知心都不存在，那是不是絕對寂靜？所以叫作「寂」。這個境界中有沒有欲界法、色界法、無色界法？都沒有，所以叫作「無性」。沒有三界法的法性了，這不就是「空寂無性」嗎？

這個境界很難思議，可是這個境界就在你身上，不在外面。別被達賴喇嘛騙了，他在書中說要往虛空去找；但虛空是無，他要找個什麼？這個「空寂無性」這樣講了，諸位已經理解。可是問題來了，爲什麼祂是「空寂無性」的？因爲祂的境界我剛剛講了：沒有六識、六塵，所以祂是沒有覺觀的境界。有六塵也有覺知心時才會有覺觀，你的覺知心能不能存在沒有六塵的境界中？諸位懂得搖頭，也覺得這是理所當然的，因爲沒有六塵時一定不可能有覺知心；諸位認爲這是佛法中的常識，可是在外面，我如果問了，他們大約是嘴巴張開，不知道怎麼答，因爲連我這個問題他們都聽不懂，心想：怎麼會有人問這樣的問題？

也就是說，諸位都理解，認爲這是常識；一定是有六根觸六塵作爲藉緣，才可能出生六識，認爲這是常識；但很多學佛人不懂這個道理，不但一般學佛人不懂，連大法師們也不懂，都是這六、七年來他們才懂得。有沒有人懷疑我這說法？沒有。我相信一定有人才來聽一、二次，這時心裡起了懷疑，那我們舉個例子吧，不談近代的，講幾百年前西藏宗喀巴，他不是很有名嗎？是黃教的創辦祖師，還寫了假藏傳佛教的《密宗道次第廣論》、《菩提道次第廣論》，雖然內容全都是外道法的《廣論》，但我們舉例來說他吧。他認爲五陰是由意識出生的，諸位知道他這個主張問題很大，可是他自己不知道，密宗假藏傳佛教的法王們、喇嘛們也不知道——上從達賴下至普通密宗假藏傳佛教信徒都不知道。他在《廣論》中說意識能出生五陰，五陰裡的色、受、想、行先不談，只談識蘊；識蘊總共有眼識、耳鼻舌身意識，那他的主張不就是意識自己生自己嗎？這不就是「自生」嗎？那他還推廣什麼中觀？還是應成派中觀的最大推廣者呢。

他主張意識本來就存在，然後由意識出生了色、受、想、行、識，等於意識又出生意識自己，所以他主張意識是常住的。當然他這樣主張有他的目的，也就是說，如果把意識否定了，改口說意識是生滅的，那他樂空雙運的無上瑜伽就變成生滅法了！所以他不得不這樣主張。可是當他主張意識能出生五陰時，他不知道自己有什麼過失。宗喀巴是黃教所尊稱的第二佛，在黃教中擺第一位；第一佛是蓮花生，接下來就是宗喀巴。但問題來了，宗喀巴爲何這麼愚昧呢？那蓮花生是否跟他一樣無知？眞的跟他一樣無知。蓮花生也認爲意識是常住的，所以他顯然沒有斷我見，正是個博地凡夫。

在正覺同修會中，斷我見是基本的修證，好像一輛汽車的基本配備一樣。通常要在禪淨班畢業時就要斷我見，這是最基本的修爲；可是他們密宗假藏傳佛教的「佛」，竟然愚昧到連我見都斷不了，而且會提出來說「自己生自己」，還虧他在講什麼三士道，講什麼般若中觀。他們還自稱是繼承龍樹的法，但龍樹《中論》一開始就說「**諸法不自生，亦不從他生，不共不無因**」，可是他們現在落入「自生」的大錯誤中大肆推廣，是公然跟他們的老祖宗龍樹菩薩唱反調，還說他們應成派中觀是繼承龍樹老祖宗的法，眞是豈有此理！

還有個大問題，意識到底能不能離開六塵而存在？根本不行！意識既然不能離開六塵而存在，那麼意識一定會面對法塵，面對法塵時同時還有其他五識面對著五塵，那是五俱意識，不是很鬧的境界嗎？人家外道證得二禪，在二禪等至位中沒有五塵的覺觀，只有定境法塵時都還覺得鬧，何況密宗假藏傳佛教樂空雙運無上瑜伽是六塵具足的，而且還是身形勞動的極鬧境界，那一定是覺觀具足，證明他們都不懂《阿含經》說的二乘菩提解脫道。《阿含經》中有很多部經典處處說「**眼色因緣生眼識，耳聲因緣生耳識，乃至意法因緣生意識**」，所以不論是聖教量或現量中，都證實這六識的存在一定要有六根來觸六塵才能出生與存在。但他們竟然說還不存在的意識，可以出生六根、六塵、六識——包括意識自己；這個邏輯根本講不通！

可是他們不知道自己的邏輯不通，顯示密宗假藏傳佛教的佛就是這麼愚癡，這樣看來你們遠比密宗假藏傳佛教的佛聰明有智慧。你們可別說「不好意思啦」，不必這樣講，否則我可要罵你們了；因爲密宗假藏傳佛教的佛不知道最基本的道理——連世俗法中的觀察智慧都沒有；而你們都知道了，顯然你們可以當密宗假藏傳佛教佛的師父。所以如果有喇嘛再來告訴你說：「我們密宗藏傳佛教成佛的祖師太多了。」你就說：「你們密宗假藏傳佛教成佛的那一些佛，都還不夠格當我的徒弟。」眞的！你可以這樣講，那你就問他：「請問你們密宗假藏傳佛教的佛所證的所謂報身佛的境界是什麼？」他不好意思答，你就代他答：「無非就是無上瑜伽樂空雙運，在那裡面六根、六塵、六識具足，而且那個樂空雙運領受的境界是我所，而這我所是誰在領受？你的意識心啊！意識心是生滅的，你懂不懂？」他不好答你了，你就說：「不但你不懂，你們家的佛也不懂。你們密宗假藏傳佛教所有的佛都不懂，才會說那叫作報身佛的境界。」那你接著有話可以講了：「連這種道理都不懂的密宗假藏傳佛教的佛，哪能當我的徒弟？除非他每天想要挨我的棍棒。」你講得他無話可回。

當你這麼講完了，也許他回去就痛自反省，或許你便救了他，讓他從這一世改觀，不再輪轉於外道法中。因爲他們不懂「滅諸覺觀」的道理，沒有住在六塵中的心才是沒有覺觀的心，那是無覺無觀的；但這「無覺無觀」不是四禪八定中的三三昧講的無覺無觀境界；禪定中說的二禪以上無覺無觀境界，是指對五塵無覺無觀，但是對定境中的法塵依舊有覺觀。可是這個實相法界「眞念佛」的境界中是連法塵都沒有的；因爲實相法界如來藏的境界中——祂自己的境界中——是沒有六塵的；祂就像一面鏡子出生了六塵給你，先出生你的六根，然後出生了六塵給你，因此才能再出生覺知心來領受六塵，表示六識覺知心不能離六塵而存在。可是你領受的六塵是祂給你的，而祂給你六塵時祂自己卻不了知六塵，所以祂的境界中是「無覺無觀」。

當一個念佛人探究諸佛如來的實際，最後終於理解到原來諸佛如來的實際「滅諸覺觀」，因爲離六塵中的見聞覺知；反觀自己第八識和一切有情的第八識一樣沒有覺觀，第八識自己所住的境界是不了知六塵的，六塵是生出來給六識了別的；當你這樣子現前觀察到自心如來是如此的境界，就說你已經「滅諸覺觀」，但無妨你覺知心自己依舊住於覺觀之中，不妨礙覺觀。這時稍微有研讀了義經的人來問你說：「聽說你證悟了，那我問你：實相般若說離諸覺觀，請問你離了覺觀沒有？」你就好整以暇答他：「本來就離了！」但他會質疑你：「既然你離諸覺觀，爲什麼現在還聽見我的話，還答我的話？」你就說：「只是你不懂。」當他問你說：「咱們是好友，你也教教我怎麼樣離諸覺觀啊！」你就告訴他說：「好生聽了，『離諸覺觀』。」這就夠了。

你可別動手動腳，小心人家告你傷害或侮辱罪；五爪金龍要出去時得很小心，現代跟以前不同；以前士農工商士大夫國王都學佛，知道是佛法中的論議，無所謂；假使他去縣衙告了，縣老爺一聽，就說：「這是菩薩度人方便，不能告。駁回。」但現在法院恐龍法官多的是，信密宗假藏傳佛教的法官也很多，你這五爪金龍一出去，對方馬上照了個相，顯示臉上有五個手指痕在那裡，然後告你，恐龍法官還眞判你有罪。所以你只要告訴他：「好生聽了，『離諸覺觀』。」然後你就走人，千萬別動手動腳。

如果他有一天實在是心裡頂不住了，因爲這個疑心越來越重：「怎麼這樣就是離諸覺觀？說他沒有開悟吧，可是那些經典他都懂，顯示他悟了；可是他告訴我的明明有覺有觀啊！這是什麼道理？」想了幾天，也許幾月、也許幾年，最後頂不住了找上門來，你就告訴他：「你甭問，等你懂得我為什麼那麼告訴你，那你就開悟了，那時你就知道我什麼處指導你離諸覺觀。」這下子沒奈何，只好又回去了。

回去以後想：「聽說他在正覺學法，我就買一些正覺相關的書籍來讀讀看，聽說正覺也有許多結緣書，我把郵費寄了去，書來了我就讀讀看。」結緣書讀了還是不懂，就買局版書，心想：「這一年好像要花不少錢買書，希望自己闖出一條光明路。」這一讀，可能整整十年了都還在讀，這種人多的是。他們就不肯進正覺來，因為心想：「我的好友都已經在正覺當老師，我現在進去搞不好當他的學生，我才不要。」就這樣想。有的人是想：「我好歹是個僧寶，去正覺跟居士學？」因為他不懂什麼是菩薩僧，就每天讀啊讀，一直在那邊耗著；這類人會不會成為我這一世的最後弟子？我認為希望不很大。佛陀還有最後弟子，到 佛陀入滅前才來的須跋陀羅。但是我想，我收不到這種顧慮名聞或身分的弟子，留給未來世的親教師們度。

所以法的實證很重要，如果沒有實證第一義諦，誤會了這四個字，他就想：「我要好好打坐把覺觀給滅掉。」但問題是他要怎麼滅掉覺觀？沒法子滅啊！除非他把意識心滅了。但意識心滅了就只有兩個狀況：一個是睡覺，一個是悶絕，否則沒機會滅掉意識，因爲他們不可能證得無想定或滅盡定；他們也沒想到這個道理，一直打坐，哪天有點累坐到睡著了，好在身體沒有倒下，突然間警覺了說：「我今天坐到離覺觀了，我眞的開悟了！」但問題來了：「悟個什麼？」他去找禪師印證：「我開悟了，請師父幫我印證。」師父說：「悟在哪裡？」嘴巴又張開答不出來，這時師父一棍子就打下來，因爲禪師本來就用棍子打的；禪師哪有人像我這樣，過堂弄了一大堆東西給你們。

所以他錯會了，以爲要打坐把覺觀滅掉。他們根本就不知道「滅諸覺觀」是你意識現觀實相心如來藏從來「離諸覺觀」，這樣你意識才能滅掉覺觀；於是他們誤會了，每天坐在蒲團上盲修瞎練。是不是盲修？眞是盲修啊！因爲他們根本不知道要悟個什麼，每天盤腿在那邊跟腿痛對抗，就叫作瞎練。都不知道要去探探看古時的禪師們在《景德傳燈錄》、《續傳燈錄》、《五燈會元》裡的記錄，不懂得去把它翻出來讀一讀；有哪一個禪師開悟用打坐悟入的？他們開悟不然就是被師父棍子打悟的，不然就是工作時突然悟的，不然就是爬山悟的，不然就是涉水悟的，還有人是在蹲恭桶時不小心打翻了，弄得混身屎尿而悟的，有誰是打坐開悟的？沒有啦！

也許有人抗議：「您蕭老師這一世不是打坐開悟的嗎？」我可告訴你：我雖然在打坐，但我不是人家所謂的坐悟的，我當時是把這一世師父教的全部丟棄，然後我思索：開悟就叫作明心見性，明心是明什麼心，然後我就知道是什麼心，我並沒有參禪啊！參禪一定是不知道什麼心，在那邊想著到底是哪一個心，發覺不對，重新再參究是哪一個心。而我想的是：「不可能是這個覺知心，因爲覺知心大家都懂，那一定是某一個心。」然後就知道了：喔！就是這個心。可是覺得這個心沒什麼，不奇特；眞的沒什麼好玩、不奇特、太平常，於是接著探究：「見性是看見什麼？見性總不會是我們這個覺知心的見聞知覺性吧？」然後，欸！一定是佛性，看見佛性才叫作見性。可是問題又來了：「佛性到底是什麼？啊！我知道了，就是……」就這樣看見佛性了，這有在參禪嗎？沒有。這是把以前所證的拿回來，這一世被人誤導了就丟掉，但我後來自己這樣思惟整理，就漸漸找回來了。

從參出佛性的道理以後，那時我住在士林舊家，後方窗外就是幼稚園，只隔著一片窗，那家幼稚園又最會搞怪也最吵，但我參出來之後覺得不吵了，因爲我在聽佛性，在蒲團上聽了差不多二十來分鐘，然後眼睛慢慢張開，看見眼前白灰的牆壁上也有佛性；然後就開始亂看，到處是佛性。再走到窗邊看著隔壁幼稚園那些孩子，他們剛好放學了在中庭玩；欸！我跟他們的佛性是相應的；所以他們笑時我也不自覺地笑，他們掉淚時我也不自覺掉淚；但我沒有歡喜、沒有悲傷，幹嘛嘴角笑著或是掉淚？但就這樣子啊！這有在參禪嗎？眞的沒有啦！這證明我不是打坐參出來的。

言歸正傳，你得要現量去觀察才會知道爲什麼 佛說「滅諸覺觀」，可是明明佛說證悟的人「滅諸覺觀」時覺觀明明還在啊！但爲什麼 佛會說是「滅諸覺觀」？眾所周知 佛是實語者、如語者，不可能騙人也不可能講話不合邏輯，那一定是有原因的。所以不懂時就自認爲不懂，千萬不要說：「這個我讀不懂，一定就是僞經。」那就成爲謗法了。所以「滅諸覺觀」不要依文解義，得要實證以後才能眞的有勝解。但是這一、二百年來的佛教界不瞭解法的實際，所以他們弄不懂禪宗的開悟與般若諸經有什麼關聯。

因爲眞的弄不懂，因此就有一派人主張：「禪宗的開悟是宗門，與經教的內容無關。宗門是宗門，教下歸教下，那是兩條路。」不知道這根本是同一條路，只是他們不瞭解；於是參禪的不讀經、不講經、不讀菩薩的論；讀菩薩的論、讀 世尊的經就專門讀經閱論，他們都不參禪；接著繼續割裂：講法相的只講法相，不講如來藏，還把「法相唯識宗」改了名稱叫作「法相宗」，唯識的部分就消失了。那傳戒的專講律，什麼都不管；專作佛法教判研究的則是天臺宗，不肯參禪究取第八識心……，就這樣漸漸弄出來，才會有後來所謂八宗共弘的現象，於是想要實證佛法，門兒都沒有，從此無門可入。因此我們出來講證悟的事，有人就嘲笑：「那正覺只懂禪宗，這經教不懂的啦！」反正不管我們弘法走到哪個階段都有人批評，就因爲有人批評我們不懂，所以我們開始講經、開始傳戒。

然後有人說：「正覺懂禪宗，不懂般若。」那我們也就講《般若經》——金剛般若、實相般若。也有人說：「密宗藏傳佛教層次最高了，正覺是絕對不懂的。」他們不知道我往世在西藏混過，在西藏時早就破過他們了，還會不懂密宗假藏傳佛教？二十來年以前，白馬精舍《大正藏》印了出來，印到密教部交書時，我一翻目錄看到什麼「大乘歡喜雙身……」修法，我就知道這個是雙身法，也沒有人告訴我。那時密宗假藏傳佛教有人公開在講雙身法嗎？還沒有啦！只有私下在講，沒有公開印出來講的，但我一看目錄就知道了，因為往世的種子流注出來了，我往世早就把它破過了。

後來他們又說我不懂阿含，我就寫《阿含正義》給他們讀一讀；他們一直推崇的阿含專家楊先生，如今也不敢再自稱是阿含專家了。就這樣，他們嫌一種我就寫一種，不知道他們還有什麼可以說我們不懂的；如果有，我就再來寫。如今好像都沒有了，因為都講過了。不懂密宗假藏傳佛教、不懂阿含、不懂般若中觀，還有不懂教下，都講過了，只有禪與念佛，他們是沒有講我不懂的；但我們是一開始就講禪，念佛法門他們沒講我，因為我們很早就出了兩本念佛的書。如果要說我不懂律宗，我可以傳菩薩戒；以前有承天禪寺的法師說：「他一個居士傳什麼菩薩戒？」原來他不懂菩薩戒，顯然他更不懂根本大論和律經。

所以說，「滅諸覺觀」或「離見聞覺知」等聖教量，不是凡夫大法師們可以隨便推翻的；得要依著那些三乘經論實證了以後能自己確認時，才可以去判斷這些經教是正是訛，否則都沒有資格來評論經教。至於菩薩的論，他們一樣沒有資格評論；單單一句「法不可見聞覺知」，單單一個「滅諸覺觀」、這都只是眞見道位的根本無分別智，他們就搞錯了，就別提後得無分別智；兩百年來不正是如此嗎？所以沒有實證的人沒有資格講這一些話。談到實證，我有個題目要跟諸位講，近代佛教界，「實證的佛教」是什麼人最先提出來並且有實證的？啊？是正覺啊！以前也曾經有人提出來「實證的佛教」，可惜他沒有實證；但是我們出來講「實證佛法」時，我們是有實證的。所以我可以講，這一、二百年來最早提出「實證佛教」的就是咱們正覺，再無其二。

但是現在有人從正覺出去了以後，開始宣稱他最早提出「實證佛教」，是什麼人？他的原名呂傳勝，他寫書時都用「呂眞觀」發表，但是「實證佛教」這個名詞具體的提出，是我們《正覺學報》第一期創刊號的創刊詞中，我們已經提出來了。我今天有查了一下那個時間：二〇〇七年十二月，快十年了，再兩年就十年。「實證佛教」這個呼籲或者名相，是我們正覺最早提出來的。因爲我們發行《正覺學報》時看見所有的學術界都在依文解義，都在作訓詁，都在文字堆裡面鑽研，沒有一個實證的；所以我們在創刊第一期中提出來：「**實證佛教**。」意思是在表明：你們佛學學術在那邊研究，都跟實證無關，你們不要來指導佛教界的法師居士們學佛。我的目的在這裡，才提出那個創刊詞。

過後一、二年吧，呂眞觀才跟蔡正禮老師談到「**實證佛教**」的事，他並不是沒有讀過那篇創刊詞；那時蔡老師早就告訴他「**實證佛教**」的道理，那他如今還以爲蔡老師不懂「**實證佛教**」，你說可笑不可笑？還跟他們說：「**現在佛教界最重要的是什麼？四個字——是什麼佛教？**」大家寫了然後再拿出來看，蔡老師不假思索脫口而出「**實證佛教**」。這有什麼可以討論的？就脫口而出。但他自己竟然忘了那個時節跟蔡老師談的這件事情，已經被他自己寫在他那本書的序文裡面，他自己都忘了，看來比我還健忘。那麼現在他用大陸的微信（類似我們臺灣的 LINE）到處在發，說「**實證佛教**」是他倡導的。

可是問題來了，不但《正覺學報》創刊詞有提出來，他曾經讀過；蔡老師也提出過，蔡老師比《正覺學報》更早就提出過，是在二〇〇五年去投稿

《中華佛學學報》時—就是農禪寺那個中華佛學研究所《中華佛學學報》—蔡老師那一篇論文就是以「實證佛教」作爲核心、作爲命題去寫的。現在呂眞觀有資格跟人家談「實證佛教」是什麼人倡導的嗎？更何況他的「實證」也是由於正覺的教導才產生。

佛教界最早倡導「實證的佛教」到底是誰？對啊！可是正覺不可能沒有人倡導就突然有了吧？還是咱家——行不改名、坐不改姓，叫作蕭平實。什麼時候開始的？在一九九〇年就開始了。我們倡導說，佛教是應該實證的，是在一九九〇年年底就這樣倡導的，因爲我們那時就已經在傳授實證的方法了。所以作一件事情之前應該先思慮一下，爲了個人的私利、名利之心不假思索就去造作的結果，問題就會產生，知道內情的人一定會拆穿他的。那麼爲什麼我要講這一件事？正因剛好講到「實證佛教」，就想起這件事情；蔡老師也寫信給我(昨天的事)，那我就想，我們《佛藏經》講的不正是實證的佛法嗎？總是要講到實證的事。

剛剛我又突然想起來，呂眞觀去大陸弘法，說是我同意的(也許他有告訴人家說是我派他去的，我不能證實他是否有這樣告訴別人)，但我知道至少他有說是我同意的，但事實上我沒有同意過；他去大陸前有告訴我說，要去大陸學術界發展，說要去教化學術界的人士認清佛學的正確與錯誤地方；他說的是要從學術界來護持正法，永遠都在學術界裡面護持正法，這是他所說的，結果不是那麼回事，實際上卻是在弘法；可是我沒有答應他弘法，而他自己另立一個團體在大陸弘法，這叫作別立僧團（菩薩戒中說的破和合僧），這件事情在大乘佛教史中不曾發生過，只有聲聞佛教中發生過，這是第一次。我想他是不會迴轉的，這個是極重業，我講了他也是不會相信的，所以我得要公開說出來。

也有別人作了如是業，但已經迴心或者即將討論迴轉正覺教團的，我就不說明；但呂眞觀的個性，我料定他不會迴轉，所以我得要講，這是破和合僧的重罪；這樣的罪以外，他還有一個誹謗或者說「破羯磨轉法輪僧」的罪，因爲他對我們以前處理某一些同修犯戒的事，對我們判定爲破羯磨僧，他有不同看法，所以他對羯磨僧作了批評，可是他批評錯了，成爲破羯磨僧的重罪。我們出了一本小冊子，叫作《破羯磨僧眞義》公開流通了，難道他都不知道嗎？會裡一定會有人提供給他知道，但他道歉了沒？沒有。懺悔了沒？

也沒有。他無根毀謗主持羯磨的菩薩僧而沒有懺悔，又藉著學術的活動而實際上是去弘法，成為別立僧團而去取得名利，這是稗販如來、違背法毗奈耶；這又是一項大罪，都不是小罪。

然後他當年要求我無論如何要在某一天之前，幫他把《實證佛教導論》那一本書修飾，我實在沒時間；後來他說一定要在某一天以前給他，否則他來不及印製，會影響到他取得教授資格；我只好把諸事放下，整整三天為他修飾——針對大乘法的部分修飾，二乘菩提的部分我就不管，因為我沒那麼多時間；我三天沒日沒夜幫他弄好，找出三百個錯誤註解好了寄還給他，結果他不肯改。既然不肯改，為什麼要求我趕那麼急為他修飾？你說這是什麼道理？應該只是要告訴大家說，我有為他修正過了，是正覺認可的書籍，希望可以大量流通吧？所以他那本《實證佛教導論》至今大乘法的部分還有三百多個錯誤存在，他要繼續誤導眾生，又是一件重業。

所以佛教正法眞的要實證，但實證不只是證，證後還要有得，就是轉依成功，否則那個證只是乾慧，不會有功德受用，就會利用這個繼續在世間法中牟利。像這樣只是粗枝皮毛的證而無得，就想要去當大師牟利，一定會出紕漏；呂眞觀這一世的福報不是很好，這些惡業幹了好幾年以後，未來世的福報如何？可想而知。結果我講了這些話，就超過時間了，今天講到這裡。

《佛藏經》上週最後談到「實證佛教」的事，結果是沒講完，今天跟諸位「續貂」一下。其實眞要談實證的佛教，有幾個部分是必須要注意的，這些部分缺一不可；缺了其中一部分而談「實證佛教」，都是自欺欺人。由於師父一定是勝義僧，在世俗法中，不管是哪一類的傳承都談到要尊師重道；而尊師是放在重道之前，爲何如此？因爲如果對師父不尊敬的話，師父一定會留一手。所以中國很深妙的武學，一代又一代傳下來，每一代留一手的結果，現在就覺得普普通通了。那爲什麼上一代師父留一手，這一代師父也要留一手？因爲同樣是怕被徒弟幹掉。武學中常常有一個現象就是徒弟看師父有點年紀了，這徒弟闖蕩江湖已久，心想：「我打遍天下無敵手，可是礙著師父還在。」因爲師出名門，終究有個師父在，總不能稱天下第一吧？所以有一天回來挑戰師父，若能把師父打敗或者殺了，他就是天下第一。

師父當然不會立刻接受他的挑戰，總是要再三教誨；可是這徒弟不聽，一心想要當天下第一，於是師父只好應戰；應戰到最後，這徒弟所學的所有招式都使出來——把師父教他的招式全都使出來了，徒弟心想：「這最後一招師父雖然也會，畢竟老了力氣不如我，速度不會比我快。」於是他這招很快使了出去，沒想到師父還有另外一招，剛剛好刺中他的心臟，這徒弟臨命終前抱怨：「師父！你這一招爲什麼沒有教我？」師父說：「我如果當年教了你，今天還有命嗎？」這表示那徒弟對他的尊敬讓他覺得不夠，將來可能會有問題，所以師父就得留一招二招，於是現在的武學就不怎麼樣了。

也就是說，想要盡得師傳，得要有那個恭敬心，所以尊師放在重道的前面，這是基本的條件。可是一個人出來主張「實證佛教」時，沒有尊敬他的師父（當然諸位知道就是呂眞觀）；他從師父的書裡面抄了很多法義寫成書，序文中也都不提；寫書出來流通了，出於誰的門下也不提，像這樣心態的人，當然也不肯聽從師父的教誨，所以做了許多違背的事，自然談不上尊師。在佛門中不尊敬師父就等於不尊敬三寶，既然談「實證佛教」，他的師父一定是勝義僧，而他對勝義僧沒有尊敬，像這樣來談「實證佛教」，這個實證就得打折扣；至於不尊師的部分，下面再分成一些細部來說。

第二部分要談「重道」。只有尊師才能盡得師傳，但我說，至少也要得上師父一半的眞傳，才會眞的懂得重道；如果對師父的法只學到了皮毛，就自認爲比師父更行，那他對師父不會尊重，對於法道—佛法僧中的法—就不會有尊重；不尊重法就會輕率說法，輕率說法傳法的結果就是有很多法講錯、教錯、寫錯！並且當師父指正出來：「**你這本書大乘法的部分有三百多個錯誤。**」都一一指出來，正確的答案註解也給你了，那你不肯修正，只修正二、三個錯誤而已，那三百多個錯誤都不肯修正，美其言曰：「**那是師父的境界，不是我的境界，所以我的書中不要改。**」這是說得好聽，實際上怎麼想的呢，咱們就不提它；這表示他對這個法是沒有尊重的，如果有尊重的話，沒有人指正也就罷了，一旦師父指正出來了，就應該要修正，才不會誤導眾生。

因爲如果講的是實證的佛法，說是「**佛法**」就意味著所講的法是佛陀所說；《阿含經》中這麼講的：如果說法說錯了而說那是佛法，那就是謗佛；謗佛是很嚴重的事。呂眞觀的書中談論三乘菩提，其中大乘法的部分就有三百多個錯誤而不肯修正，繼續說那叫作佛法，意思是說佛是這麼講的；可是佛明明沒有這樣錯說，就表示他成就了謗法與謗佛的大惡業；這樣來談

「實證佛法」就沒有意義，而且是在欺瞞世人。如果尊師與重道都辦不到，談「實證佛法」就變成空談，沒有實義，因爲一定是有證無得——轉依沒有成功。

第三個部分要看次法有沒有修好，如果次法沒有修好而說他實證了，這是不可信的。次法，我們《正覺電子報》正好也在連載中，其中講了很多的次法。那今天我們且依《阿含經》簡單的說，所謂次法就是「**施論**、**戒論**、**生天之論**，**欲爲不淨**，**上漏爲患**，**出要爲上**」。爲了名聞利養然後在師父不同意的情況下出去自己弘法了，這個是眞布施嗎？而且沒有對正法繼續努力布施自己的精神力氣，反過來違背師命去布施錯誤的法給眾生，這在「**施論**」上就講不通了。次法的第二個部分叫作「**戒論**」，「**戒論**」現在先不談，留到稍後再來談。

接著「**生天之論**」，「**生天之論**」首要就是要離開人間境界，才叫「**生天之論**」；如果離開人間境界，心境上面要證得欲界天的境界；那欲界天的境界中不求名聞、不求利養，才是欲界天的境界。那「**生天之論**」不但如此，還要離開欲界天的境界，所以說「**欲爲不淨**」，是要求離開欲界法而對色界天的境界加以實證，這一些都還是次法。至於「上漏爲患」是應該要出離色界，「出要爲上」是出離無色界，這些就不談，因爲離他太遠。次法光談這一些就夠了，而繼續再貪著人間的那一些有爲法，想要當一代大師，想要當一個宗派的創派者，這表示對於人間的境界依舊貪著，是在次法上沒有修好。

我們會裡面的會規就是依照制度出來弘法，而不是自己決定了就出去弘法；因爲這是違背會規也是違背大乘古來的門風、門庭，因爲大乘法自古以來沒有這樣過。假使被和尚指派出去弘法了，他到遠方他國去弘法時，依舊是依止他的師父，這是菩薩道場、菩薩正法古來就有的傳統；但今天他打破了這個傳統，這表示在次法上他並沒有修好。

那麼次法談了，接著覺得有一點陳義過高，第四個部分我們就降低一點層次說人情義理；人情義理是作人的基本原則，如果違背了人情義理，人家會說這個人的人格有所缺損，也就是人的格不具足了。上週有跟諸位報告過，他那本《佛教實證導論》要求我三天之內幫他改正好，免得將來印出去給人家挑毛病，剩下三天必須把電子檔交出去；那我只好停下所有的工作，那三天專門爲他處理。雖然二乘菩提的部分我沒有去看它，只針對大乘菩提的部分作訂正；因爲我想二乘菩提很淺，對他來講應該沒問題吧？而且我時間也不夠；那現在這樣想來，應該他寫的二乘菩提一樣會有很多的問題。那麼大乘菩提的部分我幫他修改了，三百多處的錯誤；但因爲他的個性九牛也拉不轉，所以修飾好了寄給他時，我告訴他說：「你印出來以後要給我幾本，我要看看你有沒有改正？」後來寄來了，果不其然百分之九十九沒改，三百多個的錯誤他只改二、三個錯誤。

既然百分之九十九都不改，又何苦要我放下那麼忙的工作來幫他修改呢？他就自己直接出版就好了，何必來花費我寶貴的時間呢？所以從人情義理上來講，他那個作法是講不通的。既然人情義理都不通，也還只是世間法的層面，若要談到出世間法或者世出世間法，我想他就應該不夠格了。因爲人有人的格，而在這個上面，不說菩薩的格，他的人格已經有很大缺損了，那就可以瞭解到底他在佛教上有什麼樣層次的實證？

第五個部分談到持戒，持戒也是次法的部分，我獨立出來談。他跟人家宣稱我同意他出去弘法，於是有傳說，說我給了他八個字，那八個字是「正覺之道，殊途同歸」。但我不是寫給他的，那八個字是一位劉師姊，跟著他要去大陸學術界發展，想要影響大陸學術界，不要被日本人的學術邪說給蒙蔽了，說要轉變他們回歸中華文化最精髓的如來藏妙義；因爲這位師姊去大陸，在那邊讀碩士、博士學位，一個人住在那邊眞的很苦悶，有天她回來找我，在九樓小參室裡說：「請老師您寫給我幾個字吧，我在大陸孤苦無依的，人很苦悶，我就拿出來瞧一瞧，就想有老師跟我同在，就不苦悶。」我說寫在哪裡啊？她就拿了一張名片給我，應該是卡片，就像名片那麼大；我不假思索就寫了八個字給她：「正覺之道，殊途同歸。」她很高興，去大陸攻讀博士學位，現在應該是畢業了。

但那卡片上寫的八個字是給劉師姊的，不是給呂眞觀的，他不可以挪去說那是我給他的勉勵，也不可以拿那張卡片寫的八個字，解說爲我認同或者派遣他出去弘法。因爲他當初跟我告長假，說的是要去大陸攻讀博士學位，然後在大陸學術界影響那些教授們；但後來拿到博士學位，我幫他把那一本書訂正好，他出版了，終於有學校願意聘請他任教，他卻是在弘法，不是從事學術工作。那這樣是不是欺瞞？是不是妄語？這樣欺瞞的人當然談不上重道與尊師。而我們是如何重道的？我們對法的尊重，是出來弘法不領薪水，我還捐錢；我把法傳給你們，而我捐出來護法的錢比你們絕大多數人都多，並且我們完全沒有私心的弘法。

那麼如果他弘法時是藉著弘法而取得生活上的資財，那就是受人供養；假使要受人供養，應該把頭髮剃了，不能像你們比丘、比丘尼那樣，至少要像我這樣剃了髮才行，並且他還得要離婚而單身弘法，因爲要受供養啊！並且剃髮以後還要燙幾個戒疤，受了比丘戒才能受人供養。如果是以弘法所得的錢財來生活，他現在應該要現出家相才對，這是我一向的看法。那麼這樣子來說持戒這個次法，他到底有沒有作好？顯然是沒作好的，因爲欺瞞了老師：沒有獲得允許而去弘法，那就是戒律上沒有清淨受持而領受佛弟子們的供養。而他自己弘法還有一個大過失，因爲他成立另一個教團，成立另一個教團在戒律上就成爲破和合僧；破和合僧是分裂僧團，這是另一個很重大的罪，他也都不考慮。我們提點過他，他不是不知道，但他都不考慮；這又是另一個罪，也表示戒法沒有受持好。

還有第六個部分就是謗師，謗師的事，我沒跟他計較，還繼續幫他訂正那一本錯誤很多的書，因爲我們以前處理幾位同修犯戒的事，涉及了菩薩戒中的重戒，就是「破羯磨轉法輪僧」，但是他認爲我們對那個戒罪判錯了，卻不直接跟我講，而是跟某些同修講，也在網路上貼文字，因此我們才會有針對這個戒條爲他而作了一些說明，整理後成爲那本《破羯磨僧眞義》小冊子，那是爲了他而講的；我不相信他沒有看到那一本書的內涵，因爲一定會有人拿給他看，可是他看了知道自己錯誤了，道過歉沒有？懺悔過沒有？改正了沒有？都沒有，繼續我行我素；這個又是一樁重罪，而且這個謗師還是謗勝義僧，所以這問題很麻煩，將來要怎麼處理，他自己得要留心。

最後從次法的持戒上面來看，他沒有辦法受持好，這樣的人談「實證佛教」來標榜他是實證的佛教，有一點侮辱了「實證佛教」，因爲處處在名聞利養上用心，與實證的佛教大相違背。從這裡就談到第七點，爲什麼他今天會這樣？這表示他對於眞如的轉依並沒有成功，因爲所謂實證的人是指轉依眞如成功的人，而他對眞如並沒有轉依成功，所有轉依眞如的人不會求世間的名聞利養地位，因爲這些都不是實證者所要的。既然轉依眞如了，對於世間的名位財利都看不在眼裡；轉依以後應該是很隨和的，因爲眞如隨和。對吧？你們找到眞如的人看祂是不是很隨和？對呀！

前兩個月我因腰痠，去板橋看一位整骨師，他說：「你為什麼腰痠啊？」我說：「因為上回來看了以後，回家剛好有事情站久了，又盤腿，所以腰又痠起來。」我是講得客氣，其實是第一次他沒有幫我作好。因為他看我年紀大不太敢動手，第二次去我這樣子客氣說明，他說了：「你又何必要打坐？再怎麼樣，講經也不必盤腿打坐。」講上一大堆，我只好說：「是啊！對啊！好的好的。」反正我是不論他怎麼講都對，我是什麼都好，不諍論，因為不需要跟他諍論。那如果是大師，還聽他訓話？諸位！他還教我怎麼打坐呢。他從推拿床的下邊拿出一個蒲團，我說：「好好，你講得很好，我學你的，行！」就這樣，我沒有一句辯駁的話。因為轉依了眞如，何必去跟他計較什麼？若是轉依沒有成功的人就會說：「你算什麼？你懂什麼佛法？懂什麼講經？懂什麼打坐？」一定要跟他諍論的。但我們不用，就低聲下氣聽他開示，這才是轉依成功啊！沒有什麼好計較的啊！他需要讓人家覺得他很行，我們就布施「很行」給他，就這樣而已；轉依了以後本來應該如此。

那如果以我這個證量，用世俗人的觀點是不是應該當場要訓斥他一頓？是了！可是我沒有，連一點點不悅的臉色都沒有。這就是說當你轉依成功時，依於眞如無爲的作意，都不會去計較什麼；只有在正法的弘傳上面才要斤斤計較，不但斤斤而且錙銖必較，因爲法的流傳很重要；但不是爲自己而作計較，才能說你轉依成功了！那轉依成功的人，一定尊師、也一定重道，並且次法也一定修得好，人情義理也不會虧欠人家，不會辜負人家；當然就不會藉佛法去貪污錢財或者希望人家供養，藉佛法牟取世間財物來生活。

因此談「實證佛教」時，本身一定要對眞如轉依成功；如果沒有轉依成功而談「實證佛教」，那都是奢談，沒有意義！因此「實證佛教」這個口號要提出來之前，不應該掠人之美，因爲近代談到「實證佛教」的倡導，還輪不到他；咱們二十幾年前就開始了，不是這幾年才開始。而且我們會中的老師，甚至於我們《正覺學報》創刊詞等，都更早提出來，他也讀過了，這表示他沒有資格談「實證佛教」的創說。除非他談「實證佛教」時引述了自己爲何能夠談「實證佛教」的根源在哪裡；如果自己的出生處不敢講，老是要讓人家覺得是自己創立的，世俗法中說那叫作「掠人之美」；其實有一句很不好聽的話，叫作欺什麼滅什麼，我就不談。這表示這種人的實證內涵只在皮毛，還很膚淺，你們如果再有接觸到他所攝受的人，或者與他親近的人，諸位就知道該如何應對。

這個談過了，有點悶，我們改談一點好消息。打三前我跟諸位說禪三後我得要開始寫《成唯識論略解》；在禪三後我開始斷句，如今斷句好了；斷句其實也蠻快，二十幾天就作好了。其實先前就斷過一次，但只有三天時間，結果是有些斷錯了，現在全都改回來。但就是開筆時有點問題，因爲既然要概略註解它，就得把那部論當時寫作的背景作個交代，所以我不得不去讀了兩個著作，一個就是《大唐西域記》，以前都沒讀過；把《大唐西域記》讀了，還讀了《大唐大慈恩寺三藏法師傳》。由於以前都沒讀過，連翻都沒翻過；讀過了終於動筆，但動筆時有些法義不能是我說了算，得要有文獻記錄寫出來，人家才能信服，所以又考證了一些內容，還眞花了不少時間。

然後在五月初開始寫，寫到今天下午兩點，把序文寫好了，又把卷一寫了一半，總共有十四萬多字，我心裡想：麻煩了，總共十卷，這第一卷寫了一半有十四萬多字，扣掉緒論跟序文也扣不了兩萬字，這第一卷還有半卷呢！那我想，要怎麼樣儘量把它精簡一下；可是太精簡了也不行，因爲將來發到你們手上時讀不懂也沒用，我就白寫了，所以也要考慮你們悟後閱讀時，每一段要有譯文的語譯，對整段的意思就很容易理解；至於詳細理解的部分，可以再從略解中閱讀。結果這才把卷一的一半註解完時已經十四萬字。我說，就算有辦法把每一卷都縮減在十二萬字裡面，那我卷一再寫完後半卷時，總得要再六、七萬字吧；卷一寫完以後，後面還有九卷，如果每一卷要十二萬字，非得要一百六十萬字才能完稿。本來預計兩冊到三冊就圓滿的，但若是一百多萬字，那要幾冊呢？唉！還眞的兩難！

但如果沒有先作語譯，將來不好讀，就怕大眾閱讀時見樹不見林。我沒有註解得很詳細，雖然說是略解，解釋得很簡單，不能像增上班那樣講，總也得讓人家讀得懂吧？既然要讓大家讀懂，就必須要再加上一些文字解說。如果就像原來的論文那樣含蓄，寫出來以後大家讀不懂，反應給我時我又要懊悔：早知道就寫詳細一點。就好像《楞伽經詳解》，我很想重新再註解一遍，可是沒機會了！所以註解到卷一的一半時我心中又起了煩惱：像這樣註解好了出版，到底該不該上架流通？因爲《成唯識論》本來的文字很簡略，以前大家都讀不懂就無所謂，可是我這麼註解出來時，得要百般遮掩，否則讓悟緣未熟的人看到裡面的珍寶，這又該怎麼辦？我也得考慮，像我這樣註解出來以後到底要不要流通出去？眼前看來對於還沒有找到如來藏的人，他們可能依舊讀不懂；可是一旦找到了，即使眞妄不分的人也能讀得很清楚，那我究竟要不要印出來到書局去上架？這又是一個困難，所以這兩天起了這個煩惱。

也許到時候請幾位親教師校對時，看他們意見怎麼樣再說吧。但如果不把它解釋明白，那我這些註解又是白寫了，還眞的進退兩難。所以到底要不要在書局上架流通，這是我的一個煩惱；而且一百六十萬字，也很可能我這兩年內寫不完。目前看來應該是來得及，如果我要把其中某些部分故意寫得讓緣淺的人讀不懂，可能就要兩年半，要不然兩年內應該寫得完。然後我下午又動個念：不然就印出來送給我們增上班的同修們。可是下一個念上來說：那進階班、禪淨班的同修們又要抗議。哪一天也許講經時來舉牌抗議，那也不行，也是得發給大家。但發了以後一定會有人外流，因爲現在各道場派來盜法的人很多。唉！又是一個難處，無可奈何，現在只能且戰且走，以後看怎麼樣再說。

眞要沒法子，如果連幫我校對的親教師們也拿不定主意，也無法修改；

因為既然要註解就是要註解到明白，而我們儘量去遮掩；但怕的是聰明伶俐的人一定有，這類人都不作功夫——不修定力，而性障又無法動搖，根深柢固，而且不肯進會裡來好好修學應該有的知見，次法也不修；那他們拿到書以後讀了，全都會變成解悟。解悟以後很麻煩的，現成的例子是大陸有些人讀了我的書還不到十本，就宣稱開悟，還自稱是百丈大師再來，宣稱是四地菩薩，印證徒弟是初地。但初地菩薩得要有慧解脫的果證，要先問他「所作已辦」沒有？「梵行已立」了沒？全都沒有啊！而且還眞妄不分，並且還會推崇凡夫位的大法師是大菩薩，天下有這樣的四地菩薩，還眞怪！我就怕那一類人，搞不好他們讀完以後宣稱成佛了，這筆帳將來算到我頭上來，我又該怎麼辦？就像一句成語說的：我不殺伯仁，伯仁因我而死。他們將來下地獄是因為讀了我的書，那我還眞冤枉啊！怎麼辦？這又成為我的煩惱。

這時就想起來，當年玄奘菩薩《成唯識論》故意寫得簡略，文辭艱深，其實還是對的。可是末法時代我們必須要很多人可以共同挑起如來家業，得要度很多人開悟；悟了不打緊還要悟後進修，要一日千里才行，那我不寫又不行；可是寫了流通出去又有這個顧慮，還眞是煩惱。但是總而言之，總是會把它寫好，因爲現在都已經寫十四萬多字了，不可能把它丟了。也因爲這部論太重要，在弘護正法上面這部論很重要！從另一個層面來講，在悟後起修的層面來說，這部論更重要，所以還是得要把它寫出來，到時候看怎麼樣再說，現在先把困擾擺著，埋頭繼續寫就對了。

言歸正傳，終於要講《佛藏經》了。上週說「**無身口意業處，無取無捨，無諍無訟，無念無分別，空寂無性，滅諸覺觀，是名念佛。**」我們講到「**滅諸覺觀**」，還沒有說完。「**滅諸覺觀**」若是依世間法，是什麼境界中「**滅諸覺觀**」？在眠熟位、悶絕位、正死位、無想定或者無想天，以及滅盡定，這五個境界中是「**滅諸覺觀**」的；但如果像這樣「**滅諸覺觀**」就算是懂得念佛，那每一個人睡著了明天起來都懂念佛，因爲睡著時覺觀斷了、滅掉了。也許說睡著時間太短不算，那不然悶絕——有人悶絕過去在加護病房五天、六天，甚至有一、兩個月才醒來的，那他的悟境應該更高是不是呢？當然不是，因爲那叫作悶絕。雖然他的覺觀滅了，但不是 世尊這裡所說「**滅諸覺觀**」的正義。

那正死位、無想定、滅盡定等，這時候正死位就不談，無想定的層次總該夠高了，因爲死後可以生無想天，如果他的無想定功夫具足圓滿，生在無想天中是不會中夭的，所以他生到無想天去壽命整整五百大劫，這五百大劫識陰六個識都不在，那眞的叫作「滅諸覺觀」了，那他這樣是不是就懂得實相念佛——「眞念佛」呢？其實依舊不懂，因爲他依舊是個外道，仍然是個異生凡夫，所以說他仍然不懂得實相念佛。

不然我們來談俱解脫阿羅漢好了，他有滅盡定，而且是大阿羅漢。這樣的大阿羅漢入了滅盡定以後，也是「滅諸覺觀」，那他應該要懂實相念佛了吧？但 世尊說二乘聖者名爲愚人，因爲他們「愚於實相法界」——對實相法界的正義不懂，雖聖而愚。那又有問題了，爲什麼這一些人「滅諸覺觀」、都已經是俱解脫出三界生死的聖人了，是人天應供，竟然還不懂得「眞念佛」。那這個念佛到底是講什麼？其實沒有別的，就是實相念佛。

這「滅諸覺觀」一旦誤會了，就會在每天吃過飯散步消食後，接著就上座打坐，把七支坐法擺了出來，一心一意要把覺觀滅掉；但老是滅不掉，因爲即使修得第二禪在等至位中叫作「無覺無觀三昧」，那只是對五塵無覺無觀罷了，對於定境中的法塵依舊是有覺觀的，不是了義法中說的「滅諸覺觀」。如果知見不夠，宣稱自己懂得實相念佛了，那可就是大妄語，這很冤枉。因爲學佛打坐本來是善事，竟然因爲修善而導致惡果，豈不是天下最大的冤枉？幹壞事得到惡果是天理昭彰，可是學佛修善竟然也得了惡果，真沒天理。可是他抱怨說沒天理時，天可不理他，因爲是他自己導致，與諸天無關。所以捨壽時看到惡道中陰現起時，心裡大聲呼喚說：「**天啊！沒天理啊！**」天可不理他的。

也就是說，一般人讀到了義經時總是誤會，而這裡的「**滅諸覺觀**」是說：你證悟了以後知道十方如來、知道三世如來的實際都是這個「**無名相法**」、「**無分別法**」第八識，也就是佛地無垢識（因地的異熟識如來藏）；而你轉依於這個如來藏——轉依眞如，然後看到眞如的境界中無覺無觀；莫說五塵的覺觀，連法塵的覺觀都不存在，在眞如——「**無名相法**」的境界中無一法可得，半塵也無何況一塵？當然沒有覺觀；這時已經生起般若智慧了，那你這樣來念佛時，知道諸佛如來包括自己這個未來佛的實際，都一樣是「**滅諸覺觀**」的；以這個作意來念佛時，不論你念哪一尊佛，這時都是「**眞念佛**」，都叫作實相念佛，這時候就可以說：「**我懂得念佛了！**」

也許以前在其他道場的同修道友當面聽到你說：「我現在終於會念佛了！」他們可能笑你：「你去正覺那麼久，現在才學會念佛。」這時該你問他了：「你說說看，什麼叫念佛？」他說：「念佛還不簡單？南無阿彌陀佛！這有什麼困難。」你說：「啊！原來你還不會念佛。」就把這一段經文唸給他：「『無身口意業處，無取無捨……乃至空寂無性，滅諸覺觀，是名念佛。』這是佛講的，你信不信？」他不能說不信，只好說：「信。」「既然信，那請問你，像你這樣子念佛和佛說的這樣才叫念佛不同，你能這樣念嗎？」這時換他瞠目結舌，看他不言不語正好丟一句話給他：「果然你不會念佛。」等他問你說：「那不然你怎麼念佛？」你就大聲地唸出來：「南無阿彌陀佛！」他說：「那你唸的還不是跟我一樣。」你就告訴他：「不一樣，你只看見表相，你沒看到裡面的眞實義，淨土宗古德說『一句佛號概括事理』，你唸那麼一句佛號，如何概括事與理？說說看。」他就無可奈何了，這時才知道說：「原來正覺的法那麼深。」搞不好你把禪淨班報名表遞給他，他當場就塡了。

這樣看來，顯然念佛法門深又廣，而且也可以至淺，所以說三根普被。不識字的老太爺、老婆婆都可以唸佛，沒什麼難。可是有的人偏偏覺得很難，你叫他唸佛時他說：「我不會唸啊！」你突然問他那我剛剛是教你唸哪一句？他就說：「南無阿彌陀佛！」你就直接問他：「你剛剛不是唸了嗎？」這一下就會：「原來唸佛這麼簡單！」「對啊！」當然這還不是念佛，因爲他心裡沒有想著佛，《觀經》說唸持佛的名號時心中要想著佛，才叫作念佛。

但你先別點破，等他有一天拿著數珠唸著：「南無阿彌陀佛……」一直撥一直唸，唸好一段時間你再問他：「會不會念佛？」他回說：「你看，我就這樣：南無阿彌陀佛！我會唸了。」你就告訴他：「原來你不會念佛。」再把《觀經》下品下生那一段經文告訴他：「你心裡要想著佛，才叫作念佛。」他終於開始想著佛在那邊唸。過了一段時間又問他：「你會不會念佛？」他又說：「會啊！我現在一面唸佛也一面想著佛。」你說：「你原來不會念佛。」就這樣每一次都教他一點，他說會念佛了，你又說他不會念佛；這樣讓他一直轉進，轉進到體究念佛來，這也是你度眾的方便。那麼你這位道友，未來世逃不出你的五指山，他就是你的徒弟，因爲你這一世在法上跟他結這麼深的緣了。

所以念佛這個法門還眞是三根普被，我們正覺從來就是教念佛，不曾貶抑過念佛法門。我們剛開始弘法時，有人讀到《禪—悟前與悟後》，就說我們是貶抑念佛法門，後來有師兄說：「正覺在一九九三年就出了《無相念佛》，隨後又出了《念佛三昧修學次第》，你都不知道，我們什麼時候貶抑了念佛法門？」終於閉嘴。這是題外話，這樣看來念佛深而且廣，因爲要具足了知確實不容易。那麼依這樣來看，誰是具足了知念佛法門的人？（有人答話，聽不清楚。）對啊！就那麼一個字，要大聲講出來，就是「佛」。因爲能具足念佛內涵的人就是諸佛如來，怎麼可以說念佛法門太淺了？所以自從我們正覺弘法來到現在二十幾年，如今沒有人敢說念佛法門是最淺的，因爲我們講了很多深的部分。

接下來：「舍利弗！若人成就如是念者，欲轉四天下地、隨意能轉，亦能降伏百千億魔；況蔽無明，從虛誑緣起無決定相？」唸完這一小段，一定有人在想：「這一段經文說，成就這樣念佛之念的人想要運轉四天下大地，隨著自己的意思都能把它運轉，我就看看您蕭老師怎麼轉四天下地。」腦筋動得快的人一定會想到這一點。那諸位想一想自己：「假使換了我某某某上來講經，這一小段經文我該怎麼講？」好像不容易講，其實忒容易，只要幾句話就結了。你就說：「這裡面都是密意，不可以公開講。」這不就結了？現在一定有人好奇：「我看您怎麼講。」

那我們先從事相上來說，當你證得這一種念佛境界而起了這種念佛的淨念時，你是有資格去當鐵輪王的。因爲你已經在上品十善位內了，有資格當鐵輪王。如果有資格當鐵輪王，這鐵輪一來你要去巡視一大部洲，譬如巡視南閻浮提洲，不管要去哪裡，那個地方大地都會先動起來，這不就運轉了嗎？假使你已經具足十迴向位了，可以當金輪王；當上金輪王時要動四天下地有什麼難？沒問題吧？所以你要去東勝神洲、西牛賀洲、南閻浮提、北俱盧洲，隨意可去啊，動四天下地不是難事啊！

可是問題來了，世尊這個開示講的是這種表相的話嗎？當然不可能，因爲這是了義經。那一定有人現在想：「既然是這樣，那您怎麼轉四天下地？四天下地又在哪裡？」其實諸位身上各各都有四天下地，東勝神洲、西牛賀洲、南閻浮提、北俱盧洲，有沒有？有啊！這時一定有人想：「那還不簡單，我每天都在轉四天下地。可是我又不懂這個念佛到底是什麼？」因爲還沒有觸證到第八識「無名相法」，所以這一段經文就講不通了，一定有人產生這個疑惑；可是我告訴你沒有疑惑，因爲這個轉四天下地你沒有眞懂。

例如打了好幾次禪三，終於拿到金剛寶印回家了，老媽問你說：「欸！你這回拿到金剛寶印了沒有？」你說：「有，拿到了！」媽媽說：「拿來看看，我好想看。」你就拿出來：「在這裡！」媽媽可能一巴掌把你手掌打腫了說：「這混小子！回家來耍我。」然後過一會兒問：「餓了吧？我下碗麵給你。」因爲回到家晚了：「好！老媽下碗麵來吧。」吃起麵來就像日本人那樣吃，好順暢，也不會燙著。麵就是這樣吃，才不會燙著；中國人吃得那麼斯文、那麼文雅，舌頭都會燙著，在日本不管男女吃麵都是這樣吸著吃的。這老媽說：「你今天吃麵這麼粗魯。」你說：「媽！不然，我今天才算懂得吃麵。」老媽很奇怪說：「欸！這傻小子打個禪三回來出糗了，怎麼說現在才懂得吃麵。難道以前都不會？從小吃到大欸！」你就跟老媽講：「媽！以前我還眞不懂得吃麵，現在才眞懂得吃麵。」老媽當然要問你：「爲什麼你這樣說？」你就告訴她：「因爲吃麵裡面的道理太深太深了！一般人都是稀里呼嚕亂吃一通，我這個吃麵大有佛法，連阿羅漢都不懂。」老媽這麼一聽：「啊！眞稀有欸！連阿羅漢都不懂。兒子，那你現在證量比阿羅漢高？」你說：「亦高亦不高，因爲目前的解脫道不如阿羅漢，然而實相智慧是阿羅漢之所不及。」那老媽又會說：「你這混小子！今天跟我打啞謎。」你說：「媽！您就別管這麼多，這正法千載難逢，您趕快去學就對了，以後我們就可以講知心話，現在沒辦法跟您講啊！」

禪宗裡面就是這麼回事，所以有人來見禪師問佛法大意，禪師說：「喫茶去。」喫了茶回來，禪師問：「會不會喝茶？」他說：「會啊！」「那你怎麼喝？」「拿起杯子來就喝。」禪師說：「原來你不會喝茶。」道理是一樣的。我告訴你，我這麼一轉，動轉了東勝神洲；我再這麼一轉，動轉了西牛賀洲；你們也轉轉看：怎麼叫作轉了東勝神洲、轉了西牛賀洲。你要眞懂得轉，才能叫作眞的轉它；沒有懂得，就眞的不是轉它。就好像機器在那邊轉時，機器懂得轉嗎？不懂。需要人有智慧，才懂得機器是怎麼轉的。聽到這裡，大失所望，是不是？沒有？那你們對我還眞寬厚。

這就是說，當你把這個「無名相法」通達了——至少你得要觸證，就懂一分如何轉四天下地。通達了，就知道運轉四天下地時是怎麼樣才能叫通達，而不只是皮毛。因爲剛拿到金剛寶印時，我講的是禪宗祖師的印證，那個「轉四天下地」都只是皮毛；可是在我們同修會裡面不能這樣子，因爲悟了以後得要有大用，要能夠作棟梁，所以轉四天下地的道理，得要深入去體驗，最後我才會給你金剛寶印；到那個時節誰要搶都搶不走，這就是你眞實的受用處。到這個時節你就能認同說：「佛講的眞沒錯：『若人成就如是念者，欲轉四天下地、隨意能轉。』」當你隨意能轉時，「亦能降伏百千億魔」，不管是什麼魔來都一樣，都可以降伏他們。

其實天魔若親自來了，你看到自在天主或者魔天天主，一看也是「無名相法」，你就說：「可惜你不懂！」他才剛剛來到你面前，都還沒有開口、還沒有作什麼手腳，你就對他撂下這句話。他一聽：「我都還沒有動口，他跟我撂下這一句話來，到底是什麼意思？」他聽不懂！當他聽不懂時就會恭敬你。人之所以會看輕別人，就是因爲知己不知彼——知道自己而不知道對方，才會去看輕人家。可是天魔來到你面前，不管他化現的是溫文儒雅或者窮凶極惡，你這麼一句話丟給他，他一聽就知道：「這個人出語不凡！」不是凡夫講的當然出語不凡，他覺得你說話之中有文章，是他不懂的；於是本來想動手腳的，這時倒要請問你了，不動手腳了。那你就跟他談這個「無名相法」：「為什麼你天魔也是『無名相法』。」他聽完了以後，走來走去瞧不出來：「我哪有『無名相法』？」這時他得被你降伏了。

天魔是很勢利眼的人，他很懂得進退；當你不懂時，他就步步進逼；當你所說的法他不懂時，他就從你這邊挖寶。他很聰明，否則憑什麼當天魔？不是單單有大福德就能當得上。那這時天魔不就被降伏了嗎？你心裡應當很高興，但不要形之於外，只要心裡高興就好。為什麼高興？因為你未來世出來弘法，如果他因緣熟了來當你的徒弟，就是個天大的護法，你說好不好？當然好啊，但不要形之於言色，要不露痕跡。這時教你要有城府了，不要讓他覺得你很高興度他，讓他覺得：「這法太深，求不可得，我非要努力求到不行。」那你就慢慢教他，先給他一點甜頭嚐嚐。聽到聞所未聞法，得到甜頭了，到後來你說：「我不能一直跟你講下去，你先歸依三寶再說。因為這個法是連阿羅漢都不給的，何況你還不是三寶弟子。」他只好先歸依，即使去歸依一個凡夫僧都行，總要讓他先歸依。歸依完了再繼續慢慢教他，那你未來世弘法什麼資源都不缺，因為他是個大福德的人，這樣你就降伏天魔了。

天魔之外還有鬼神魔，可以如法炮製。那鬼神魔窮凶極惡來了，就指著他說：「原來你也是『無名相法』，原來你本來就解脫啊！」他這一聽到了就說：「欸！我也是『無名相法』，那我也是本來就解脫。」你要特地強調這個「本來解脫」喔！你對他跟對天魔要不一樣，因爲鬼神壽命也是很長，不容易脫離；他們很想脫離回來人間，那這時聽到這個「本來解脫」，他可有興趣了，一定會問起你來：「如何是解脫？」那你就先從理上爲他說明：「解脫有二乘的解脫，也有大乘的解脫，我剛剛說你本來解脫，那個層次太高太深太妙，你現在聽不懂，先爲你說二乘解脫。」你就這樣子賣關子給他，這「本來解脫」就是不跟他講，一天到晚只跟他講二乘解脫。這就是要讓他常常來、常常聽你說法，未來世成爲你最忠心的徒弟，沒啥不好。你不要說：「那是鬼神。」我告訴你：「他未來世來到人間還會是鬼神嗎？」當然不是。

那你就告訴他：「『本來解脫』你聽不懂，爲你說二乘解脫；但是二乘解脫你一樣聽不懂，要從最淺的學起。」所以你就先告訴他說：「《阿含經》有這麼說：修學解脫的人首先得要學『施論、戒論、生天之論』。」你想這些要講多久？讓他每天都來聽你說法，但不要每次爲他講太久，只要一個鐘頭就好，讓他多來幾趟。「施論、戒論、生天之論」終於講完，那是好幾月後的事了。有沒有人有異議？你要是懷疑，看看《優婆塞戒經》裡面怎麼講布施、怎麼講持戒的？「生天之論」從欲界定、未到地定、初禪開始，可以講到非非想定，那要講多久？

終於世界悉檀說完了，接著告訴他「欲爲不淨」是爲什麼不淨，「上漏爲患」爲什麼成患，「出要爲上」爲什麼連無色界都要出離？終於全部講完了，你才告訴他要斷我見、斷三縛結；然後就爲他講「五陰十八界」；「五陰十八界」夠你講上很久了，然後才講「涅槃如來藏」。〈正覺總持咒〉這兩句講完時，他才終於懂得：「喔！原來我『本來解脫』是這樣，但我如何是『本來解脫』的事，要怎麼樣證明呢？」他會提出要求，那你就說：「你好好當我的徒弟，每天來學，我慢慢教你。」這樣有沒有違犯同修會的規矩？沒有！我們規定的是不可以在外面開課度人，但你若是度鬼度神都沒關係，我們不禁止。

度鬼神可以，可是證悟這一著你不能動手，因爲你沒有辦法觀察到他在法上的因緣如何，要由佛菩薩來決定。那你就說：「你親證本來涅槃的事情，得要去禪三道場才行。」他一定抗議：「你可以去，我又沒辦法報名，怎麼去？」你就告訴他：「沒問題的，我報名護三，我去時你就跟著我去，我會幫你求韋陀菩薩讓你進去道場參加，至於能不能親證，那就由韋陀菩薩決定，或是由佛決定，我能作的就到這裡。你的福德資糧夠不夠支持你證悟，那是佛菩薩來決定的。」這不就得了？有鬼神界的弟子也不賴，因爲未來世你出來弘法時，那幽冥界的事情他會幫你處理，都不用擔心那部分的事情。

你們看我有沒有爲鬼神界的麻煩去作什麼事？都沒有啊！我不需要作，因爲有往世的那一類弟子們會幫我處理，他們處理不了的才需要勞動到韋陀菩薩。所以你們不要聽到說那是鬼神就排斥，什麼樣的有情都應該要度；他自己找上門來，不度白不度，你度了就是你未來世的有力護法。那麼這樣子鬼神魔你不是也降伏了嗎？天魔、鬼神魔、五陰魔……，這五陰魔，當你能有這樣的念佛境界，起了這個「念佛」的正念時，五陰早就排除了，五陰魔是無法奈何你的；因爲你要到這個境界之前早把五陰魔給降伏了，否則到不了這個境界的。

剩下一個是煩惱魔。什麼煩惱？這又牽涉到我一開始講的轉依了；假使你眞的有這樣憶佛的念、這樣來念佛時，都是依於法界的實際來念佛——你轉依於自心如來「無名相法」、「無分別法」異熟識來念佛時，煩惱現前，你用「**無名相法**」的眞如法性來對治，就是從根本上加以對治，不是普通的那一種對治法了；這已經遠遠超過五停心觀的對治層次，所以你用眞如轉依來看待所生起的煩惱時，煩惱也就消除了。在眞如面前、在成佛之道已經正式踏出去時，煩惱不算什麼了！所以這個煩惱魔你也把它降伏了。

這四大魔都降伏了，其他的百千億魔還在你眼裡嗎？假使魔天又有哪些魔子魔孫來到你面前，依樣畫葫蘆告訴他們；他們如果不服氣，你就說：「**你們不用再不服氣了，回去天上問問你們的天主；不管他叫天魔波旬或什麼名號，去問你們的天主去，他自然會告訴你們，我懶得跟你講啦！**」人家說擒賊先擒王，擒魔當然要先擒魔王，你連魔王都擒住收作徒弟了，那魔子魔孫讓他去度就行了！你甭費神。因爲如果今天來幾個魔子，明天又來幾個魔孫，每天都來一大堆，你可忙死了，哪還有時間度眾生？那就留給天魔度，因爲天魔的眷屬習氣很嚴重，你可不要搶他的眷屬，這樣他未來世歡歡喜喜帶了一大堆眷屬來到你座下，你要辦什麼事情都行。所以你只要度天魔就好，不要度那一些魔子魔孫，就告訴他們：「**你們回去問天主，他很有智慧**

自然會指導你們。」這樣你也省力氣，天魔也歡喜：「我這個師父沒有搶我的眷屬。」兩廂無事，皆大歡喜，那你未來世弟子眾多，有什麼不好？

所以你只要能夠降伏四魔，就能降伏「百千億魔」，那都不是問題。何況是「蔽無明」？無明很偉大，大法師們都說無明無法打破，所以每天白日裡意氣風發的樣子，安板以後心情鬱悶到不行，都因為無明太廣大了，他們自知根本無法打破。世尊這裡卻說是「蔽無明」。「蔽」是遮蔽的意思，佛說：「何況那遮蔽智慧的無明，是從虛誑緣起而沒有決定相。」那你連四魔都降伏了，已把天魔度來當你的徒弟，五陰魔也抓來當徒弟，煩惱魔也抓來當徒弟；都轉煩惱成佛事了，不正是你的徒弟嗎？那連鬼神魔也抓來作徒弟，這時再來看無明時，無明還眞是「蹩」，對你沒用了。

就算你很老很老，跑步慢到不得了，簡直像年輕人在快走一樣，那無明也跑不贏你，因為被你掌控住了。只要你破參了，你來看無明；兩種無明：一念無明、無始無明。好啦，你說一念無明我早把它踩在地下了，什麼時候我發了狠把它砍了。如果無明會說話，一念無明問你說：「請問你什麼時候要砍死我？」你說：「還早咧！你放心，最快也要等到彌勒尊佛下生成佛時，如果我懈怠一點的話等到過一大阿僧祇劫再過一半，我再砍死你。我準備入地才會砍你，現在還早，你放心啦，和平共存。」那有人說：「欸，那一念無明容易砍，無始無明很難了吧？因爲這是無始就有的無明，你要怎麼砍它，我找都找不到它在哪裡。」你說：「無始無明也是早就踩在腳下了，有什麼難砍的。現在我的無始無明一直都在洩氣，因爲我早把它戳破了。」

這無始無明不也一樣被你降伏了嗎？眞是破敝的無明，既破又敝，有何難哉？那人家問說：「爲什麼大家都無法打破無明？大法師們少小出家到老，如今八、九十歲都無可奈何，你爲什麼能夠把它打破？不但打破而且一腳踩一個，你眞厲害，那你也爲我開示、開示吧！」你就用 佛的話告訴他說：「無明都是破敝的，從虛誑緣起，沒有決定相。」想想看，無明是不是從虛誑的因緣而生起的？例如一念無明總共有四個住地無明，都是因爲對於五陰、十八界的生滅本質不瞭解；再加上不理解五陰、十八界滅後成爲無餘涅槃時，依舊有一個本際常住不壞，所以無餘涅槃不是斷滅空；對這兩個層面不理解，才成就了一念無明，因此無法斷三縛結、證初果。

那也許有人又想：「嘿！我知道這個道理，因爲我讀過正覺的書，可是爲什麼還無法證初果呢？」那你就告訴他：「因爲你的次法還修不夠，要先在次法上努力修學；不但如此，還有一個很重要的部分，就是對於五蘊和十八界的內涵你沒有具足瞭解；對於四聖諦、八正道的實質內涵你也沒有具足瞭解，對於『我生已盡、梵行已立、所作已辦』，你都沒有具足瞭解，所以無法斷三縛結。」那麼當你跟他解釋完了，再來一念反觀，一念無明的本質不就是虛誑緣起的嗎？所謂的一念無明就是因爲對二乘解脫道不理解。而二乘解脫道所要斷的內涵就是五陰、十八界的自我執著，就是對五陰、十八界執著的煩惱無法斷除；而這五陰、十八界是從虛誑的因緣生起的，那這個五陰、十八界執著三界愛的煩惱當然也是虛誑緣起，因爲是依於三界中的五陰、十八界而生起的！那這個無明豈不就成爲生滅法？當然可滅。既然這無明可滅而你已經把它踩在腳下，它不正是「破無明」嗎？難道還要尊稱它是「尊無明」嗎？

一念無明如是，同樣的道理，無始無明自無始劫來就籠罩著眾生，如今你證得「無名相法」如來藏了，從如來藏來看時，你已經瞭解實相法界的內涵是什麼；這時你來看二乘聖者所入的無餘涅槃，你說：「原來無餘涅槃也就是如來藏獨住。」以前無有人講過無餘涅槃裡面就是如來藏，而我們講了，當年就有人說我們是邪魔外道；如今大家都瞭解原來無餘涅槃裡面是如來藏，不是斷滅空，對無餘涅槃就不再那麼害怕，終於接受了。這時從實相法界來看二乘的涅槃，就知道自己現在就是本來解脫、本來涅槃。所以有人來求：「師父啊！我想得解脫。」有沒有這類事情？有啊！僧璨大師不是反問了嗎：「誰縛汝？」其他的祖師也一樣：「誰綁著你？你本來就解脫啊！」這就是說無始無明你已經打破了，剩下就是裡面那一些微細的無明，以後該怎麼樣一一收拾的時間問題。所以無始無明有沒有很厲害？也沒有，同樣是「蔽無明」，那這時你可以大庭廣眾說：「不論一念無明，不論無始無明，都是『蔽無明』，對我來說不算啥。」這就是建立正法。今天講到這裡。

今天下雨到處堵車。《佛藏經》上週講到十三頁第七行最下面「況蔽無明，從虛誑緣起」，關於「蔽無明，從虛誑緣起」，在這裡要再作一個簡單的補充。「蔽無明」不論是哪一種，或是無始無明、或是一念無明，其實都緣於對「我」與「法」的不如理作意產生了虛妄想，因此錯認虛妄的我或者虛妄的法爲常住不壞法，錯認作眞實我與我所，因此就會有「蔽無明」。這無明確實該說是「蔽」，因爲這個「蔽」有兩個意涵：一個是說它其實是令人輕視的東西，所以稱爲蔽，因爲它會遮蔽人們的智慧；另一個是說它遮蔽眾生的解脫光明實相，是光明的遮障，所以叫作「蔽無明」。

不論解脫道中相應的一念無明，或者是佛菩提道中所應該斷除的無始無明，其實都是從眞實我的錯會而產生的；因爲對眞實我的錯會所以接著輾轉發生的種種法，也就跟著錯會，認爲那都是心外之法；不知道其實覺知心之所觸知、所了別的諸法，全都緣於自心如來藏直接間接或輾轉出生的，於是誤以爲確實有外法被自己覺知心所觸知、所了別。那麼開始修行以後，或者爲求解脫或者爲了想要證得實相，但因爲福德、知見、定力、性障等方面的不足而產生了遮障，因此對於眞實我或者對於自心如來所生的種種法產生了錯會，就落入無明之中。

那麼這些無明我們二十幾年來也講了很多，這裡就不再細說，但我要指出的關鍵是說：無明之所以會發生，主要還是在對我與法的錯會。如何是錯會的我呢？這有一個前提，就是眾生所認爲的五陰、十八界我，或是想像另有一個我是永恆的、常住的、不變異的；既然是如此，那麼這個我就應該超脫於三界流轉生死的五陰假我之上，否則都不外於五陰這個假我。在這上面誤會了，錯把五陰中的全部，例如宗喀巴跟假藏傳佛教的四大派，他們是把五陰全部認作眞實我，雙身法才可以成立；或者如許多大法師們錯把有念的覺知心或者離念的覺知心當作是眞實我；或者猶如釋印順一樣把覺知心的直覺功能當作是眞實我，所以他建立了細意識作爲萬法的主體。這一些人全都落在五陰之內，或者五陰所含攝的諸法之內，從來不外於五陰。

那麼這樣衍生出來的種種法，乃至於所謂的佛法眞如，例如印順說的「滅相眞如」也是虛妄法，仍是依於他的意識心思惟，而由他的自心如來中產生出來的。如此對我與法的錯誤認知，把其中錯誤的我、錯誤的法認作是眞實法，或者執著爲眞實我；以此緣故無明就跟著開始產生作用，使他既不能解脫於生死又無法打破無始無明——不能觸證實相法界；所以這都是無明。但這些無明都是藉著意識心的虛妄想而產生，然而意識心和所擁有的無明，卻都是經由這個虛誑的緣起緣滅的五陰而發生；無明如果離開了眾生的意識心也就不存在了，但意識心卻是因緣所生法，所以無明當然是從虛誑諸法之中藉緣而生起的。因此世尊開示說：「**這個蔽無明，是虛誑緣起。**」

那麼無明究竟有什麼「**決定相**」？無明其實沒有決定相。某一些人在某部分的無明特別深重，而某一些人在另一個部分的無明又特別深重，各不相同。所以外道們所提出的眞實我或者眞實法的主張，可以說是千奇百怪、莫衷一是。那麼在《阿含經》中歸結所有的無明不外乎常見與斷見兩種，但經由常見與斷見演化就有了許多種的無明，歸類起來大約是六十二種，這六十二種如果再加以衍生最多不超過九十六種，才會有六十二外道見、九十六種外道見。但其實都是植因於對眞我與眞實法的錯會才會有無明。

而這種錯會是無始以來就一直存在的，即使是解脫道所斷的三界愛煩惱，在大乘法中區分爲四種住地無明，合稱一念無明，其實也是無始的，不單是對實相無知的無明稱爲無始無明，若論本質也得要函蓋在無始無明中。無始無明的立名只是爲了要跟解脫道相應的一念無明作區分，所以方便立名爲無始。其實眾生在解脫道中相應的無明也是本來就存在，也是無始以來就在；如果這一念無明不是無始以來一直都在，那眾生們早解脫生死了，就應該有無量無邊的眾生一生下來就是慧解脫乘願再來，可是沒看到很多眾生生下來都是慧解脫再來的人。所以這一念無明——在解脫道中說的三縛結、五個下分結和五個上分結，其實也是無始而有；但是相對於極難打破、極難斷盡的對實相法界的無知，這解脫道相應的無明其實是很容易斷除的。而這一念無明較之於對實相法界無知的無明，這就太微小了，所以就把它建立為一念無明。

這裡特地要強調說，只要有一個清淨念在心裡想著：「**我已經解脫了。**」即使他證得滅盡定後，心中還有「**我已經解脫了**」這一念存在，他就不得出三界，這麼一念就稱為解脫道中說的「**我慢**」。所以有的人證滅盡定還無法成就慧解脫、俱解脫，還不如慧解脫的阿羅漢，因為他還有這個我慢；而這個我慢畢竟只是一念而已，卻使他無法眞的成為阿羅漢，空有滅盡定而不得出生死。那麼在這方面特別來強調，也把它建立為「**一念無明**」。

至於對實相的無明就是無始無明，關於對實相無知的無明，其實就是對於我以及對法的錯會，而不了知一切有情與諸法全部來自於本識如來藏。而這個無明很難斷除，所以把它叫作無始無明。那麼個人的無明偏重於哪個部分各不相同，所以無明「**無決定相**」。因此有時　佛陀告訴某某比丘說：「**你不能得阿羅漢是因為貪欲未盡。**」於是他去斷了貪欲，隨即成為阿羅漢；有時告訴某比丘說：「你因為瞋恚重，所以不能成阿羅漢。」於是他去斷了瞋恚，就成阿羅漢。這意思是說，即使是很容易實證的解脫道中，無明也有各自不同偏重的狀況，沒有「決定相」。

那麼在佛菩提道中無明的狀況也是一樣，所以有的人修菩薩道要很久，《菩薩瓔珞本業經》裡面還講過無數劫前的舍利弗、淨目天子、法才王子，他們無量劫前也曾經證悟明心，但沒有善知識攝受，所以心中生疑退轉了，之後無惡不造下墮三塗。所以我要說的是在同修會之外，斷我見證初果之後，接著再明心，這是不得了的事情，因為至今沒看見誰不學正覺的法而可以達到；可是在我們同修會中這眞的不算啥，因為明心以後都還可能退轉；有的人不只是表相上退轉而形諸於外，內心也已經退轉，是裡外俱退；但有的人在表相上沒有退轉，內心其實已經退轉了。這個說法以前沒聽過吧？有喔！

這是怎麼說的？譬如證悟之前努力護持正法，感動善知識幫忙所以開悟明心了，但是明心以後心想：「我也開悟了，那我可以為自己或者為我的家人來作點事。」開悟這件事情可以拿來作很多事，所以就開始籌謀，因此作了不該作的事，對正法產生了傷害，這是很嚴重的惡業。最麻煩的是，作了大惡業以後還不覺得是什麼惡業，覺得那沒什麼。但你從表面上看來他還是在正法中，還是在推廣、還在弘揚正法。那爲什麼能說他退轉？因爲他危害正法的大惡業沒有滅除，這一世捨壽後要到哪裡去呢？去了那裡領受不可愛的異熟果報之後一切皆失，這是 世尊早就開示過的，這是最嚴重的事。

若是輕微的，例如有人想：「我從正覺出來，以前我在正覺證悟了，人家都知道，那我作生意時不老實，人家也不知道，所以人家託我買一臺電冰箱，我用半新的給他，」不講半舊，半新好聽一點，「我想他不知道吧！」也許是開一家設計裝潢公司，他想：「我用一些次等的材料來施工，但我報最高級材料的價錢，人家不會知道，根本就不會想到我會這樣作，因爲我在正覺中證悟了，誰都不會懷疑的，哪有那麼倒楣碰巧給人家知道的？」可沒想到過一段時間人家知道了，也知道他弄了舊貨給人家，可是他不知道人家已經知道他作了這些事，他還繼續在正覺裡面待著，這樣可不可以？不可以喔？

但他會想：「可以啊！我在正覺裡面又沒有幹壞事，是在外面幹的。除非有人舉證我，否則我還是可以繼續幹下去。」爲什麼你們都搖頭？可是有人認爲這個事情也可以幹啊！「幹了以後人家也不知道我退轉，可是實質上我自己知道是退轉了。」應該這樣認定。假使我這麼幹，實質上是退轉了，因爲我沒有轉依眞如；沒轉依眞如就是退轉，即使嘴上說的眞如還跟正法完全一樣，但那還是叫作退轉。

所以退轉與不退轉，不單單是在知見或見地上面說，從實質上來講，當他作了這件事情顯示他不是轉依眞如，就是實質上退轉。那實質上退轉了，如果聰明，這一世趕緊彌補，把這個業滅掉，然後該懺悔就懺悔，看是要對首懺或者要對眾懺，都要趕快去作。當然這種事情不是對首懺可以解決的，因爲這是十重戒的範圍。那麼這樣一來，「表面上我還在同修會裡面，我繼續在增上班上課，我認爲人家都不知道。」但其實人家都知道了，只是他不知道人家都知道了。也有這個情形。有這種事的人，要趕快去滅除掉，後不復作。不管以前幹了幾件，都得一一去處理掉，不要留到未來世去受報；因爲到未來世去受，那可不是世間人感恩時說的：「我來世作牛作馬回報你。」我告訴你，作牛作馬很多劫也回報不完啦！

以前不是有個居士跟人家借了一勺鹽嗎？那一勺鹽後來他忘了還，過了好久以後突然在定中看見，原來往後的果報將會變成一大座鹽山得還人家；那還只是一勺鹽，古德也說竊盜罪，如果超過五錢就算犯重。古時的五錢相當於現在新臺幣或者人民幣怎麼算？「五錢犯重」，如果以現在來講我想五萬、十萬元就應該是犯重了吧？那未來世還，從惡道回來人間之後也不是幾劫能還得完的，那眞的不好玩。假使我作了這種事情，就表示我沒有轉依眞如；沒有轉依眞如，我就是沒有開悟的人，因爲是退轉了；以前有開悟，現在見地還是一樣的，可是實質上退轉了。

所以無明到底應該怎麼說才算是眞的滅了？有一個原則，就是看轉依有沒有成功。在解脫道中斷三縛結的內涵如實觀行過了，但是爲什麼很多人仍然不得初果解脫？因爲那觀行的結果對他來講只是一個知識，他沒有如實轉依所觀行的斷三縛結內涵，只是知見上面瞭解而已。同樣的，大乘法中是不是眞的開悟也要看轉依，如果知道如來藏以後沒有轉依如來藏的眞如法性，還是以五陰這個自我私心來運作，表示這個人沒有開悟；開悟的內涵對他來說只是一種知見，簡單的說就是佛法中的學問，他就不是實證者。因此無明的這種法相，以前我不把它提出來講，因爲時機不恰當；今天講到「無明」是「從虛誑緣起」，是沒有「決定相」的，正好來說這個。

所以無明的狀態表現出來時，有非常多項不同種類，看表相是不準確的。因此今天談這個比較特殊的無明，也就是說後來退轉了，退轉就表示這個無明重新生起了，而原來所悟的內涵就變成他的知識；他無法轉依於眞如時就是落在無明中，會有這樣的變化，所以無明眞的沒有「決定相」，看表相都不準確。所以你如果看到某師兄在增上班，可是他不一定強過你；也許遠遜於你，因爲你也許再三年、五年證悟以後，一定會轉依成功，可是他很早以前證悟了現在還沒有轉依成功，那不是比你差很多嗎？寧可悟晚一點，悟了就是能轉依成功；不要早早悟了然後退轉，表相上有個開悟的模樣，其實遠不如一個還沒有證悟的人。

那麼這樣子在社會上流傳的結果也會破壞了正覺的名聲，其實是他個人的事情，但是人家會說：「這樣也叫作開悟？我看正覺那個開悟甭提了。」就變成壞法的人了；這樣一來是不是有了破壞正法弘傳的嫌疑？一定有這個嫌疑。所以頭上有個光環時就要小心，不要再用私心來對待眾生。如果經營生意逐什一之利，你就逐什一之利，不要輕秤小斗，一次就要賺一半，這樣才能說悟後轉依成功了，才是眞悟。

不說別的，說咱們賣書吧；咱們的書很少有一個字成爲一行的，書中文字擠得滿滿的，而且法義又勝妙，可是所有賣佛法書籍的出版社，沒有人賣我們這麼便宜的。我們能賣很便宜是因爲找幾家印刷廠競標，第一個部分的成本就先壓下來；第二個部分我個人不領版稅的，有時作帳領了還是捐出來。我們的書調價以前（二〇一五年十二月三十一號之前），《金剛經宗通》、《實相經宗通》那麼好的內容，一本兩百元；那麼好的內容，書中的內容又非常多，三百多頁才賣兩百元，外面出版社早就大喊虧死了。我們是後來才調整的，也得要調整，因爲有的書店說賣你們正智的書賺不了幾個錢，你想，他們有的一本賣一百四十元，能賺多少錢？我們幾乎是賠錢在賣的。我們給總經銷等於四五折，因爲給總經銷打五折後我們還要負擔百分之五稅金。可是書店想：這麼便宜，《狂密與眞密》那時一本那麼厚才賣一百四十元，書架上占那麼寬的空間；這使書店賣得不太情願，所以我們調了價，也還是所有佛法出版社中最便宜的。那爲什麼我們要這樣作？因爲不是用私心在作事，目的只是爲了把法廣傳。我們不能把這些書都印成結緣書，否則因爲經費太大，同修會早就關門了。

而且結緣書還有一個缺點——會被某一些人拿去環保回收。在大陸也有這個情況，所以我們後來把結緣書也定價，定很便宜的價錢，就是印刷的成本價加上運費；我印出來一本成本是多少，你要來索取這書，就用這個錢來買；密宗假藏傳佛教的人如果要環保回收，我就印很多給他們去回收，反正我不賠錢，就採用這個辦法。所以印書目的是爲了利樂眾生，不是爲了賺錢；因爲我們不用私心來作事，這背後代表的意思就是轉依眞如成功；因爲眞如無所得，這一世給你賺得全世界也是五陰所有，而你的眞如並沒有所得；可是五陰會壞，大不了幾十年五陰壞了，這全世界就不是你的了。所以有時看到一些新聞報導：那身價幾十億的人，竟然還要去掏空公司的資產，把公司弄到虧損；也許虧損半個資本額、一個資本額，可是他個人的財富暴增。有沒有這種事？有啊！好在那大部分是外道幹的事，不是佛教徒。當然，佛教徒也有，只是比較少，還好。

這就是說，無明「無決定相」，因爲它是「虛誑緣起」。既然是「虛誑緣起」，而緣起中會有萬般的差別，所以在個人身上顯示出來的無明就跟著有萬般差別，有智慧的人可以把它作一個分析與歸納。最後 世尊告訴我們，無明歸納成兩種，一個是無始無明，是大乘菩薩之所應斷；另一個是一念無明，又名四住地無明，是二乘修行者之所應斷，所以無明沒有「決定相」。在臺灣佛門中的無明還眞多，例如以前大家都被釋印順籠罩，他說：「世尊示現在人間之前，外道之中就有如來的傳說，所以後來大乘說的如來，其實是與外道見合流。」他講這話的意思是爲啥？爲了要表達一個意思：「『佛』也只是阿羅漢，『如來』是外道法，所以大乘法講的不是釋迦如來的聖教。」

首先，他這個說法有問題，因爲他認爲「這不是如來聖教」，但他爲什麼不說這不是「釋迦羅漢聖教」？既然 釋迦牟尼被稱爲如來而不是只被稱爲阿羅漢，就表示有實質上的差異。所以印順這個人自己說話出了岔都還不知道，依照他這個邏輯就有個問題出現了，我也寫在書裏面，不但他回答不了，至今他的門徒們也沒有一個人能回答。因爲 世尊出現在人間之前，有許多外道們自稱證得阿羅漢，迦葉三兄弟，例如優樓頻螺迦葉……等人，都是最有名的例子，他們都自稱是阿羅漢；然後 佛來人間弘揚佛法，度了很多人成阿羅漢，那是不是 佛度的那些後來眞的成爲阿羅漢弟子們，同樣也是外道？因爲阿羅漢也是外道法，是 如來在人間出現之前就有很多外道自稱阿羅漢，這是同一個邏輯。他說「如來」是 世尊出現在人間之前的外道中就在流傳的，所以大乘經典所說成佛的「如來之道」是外道法；那同樣的邏輯，阿羅漢這個名稱或者果位，在 世尊示現於人間之前就已經流傳很久了，當代也有很多的外道自稱是阿羅漢，但他們後來被 佛度了成爲眞的阿羅漢，應該也是和外道見合流了。

我的意思是說，世尊出現在人間之前，外道流傳的那一些如來都不是如來，然後 世尊出世以後所教導的大乘法才是眞實的如來。這表示印順不但有佛法中說的無明，還有世間邏輯上的無明，因爲是同樣的邏輯。這一些事例在《阿含經》中都存在著，所以「如來」如果像印順說的是外道法，那阿羅漢也是 世尊出現人間之前就在外道法中廣爲流傳的，現在佛門中說的阿羅漢就應該也是外道法，那你釋印順要不要承認這一點？那些繼承釋印順、自稱是門徒、自稱是繼承者的人，也應該要出來澄清吧？可是至今也沒看見誰出來澄清。他們寧可抱著那個很沉重、會令人下墜很快、既臭又重的石頭，願意在捨壽之後沉淪，但他們到現在都還不知道自己的無明有多麼深重。

所以無明的範圍非常廣袤，在我們弘法之前，大家都住在無明中而沒有一個人知道什麼叫作無明；大家都住在如來藏裡面都說不知道如來藏在哪裡，還否定說「**沒有如來藏**」。就好像有一首很有名的偈說「**廬山煙雨浙江潮**」一樣，末法時代的佛門大法師們都一樣，正是住在廬山裡面而不知道廬山煙雨的美，因爲被全面籠罩了；只有一個辦法，就是有人突然間把他拉了出來看看：「**你看廬山這煙雨多麼美啊！**」否則他一天到晚抱怨：「**又是霧又是雨，路好滑，生活多麼不便。**」就像那些畜生一樣，牠們看見人們坐著車子、開著車子，坐在餐桌上吃美食，牠們願不願意當人？沒有哪一條狗不願意當人，牠們只是當不了；可是牠們的如來藏還是在，假使牠們聽懂咱們說的話，就抱怨：「**我一天到晚住在如來藏裡面，都是如來藏害我的，所以我逃不開，老是要當狗。**」牠們如果聽懂我的開示，一定會這樣抱怨。

可是牠們不能抱怨誰，只能抱怨過去世的自己，都因爲無明導致現在這一世的狀況。而那一些大法師們老是悟不了，也不能怨誰，他們根本就不應該怪罪自己的如來藏，因爲如來藏只是回饋給他們而已；是把往世他們丟給如來藏收藏無明種子或無明隨眠，在轉到下一世再還給他們。往世邪見不斷地熏習，善知識告訴他們說這是錯誤的，什麼才是正確的，他們偏不接受，於是他丟給了如來藏這些無明內涵熏習的種子，就在這一世由如來藏繼續反饋給他們，所以他們只能怪自己。所以說，無明在佛教界顯現出來的其實夠多了，在外道中當然更多，因此說無明「無決定相」。這些無明遍在三界六道眾生之中，包括天主、上帝一樣是無明的代表；所以無明有種種相，沒有一個「決定相」。

接著說：「是法如是無相無戲論，無生無滅，不可說，不可分別，無闇無明；」這個「無名相法」、「無分別法」，也就是每一個有情各個都有的「內識」如來藏，這個法就像是前面所說的這樣「無相無戲論」。無相是說祂非色所以無相，有色之法就一定有相，但祂無形無色，不能夠說祂像什麼。我們正覺的第一梯次禪三，是在正覺成立之前很多年就已經辦了，當時有位師姊從慈濟過來的，後來又轉回慈濟去了，她那時說：「老師！我找到眞如了！」我說：「妳找到什麼？告訴我。」她說：「我看到一個圓圓的、透明的，就是眞如。」我說：「妳見鬼了。」好在她沒有問我：「原來鬼長這個模樣。」眞如無形無相，怎麼還會是個圓圓的？圓圓的就是有相了。

無色之法就不可能有相，無相的法必定也是無戲論的法，所以你不可能跟自己的眞如開玩笑說：「老兄！多謝你喔！讓你照顧幾十年。」然後回過頭來又說：「說老實話，其實你照顧我也是應該的。」我告訴你，不能這樣跟祂戲論，爲什麼呢？因爲縱使你說「我偏要這樣跟祂開玩笑」，可是祂不接受，於是這個戲論又回到你身上來。爲何祂不接受？因爲祂聽不見。你用寫的祂也看不見，你想要用搖的給祂知道，祂也沒有觸覺，所以你怎麼樣開玩笑祂都不知道，因此「無戲論」，當然不會回應你，所以說祂「無戲論」。

有相的法才會有戲論，譬如數論外道講有一個冥性；冥性因爲不可知，所以叫作冥性；說它能出生我們的覺知心，也能出生我們的五大……等，然後才有有情，但他們講的次第本身就錯了。就好像《新約》、《舊約》講上帝創造世間和人類的次第也是錯誤，根本違背物理學的定理。回頭來說，這一種外道說到最後的根源是個不可知的冥性，既不可知，你如何證實你說的是正確的？這是必須要面對的，是眼前就得面對的課題，誰都逃不掉的。提出一個理論來時，這個理論必須要可以再三再四反覆驗證，先要證實可以如此，才可以說你這個立論是正確的；否則所建立的任何理論都是錯誤的，都是想像之法，那就是戲論；而這種戲論是由誰來建立？由人類很聰明的意識來建立。那意識有沒有相？有！長什麼相？長什麼模樣？圓的、方的或者三角形？意識是心當然沒有這個形色之相，可是意識有運作過程產生的各種法相；總而言之，就是了別相。

意識生來就是要了別的，所以睡到早上身體不累了，意識一出現就開始了別；有沒有誰意識出現以後說：「我不知道這個是青、紅、赤、白，我不知道我現在醒了。」有沒有人這樣？沒有吧？如果有人硬要說：「死人啊！」可是問題是死人有意識嗎？沒有的。所以意識生起一定會有了別之相，經由了別的緣故就有種種戲論出現；所以有相的心才會有戲論，無相的心永遠不會有戲論。任何一個實證如來藏的人都會發覺，如來藏不在六塵中了別；既然不在六塵中了別，就不會有戲論。如來藏不了別六塵就應該沒有了別性了吧？不！祂還有了別性，所以祂才會叫作識——叫作異熟識、阿賴耶識。識就是了別。祂既然有了別性，為什麼不了別六塵？那祂了別什麼？了別六塵以外的事情，這就是如來藏之所以名為異熟識、阿賴耶識的原因；因為祂是心，心不可能像無情全無了別，所以祂叫作識；只是祂所了別的不在六塵之中，因此祂永絕戲論。

諸位想一想，不論哪一種戲論，一定都在六塵境界中，離開六塵就沒有戲論存在。要是有人覺得好奇說：「那不然我好好來觀察看看，給我三天時間、給我七天時間，我好好觀察；如果我觀察出來有哪一種戲論不在六塵中，眞的是戲論，我下週來跟您蕭老師抗議。」我可以接受。假使有誰眞的能找到一種戲論是在六塵境界外的，我公開拜他爲師。因爲我找不到一個師父可以找到哪一種戲論是在六塵之外的，但是我也可以同時作一個授記：莫說七天，七大劫後也沒有誰能夠找到六塵外的哪一種戲論。

因爲戲論一定是有境界法，有境界法的都不離六塵。說句不客氣的話，到了二禪等至位就已經沒有世間法中的戲論了，但仍然是三乘菩提中的戲論，因爲還離不開定境中的法塵。初禪等至位還可以了知人家在講戲論，二禪等至位連別人講的戲論也都接觸不到了，何況是六塵之外會有戲論。因爲二禪等至位還有定境中的法塵，都已經沒有世間法中的戲論，如果連法塵都離了，哪來的戲論？別以爲我這是講大話，我講的這些話，將來還要整理在書中廣爲流通，而且還要流傳到未來世去；但我知道沒有人可以推翻我說的這些話，因爲這是法界中的事實。

所以只要有意根的法相、有意識的法相，就一定是在六塵境界中。既然在六塵中就有六塵中運作時產生的各種了別相，細分下來就有貪瞋癡慢疑等無量相，這樣的心就是有量的心，而這樣的心一定會跟戲論相應。會跟戲論相應的心到底好不好？啊？不好？有沒有人說好？有！這邊也有。你爲什麼說不好？這個會與戲論相應的心就像一劍二刃，這一把劍，凡夫眾生是拿來砍自己的法身慧命，但菩薩拿在手裡就用來砍無明。說老實話，如果沒有這個會跟戲論相應的意識與意根，你想要斷無明將永不可得，因爲只有這個能與戲論相應的意識、意根才有辦法學習，才懂得如何解脫，才懂得如何實修佛菩提道，最後成佛還是要這個心成佛，所以不要聽說「**這個是有戲論的心，要把祂打死**」，你就相信；打死有戲論的意識心你就悟不了，將來也成不了佛。要否定意識的常住性，說祂非我、非常、有生滅，但要用祂作爲修行的工具。

所以學佛而非學二乘菩提解脫道的人，腦袋中不要有「打死」這兩個字，要有另外一個字叫作「轉化」；所以外面很多毀謗我的人，我都不想要打死他們，我想的是要轉化他們。過去曾經毀謗我很嚴重的人，我也都不放在心裡面，而有因緣遇到了跟我懺悔，我也都是當場接受；接受了以後我沒有壞處，我不接受他的懺悔，我也沒有好處。我若不接受他的懺悔反而有壞處，因爲這個敵人永遠就是敵人；那我接受他的懺悔轉化了他以後，他投入正法中不但消失了一個敵人，還多了一個道友。甚至於將來他可能幫我荷擔如來家業，這有什麼不好？爲什麼要去記恨說：「**你以前罵我罵到這麼嚴重，你給我記住。**」我從來不記這個，很多世以來就是從來不記。只要人家有一念之善，改了惡行，那就是無上善法，將來要成爲我們會裡的無上善人，所以沒有不接受的道理；接受了，他的戲論就止息，就會投入正法中。可是不管他是懺悔或者毀謗，其實都是與戲論相應的意識心；懺悔之後修行，也是與這個戲論相應的意識心。

而這個與戲論相應的心，不是要把祂斬斷，不是要把祂否定掉，而是要知道祂的生滅性，要轉變祂而用祂作工具，來證得另一個無相的、無戲論的第八識心。再也不要像正覺弘法之前那些大法師們說的：要把這個有戲論的意識心變成無戲論的眞如心。把這個能了知的覺知心變成無戲論時，他那一張臉孔就會變成道教廟前兩扇大門畫的尉遲恭的面相，就成爲很嚴肅而死板地監督著鬼神一樣。如果修行人也像這樣，人家會說他是撲克臉孔。撲克牌那一張老K臉孔，你會看到笑容嗎？都不會，那麼他就跟眾生無緣，難得有幾個眾生願意跟他修學。

所以法主假使宅心仁厚，就有許多人願意死心塌地一直跟隨下去；可是有的禪師很苛刻，完全不講人情，這弟子犯了錯，他才一回來知道了，當場把弟子的僧衣扒了，把弟子的戒牒燒了趕出寺外；禪師也不管那個時節是隆冬嚴寒大雪滿地，也不管那是正在夜晚時，就這樣把他趕出去；那你想他能夠好好的具足荷擔如來家業？不能！因爲他的門庭人丁不旺。那他爲什麼這樣？因爲他的戲論心很嚴重，他沒有辦法完全像眞如那樣含容，所以弟子一犯錯就嚴厲處理。古時在叢林裡犯錯，處置都很嚴厲，想要遇到像玄奘那樣、像溈山那樣、像大慧宗杲那樣溫溫柔柔不打人、不罵人，難得啊！如果有一次被罵了，心裡要覺得很慶幸：「好難得！我終於被罵了。」可是那一種很嚴格執行叢林規矩的禪師，他們一生度不了多少人；正是因爲他們很嚴格執行規矩絕不通融，只要一點點小錯就處置嚴重，表示他們把叢林規矩一條一條都背得很清楚，有什麼過失立刻就處理，不通人情。

這背後代表著他的戲論心還很重，他不考慮正法是否需要很多人來共同承擔，他只考慮這個規矩，於是他全部都是嚴厲處置，大家見了他都是畏首畏尾，這就表示他心裡面其實戲論是很嚴重的，所以闔寺上上下下大大小小一切事情他統統要親自管，沒有人敢私自作主，這就是他的戲論心。所以戲論有不同的層面，很少人瞭解這個道理，都說這個人不跟你戲論。但我告訴你，他這樣一絲不苟作得很過火，其實正是戲論。可是有多少人知道？那我們依於眞如來看待一切事情時，就不要去計較小事，小事只要能夠改過就讓它過去，沒有過不去的事，那如果不改，不改就繼續追蹤著拿個細竹枝不斷地鞭策他，改了就放過，應該如此。所以戲論的狀態是有很多種的，只是大家不知道而已。

話說回來，《妙雲集》、《華雨集》中〈遊心法海六十年〉，到他死時遊心法海七十年是不是戲論？全都是戲論。因為言不及義！但這還是從世間的層面來說他是戲論；要是從了義的第一義諦如來藏自心境界來說，我今天講了一個多鐘頭也是戲論，都是戲論，是從第一義諦來看時的戲論。我的如來藏不聽我說這一些法，你們的如來藏也不聽我說的這一些法；因為對如來藏自己的境界來說這全部是戲論，這個層次所講的戲論才是這一句聖教中說的「無戲論」。所以「無戲論」是要從這裡來講的，我即將出版的《法華經講義》共有二十五輯，如果從自己的如來藏來看也全部是戲論，《成唯識論》也是戲論，《佛藏經》也是戲論。沒有什麼不是戲論，從自心如來的境界來看待一切聖教時全部都是戲論。並且如來藏中連這個「無戲論」都不存在，這樣說的「無戲論」才是 世尊告訴我們的「是法如是無相無戲論」的道理。

《大般若經》最精要的兩百多字就是《心經》，《心經》中有說哪一個法存在？諸位很快速的在心中回想一下，《心經》中有說到哪一個法是實際上存在的？對！沒有一個法存在，這才是「無戲論」的自心境界，這就是如來藏異熟識自身的境界。《般若經》甚至告訴你，實相境界中無佛無法無僧；為什麼連三寶都不存在？因為祂的境界中不認知有佛法僧。也許有人覺得奇怪：「那祂到底是認知了什麼法？」我就反問：「請問你，當你面對鏡子時，那個鏡子認知了什麼法？」它有沒有認知說：「某甲來了，我趕快變某甲的模樣給他看；某甲的臉往右轉，我要跟著往右；某甲往左轉，我要跟著往左；某甲離開了，我就把某甲變不見了。」就如同鏡子，祂沒有這樣想，祂只是如實映現給你，但祂都不作某甲想，更不會有某甲忽左忽右、來了去了之想，祂心中都無一法。

所以《大品般若》六百卷講了什麼？首先告訴你眞如，說如來藏這個眞如法性究竟是如何；那你有了智慧以後，還告訴你：連這個智慧都要遣除掉，沒有智慧了，連智慧都不存在。禪師就是體會到這個道理，所以才會說：「泯然自盡。」一切法都滅盡。但不是他覺知心滅了一切法，而是他所認知的實相境界中沒有一切法；那他轉依眞如滅一切法之後，心中無物，於是他日子過得很自在。陶淵明「採菊東籬下，悠然見南山」，他覺得是悠然自在；如果突然來了一個人擋住不讓他見，他還悠然自在嗎？都不自在了！但如來藏，你擋也好、不擋也好，對祂都無所謂，才是眞的自在，因爲祂連一法都不存在。

要這樣才有資格提出一個論點來說：「我一法不立。」諸佛若不是依眞如來講一法不立，那是不能成立的。所以有一個外道主張「一法不立」來詰難世尊：「我一法不立，你瞿曇講一堆的法，你不如我。」世尊就問他：「那麼請問你，『一法不立』這個法，你立不立？」外道只好張口結舌，因爲他已建立了「一法不立」的法，可是他根本不知道眞正「一法不立」境界是什麼。如來早就傳給諸弟子了，而他只看表相：「如來一天到晚在說法，講那麼多的法不辛苦嗎？我一法不立就解脫了。」其實他的「一法不立」是意識思惟，是落在意識裡面的「一法不立」，還是立了，他何曾知道「一法不立」的境界。所以如來藏中無一法可得，無一法可得時當然是「無戲論」之法。爲什麼能「無戲論」？因爲祂無相，不落於六塵等一切法相中，這樣的「無名相法」、「無分別法」的境界「無相無戲論」，這種法才能是「無生無滅」。

想想看，能夠有了知相、有貪瞋癡慢疑等無量相的心，有沒有人能夠找出誰有這種心而是「無生無滅」的？絕對找不到。「無生無滅」的心一定不像覺知心那樣了知諸法。凡是有人主張「有一個法是無生無滅的，但是能了知諸法」，那你就知道他連基礎佛法都不懂；因爲他那句話是自相矛盾的，「無生無滅」的一定是離六塵境界的，否則不可能離開戲論；既然不離六塵境界就會與戲論相應，就一定有生有滅。五蘊、十八界不離「無生無滅」的心，與「無名相法」同時同處；但是了知境界、了知種種六塵，全都是五陰、十八界的事，與「無名相法」、「無分別法」第八識不同，千萬不要混淆了。

但是混淆的現象自古已然，只是於二十年前爲烈，現在已沒那麼嚴重了，因爲我們弘法二十幾年了。「無生無滅」之法只有接受熏習，自己不是能熏之法，能熏的一定是見分七轉識；造作業行的是見分七轉識，聽聞佛法、聽聞世間法而熏習的，這個能熏的心一定都是七轉識；這七轉識造作善行惡行無記行之後，落謝的種子還是在如來藏裡面，因爲覺知心不曾外於如來藏，所以這些種子都在如來藏裡面，那如來藏就是受熏的法，受熏的法有一個特性就是「無生無滅」。

受熏的心必須是堅固而常住、永不毀壞，才能成爲受熏然後持種的心。而且必須是無記性的，才不會選擇業種，能夠一體收存，所以受熏持種的心一定離見聞覺知，一定「無生無滅」。祂所持有的一切種子都是由能熏的七轉識熏習來給祂，所以祂是被熏的；因爲是被熏的，所以上一世在忉利天唱歌的緊那羅，這一世來到人間就當歌星；上一世在忉利天當乾闥婆，這一世來到人間當音樂家。音樂家比歌星高級一點，畢竟有個「家」，但其實終究還是「家」，要仰望菩薩——就是要仰望諸位，有四個字可以形容，叫作「難望項背」。即使你現在還在進階班，他們想要看見你的背都看不見，就別說想要看到你們的項，因爲你一開口他們都聽不懂。

所以有時吃飯打開電視新聞報導來看，報導說又有某某歌星來了、某某影星來了，那一些年輕人好迷啊！不但如此，竟然還有師奶殺手，六、七十歲的師奶還去迷一個二十歲的郎當小夥子，你看她們多麼無明！這個念起來時就想，她們多麼無明；這時還沒有語言文字出現，緊接著下一個念說：「眾生本來就這樣吧！」所以就接受了，終究沒有搖頭，不然是要搖頭的。像眾生這樣子要仰望諸位的背部一定看不見的，不要說看你的頸項。但是我們學了這個法，看到他們這種無明的模樣，不應該起嘲笑之心，應該有憐憫心。

所以有時出門辦事情，所看見的大多數是比丘尼們；比丘比較少見，因爲人數少，但心中總是有一點憐憫。可是我今天看見一個喇嘛，心中沒有憐憫，我起了一個作意——喇嘛們好愚癡。爲什麼我沒有憐憫？因爲我們已經講快二十年了，說明密宗假藏傳佛教是有問題的，問題也都講清楚了，而他們終究沒有捨離邪法。那他們爲何如此？就是因爲對「無生無滅」的道理完全迷惑不解，才會產生這種狀況。迷惑不解的原因有兩個：一個是自己太自負，又經由自己的邪思惟去產生的；另一個部分就有一點值得憐憫，也是末法時代大多數佛弟子的可憐憫處，就是因緣不好遇到了邪師作了邪教導；而他們看那密宗假藏傳佛教的大師們道場那麼大，徒眾那麼多，他信受了；沒想到被誤導，就值得憐憫。

所以我們必須不斷地把「無生無滅」的道理加以解說，說一遍他們不信，就說兩遍；說二十遍不信，就說兩百遍；說久了讓他們聽慣了，他們就想：「現在好像大家都這麼說，應該是對的。」因爲一般學佛人就是這樣，當大家都這麼說，他就認爲對。如果只有一個正覺這麼說，那就不對。而現在大陸還有不少大法師依舊是這樣：「你們正覺講的都跟人家不一樣，所以這個蕭平實的書不能讀。」這表示他們對我的書沒有讀過幾本，最多只有一本、二本。如果他們把我的書讀上二十本，我相信他們就不會這麼講了；因爲他們讀久了以後就會被我洗腦成功，我就把他們心中的邪見都洗掉，換了正見給他們，以後就不會再這麼講。所以說「無生無滅」的道理一定離見聞覺知，這個道理我們要從各個不同的層面，也要從各個不同的深度、廣度去演說，當很多人都讀過、都熏習好了，只有極少數人不信時，於正法就無大礙，那麼正法久住就可以期待。

話說回來，這個「無分別法」第八識因爲是「無名相」的心，所以「不可說，不可分別」，你要怎麼說明這個法？你說了眞如人家聽不懂；大家都聽不懂，禪師就發明了「莫邪劍」的說法，「莫邪劍」聽了也不懂，又說是「本來面目」，聽了也不懂，那就本地風光、石上無根樹、銀山鐵壁、海底泥牛銜月走⋯⋯，講了一大堆，可是誰聽懂？有人又來問：「那諸佛的這個本際到底是什麼？」乾脆告訴他：「胡餅！」啊？胡餅就是如來喔？於是從這個公案就衍生出很多拈提，這個禪師聽了又答了另外一句，那個禪師聽了又答另外一句，結果一個胡餅扯出好多東西來。如果又來問到我：「那如何是胡餅？」我就答：「紅花。」「如何是紅花？」「綠葉。」你看就這麼扯下去，沒完沒了。

可是禪師們講出來的都對，爲什麼大家都聽不懂？於是有的禪和子就來探究這個問題：「既然是胡餅，爲何會有這麼多的說法？」就問禪師，禪師答覆說：「那就是胡餅啊！你能壓出什麼汁來？」他眞的也把胡餅講了：胡餅就是如來。「爲什麼胡餅是如來？那我吃胡餅不就是吃如來嗎？」「對啊！你是吃如來，可是吃了等於沒吃。」怪不怪？不怪！因爲這就是「無名相法」，這時要借一貫道的前人那一句話來說：一理通萬理徹；隨你運用。以前是聽來聽去，聽到最後就是七顛八倒；再去問禪師時，禪師罵你「七花八裂」，叫你不許用腦袋，否則管保腦袋七花八裂；可是不用腦袋又怎麼參禪，到這裡可就很難。

但是這個「無名相法」等你問禪師時，某甲禪師這麼說，某乙那麼說，某丙又那麼說，單單一個胡餅有很多的公案；最後一個禪師乾脆罵你說：「胡餅壓什麼汁？」你們買水果還可以壓汁，胡餅壓得出汁來嗎？這禪師夠老婆，指示了兼帶罵人，叫他不要依文解義。所以你看這個「無名相法」到底好不好說？你要爲祂立個名還眞難，可是等你悟了以後隨便爲祂立名都對，甚至於乾掉的大便也可以拿來爲祂立名；人家來問：「如何是佛？」雲門不是說了嗎：「乾屎橛。」所以如果有哪個人或哪個大師某一天來拜訪我，我拉著他的手散步去；看到路上狗屎乾掉了，他剛好問：「如何是佛？」我就指著狗屎給他看，他一定滿腹狐疑：「我問如何是佛，是問如來藏，怎麼跟我指著乾掉的狗大便？」一夜不得好睡，明天又來問：「我昨天這麼問，您爲什麼指著乾掉的大便，說那就是佛？」我就告訴他：「豈不聞雲門曰：乾屎橛。」讓他回去再疑著，有疑才有機會，沒有疑就沒有機會悟入。那你想，到底這個「無名相法」好不好說？眞的不好說。所以禪師家每一句話都有爲人處，可是講來講去都不一樣，爲什麼都不一樣？「不可說」。

可是禪師們就因爲這個「不可說」就全部都不說嗎？也不行。既然要荷擔如來家業，就得要幫助弟子眾在因緣成熟時證悟。所以禪師一天到晚指桑罵槐——指著桑樹罵槐樹；也就是說，他總是用言外之音來告訴你這個「不可說」的；不論你怎麼說，說出來的都不是如來藏，所以世尊在這裡說「不可說」。那「不可說」另一個含意是什麼？是不可以告訴人家。對吧？不可說就是不可以講；所以當徒弟問了十年還悟不了，告長假了。告長假就是要去參訪別的善知識，不依止這個老師了，因爲他想：「我這個師父手頭很儉，不肯放手給我，我要去參訪別的善知識。」那告辭之前總是要問一下：「我去諸方見了善知識，當人家問到說師父您的禪風，那我應該怎麼回答才不會辱沒了師門？」師父就說：「你過來。」弟子走近前，就把他耳朵拉著輕輕跟他講：「不可以跟人家講。」就把他推出去了。這不就是具體的「不可說」嗎？禪應當如是會。只要這一招會了，這《佛藏經》裡面講的你也就會通了。你們因爲「不可說」，所以禪師們才得要裝神弄鬼，才得要神頭鬼臉。你們去打禪三時有沒有發覺一件事？我是一個很好的演員，那公案裡的事情我都活靈活現演出來，有誰演得比我更好？如果哪天誰要拍玄奘大師傳、要拍溈山大師傳，我就來演。可是話說回來，其實根本不必我來演，隨便抓一個來演、最不會演的都能演得活靈活現。爲何我這麼講？因爲即使他非常非常不會演，只要隨便演來都能活靈活現；你也許想：「他怎麼可能演得像玄奘、像溈山靈祐？」那我可要說了，汝喚哪個作「玄奘」？汝又喚哪個作「溈山靈祐」？今天講到這裡。

《佛藏經》上週講到十三頁倒數第七行，今天要從最後一句開始講：「不可分別，無闇無明；」這還是繼續在講什麼是「念佛」？什麼是「善知識、惡知識」？最後會講，眞正的佛法中沒有善知識、惡知識可言。那麼前三週說什麼叫作念佛，這兩週說：能夠這樣念佛的人，可以轉動四天下大地，也能降魔；就把原因說明了，這「蔽無明」是從虛誑的緣而生起的，「無決定相」。最後說明爲什麼是如此呢？是因爲這個法——也就是「無名相法」如來藏——「無相無戲論，無生無滅，不可說」。

如果有人告訴你說：「你不用去打禪三，禪三悟的內容我直接告訴你。」你聽到他這麼講，他這話都還沒講完，你該摀住耳朵趕快就跑，千萬別聽他瞎說。一則他告訴你時，其實講出來的已經不是如來藏了；不論怎麼說，他說出來的都不是如來藏了！那他偏偏告訴你說「可以直接告訴你」，世尊卻告訴你說「不可說」，那究竟要信哪個？當然要信 世尊講的；因爲你是佛弟子，不是他的弟子。如果他姓張、姓蕭、姓王，那你應該這麼想：「如果我是王弟子、張弟子，蕭弟子，那我就聽他講的，他講的就對。」那如果你是佛弟子，就要聽佛講的，不該聽他講的。所以如果他再從背後抓住你、不放你：「你一定要聽我講，我是爲你好。」你就告訴他：「我是佛弟子，不是你的弟子。」然後轉頭就走。

二者，你聽他講了以後一定變成解悟，不是眞正體驗過來的人，轉依不會成功。轉依不成功就不會有證悟的功德受用，然後去告訴人家說「我開悟了」，實質上依舊是凡夫一個，那就是大妄語業。這事不好玩，眞的不好玩。

爲什麼聽來的—縱使聽到的是眞實的、是正確的—依舊不是開悟？我舉個例給諸位聽，我們早期都用奉送的，凡是最後一天參不出來的人，一起叫到小參室來明講；我打個岔：其實這很不公平，前面人家參出來的是那麼辛苦，而他們直接就聽明講的。所以我這人當時作人不公平，是要改正，壞習慣。

話說回來，開悟並不是知道答案叫作開悟，我們不斷地強調悟了要能夠轉依，把自己給捨了，自己的立場都不要再有，都滅掉，然後依如來藏的立場來看待一切事，說：「**我該怎麼修道，我怎麼利樂有情，如何來護持正教，不以私心來作。**」這才是轉依成功！可是很多時候我都沒有時間把爲什麼轉依不成功的道理說出來，也就是說，爲什麼他聽到眞如的答案以後依舊無法轉依成功，依舊不是證悟者？原因就是沒有參究的過程。有整個完整的參究過程，他轉依才能成功，才叫眞正開悟者。如果沒有這個完整的參究過程，爲什麼不能轉依成功？因爲他知道眞如的密意了，可是他的我見還在。這樣知道那個道理了嗎？（有人答：知道。）

眞的知道？不見得，爲什麼呢？因爲在參禪的過程之中不斷地要被主三和尚、監香老師打回票，你們都經歷過。不斷地被監香老師打回票，那麼打回票好不好？（大眾答：好！）對！有智慧。打回票是好的，但這個道理要講給諸位聽，不然也許今天第一次聽我講經時會想：「哼！你用這個手段曚人，明明就是刁難吧，什麼打回票是好的？」但我告訴諸位眞的要打回票。只有一種人不用打回票，就是說你生來就是蕭平實，被人家打回票時，乾脆自己把過去悟的內容找回來，否則就是要打回票。打回票重參的過程是很辛苦的，監香老師們也很辛苦；因爲監香老師看到被打回票的人愁眉苦臉，他們心裡也很悶，很想直接告訴你，特別是第一次、第二次去當監香的老師；如果去過很多遍，習慣了就無所謂。雖然雙方都苦，但還是要打回票，這個原因要說給諸位聽。

禪三起三時先殺我見，我拿了大砍刀加上切魚刀，大刀、小刀都上場砍了，問你們諸位時，你們都說：「斷了，已經斷我見了！」等到進小參室一報告，原來還落在五陰裡面，那到底有沒有眞的斷？沒有啊！有的人我見可不是藕斷絲連，他是藕根都還沒斷，不要說絲還連著。因爲一講出來就是很完整的五陰，我見一直都具足分明，只好一次又一次打回票，打到第二天傍晚他老兄生氣了：「監香老師刁難我。」來跟我告狀，說他明明開悟了；我就開個特例，到主三小參室去，一聽他報告，我說：「你喔！換了我不但打回票，我還要奉送好幾棍給你，因爲你這個正是五陰。你的五陰太完整了，我說你要不是五陰太完整，也不會來我這兒告監香老師的狀。」結果他就像洩了氣的皮球一樣，這時才知道自己理不直氣不壯，告狀時還告得理直氣壯。

這意思是說，每打一次回票，他落在五陰而不知不覺的部分，就跟著滅掉一部分，是每打一次回票就滅掉一部分；在起三時殺我見說斷了、三縛結都斷了，可是其實利根的人少，鈍根的人多，至少得要中根的人才能眞的斷了！雖然我講到那麼微細，其實還有很多人各在某些部分還沒有斷，得要再三再四打回票，不斷地去參；結果參出來還在五陰裡面，這也是五陰、那也是五陰，這也是五陰、那也是五陰，不斷打回票以後才知道，原來這也是五陰。經過幾次禪三不斷打回票之後，終於五陰全部死透，那時他找到如來藏再也不會懷疑了。

如果當下就送給他，假使他的我見還在時是不會接受的，嘴巴裡跟你說：「是啊！對啊！這個對啊！這就是眞如。」拿到印證以後回家了就不認帳，又回到五陰去了，當然轉依不能成功。所以我說假使有人要告訴你這個

「無名相法」就是什麼，你甭聽，預防被他所害，摀住耳朵趕快就走！以後如果他還硬拉著你要講，你就告訴他：「你是忘八。」他問你：「爲什麼罵我？」你就解釋啊：「你看，人有八德：忠孝仁愛信義和平。佛陀明明教導『不可說』，你硬要跟我說，那你對佛陀忠不忠？孝不孝？你身爲佛弟子，當初三歸後，菩薩戒也受了，那你硬要害我，仁不仁？你對我有沒有愛心啊？有沒有信？你心是不是和？夠不夠平？你這個人根本不講道義，你不是忘八又是什麼？」

講給他聽啊，好叫他臉上一陣紅一陣青，最後慘白回去懺悔。應該如此，那他再也不會害人，你也不至於被害。有那個習慣的人會不斷去害人，因爲他落在「我」裡面，一直要炫耀：「你看，我是開悟的，我是開悟的。」開悟了值得炫耀？值得炫耀就表示他的我見具足存在。所以在外頭沒有人問我開悟了沒？因爲我絕口不談佛法，不需要去跟人炫耀；也因爲悟了是無我，既是人無我也是法無我，兩邊都無我，還談什麼「我開悟了」？還自己弄了一頂高帽子戴起來；表示他我見具在，我見沒有死就不可能轉依成功。所以一定要自己參究。佛既然說「不可說」，悟了就不要明說。那你講經說法不得不說時，就旁敲側擊別害人，因爲事實上講出來的也不過是言語而已，難道講出來的可以是如來藏嗎？如果講出來的可以是如來藏，《心經》要改了，再也不能說「**不增不減**」了！

諸位想想看，每辦一次禪三，我在主三小參室裡面講幾遍如來藏的內涵，假使我講出來的就是如來藏，那每講一次就多一個如來藏，不是嗎？但顯然沒有增多，如來藏哪有多出來？法界中的如來藏是定數，永遠不會增加、永遠不會減少。所以即使我幫你們印證了，講出來的那個也不是如來藏，而是你要去體會我講的，體會到你自己的眞心，所以說出來的不算數。那不斷去給監香老師殺啊、砍啊！打斷的胳膊痊癒以後反而比以前還要強壯，但也不會叫你們「打落門牙和血吞」，不會的，不流血也不會掉牙；老實說也沒有牙可掉，因爲祂老到不知道怎麼老，祂從來就沒有牙齒，從哪裡掉起？

「**不可說**」就是說，你如何轉依成功這才是重要的。往往起三時殺我見、砍了三縛結，覺得自己全部斷盡了，所以大家很有把握：確實斷三縛結了！可沒想到進小參室講出來的還是五陰裡的法，有人落到色陰、有人落到受想行識，都有。也許你說：「**哪有可能落到色陰裡面？**」怎麼沒有？我上週才講有個慈濟來的師姊說她開悟了，是找到眞如圓圓的。請問，圓圓的是不是色陰？一定是色陰，不然怎麼可以看到它圓圓的，這不就是色陰？落到色塵裡面。什麼樣的奇怪事兒都有的。所以參禪要自己參，別寄望人家明講，明講是害你。我也公開懺悔過很多遍，我這一世沒有師承，弘法時往世的那一些種子也還沒全部回來，所以我用明講的，算是害了很多人，也公開懺悔過很多遍；今晚再懺悔一遍，老是自曝其醜，希望以後不會再有人被害。

那麼 世尊吩咐「不可說」，有兩層意涵，諸位大家都要懂：一方面，說出來的都不是，二方面，被人家明講了以後，智慧不會生起。因為一定會在「我」上面去用心，無法轉依成功，「我」眞的死不透。所以有的禪師出來弘法，還被罵；香嚴不是罵一個弟子嗎：「髑髏裡眼睛。」髑髏知道嗎？人死掉骨肉都爛光了，骨頭都分離，剩下一顆頭骨就是髑髏。髑髏裡應該什麼都沒有了，剩下骨頭而已，都變灰白了；沒想到香嚴罵人，說那個自稱證悟的人是「髑髏裡眼睛」——那眼眶裏還有眼睛滴溜溜地轉著。有人不明白又去問石霜禪師，石霜禪師點出來：「猶帶識在。」說他還落在識陰裡面。所以他的所見所知還帶著識陰中的法，表示他三縛結沒斷、我見還沒斷盡。因此禪宗才會說「毫釐有差，天地懸隔」，只差那麼一點點，可就是天地之別。

因此讓監香老師打回票是好的，應該要心存感恩：「我這部分還殘留的我見，監香老師又幫我砍掉了，這才是幫助。」所以「不可說」有這兩個層面，第一是說，講出來的已不是眞的；第二是要自己眞參實究親自體驗，一步一腳印走過來，再怎麼樣，打死你也忘不了。諸位別奇怪說：「欸！您蕭老師講這句話有語病吧？」我說：「沒有語病。」因爲我們早期拉出來的人，也派出來當老師了，後來也會退轉，竟然連當初他在禪三悟個什麼也都忘光了。你們信不信？別跟我搖頭，眞的要信，這是眞的。另外也有人，在我跟他明講了以後他記住了，他眞的沒有忘，只是沒有轉依成功，後來退回到「我」裡面去了，重新把五陰這個假我當作眞我，然後妄想這個假我有個離念靈知叫作眞如，可以出生阿賴耶識；但他還是沒有忘記阿賴耶識是哪個。可是竟然有人連阿賴耶識是哪個都忘記了，連如來藏是什麼都忘記了，荒唐不荒唐？荒唐啊！那我能怪他嗎？不能，而得要怪到我自己頭上來。

當初好心幫忙，結果我得要自己懺悔，這叫作好心沒好報，倒楣的還是我，還得收拾殘局。那現在事情越來越忙，誰要再出差錯，我說勞煩諸位老師們派幾位去幫忙他，我現在沒時間親自來幫忙，眞的忙不過來。我今天來講經都已經遲到五分鐘，所以我才進講堂時你們大家都站著在等我。因此現在更得要求大家一定要自己去參究。因此 佛說的「不可說」是如實語，而且是不二語，不可推翻的。

接下來講「不可分別」。「不可分別」從最粗淺的層面來說，當你遇到一般的學佛人或者遇到那一些假名大師們，你爲他們說明這「無名相法」眞如心有什麼樣的自性，你講了一堆又一堆，他們是一面聽一面點頭：「對啊！對啊！你說得好。」讚歎你；可是回到寺院他身邊最親近的弟子問他：「師父！那某某居士告訴您那一些法，到底是什麼意思？」結果他說：「我也聽不懂。」但他們就一直跟你點頭：是啊、對啊、你說得好啊！不然大法師的面子放哪裡去？不能讓人家知道自己聽不懂，聽不懂時也要點頭：「對啊！不錯！你講得太好了！」好在你沒有當場說：「那換你講講看。」也就是說你怎麼樣分別，他們怎麼樣錯會；他們一定聽不懂，除非他們找到了眞如這個「無名相法」，否則你怎麼說明他們就怎麼錯會。

這就好像下地不知上地境，道理是一樣的。就好像說十住滿心菩薩不斷在解說佛性是如何如何，已經明心的人聽了，他們會想：「對啊！應該就是這樣，就是這樣，就是這樣。」他們想的道理都通，但他們是用如來藏的眞如來理解十住菩薩所說的眼見佛性，只是十住菩薩怎麼說，他們就怎麼錯會。等到哪一天終於親自看見佛性時才說：「啊！原來以前都錯會佛性了！」可是道理講起來都通，怪不怪？眞的怪。而這個道理古來也沒人講過，但確實如此。

所以你證得「無名相法」而爲他解說了以後，你爲他作了很多很多的分別，結果他聽了還是一無所知。才會二個禪師在那邊說話很猖狂大聲，其聲如雷，結果侍者側耳都無所聞；侍者又不是聾子，怎麼會無所聞？因爲一句也聽不進去，都不曉得二位禪師說的是什麼意思。這就是說第一義諦這個實證標的，沒有辦法經由分別而讓人理解，必須要眞有實證。實證之前聽人家所說的去理解了之後，其實都有很多的誤會在裡面；所以善知識說法時有時這一句聽不懂，有時那一句聽不懂，把它寫下來等以後證悟了，想起來再取來讀一遍：「哈！原來這一句是這個意思，這好簡單，我怎麼當年都不懂？」但也不能怪誰，連怪自己都不行，因爲沒有實證時就是聽不懂，那實證以後不必解釋就懂了。

所以你跟同樣實證者隱覆密意在說明這些法時，旁邊的人再怎麼聽都聽不懂；所以從他們的立場來講，就說這個法「不可分別」。因爲他們一定會問你：「欸！你們兩位到底在說什麼？我聽這麼久都聽不懂。」你們兩位會告訴他說：「我們已經講得夠明白了，怎麼你還聽不懂？」這時也許他後腦勺一拍：「啊！我懂了，世尊說『是法……不可分別』，眞的不可分別。」他原來只是懂這個「不可分別」。

從另一個層面來講，這個「無名相法」第八識，不論你怎麼樣去把祂加以分別，對祂而言都不相干。世俗人如果有人談到，譬如「我家有女初長成」，婷婷玉立，那人家只看到妳這個女兒漂亮的外表，可是她心裡有好多好多的美德，妳即使不想把她嫁出去，希望留在身邊，可是又怕「留到最後留成仇」，還是得把她嫁了；可是人家看看說：「妳這女兒婷婷玉立，又那麼有氣質，高不可攀，咱們攀不起。我那個兒子，還是另外找個普通一點的女孩算了。」結果連一個人都沒來追求。養女兒養得太有氣質，有時就會是這樣；太漂亮太有氣質了，這時妳得要跟人家介紹了：「我這個女兒秉性多麼好，溫柔婉約，又是如何如何……」得要推銷她的內在美。那妳這樣推銷時，妳這女兒會怎麼說？「媽！您別講太多了，人家怎麼會相信您把我講得那麼好。」如果妳這個女兒才十三、四歲，妳一直讚歎：「我這個女兒多好多好……」她還年輕活潑，會這麼說：「媽！您講得太好了！」會跟妳回應吧，那表示妳這個女兒是可分別的。但如來藏這個法不論你怎麼讚歎祂，祂從來不回應，完全沒有回應。

我講如來藏，讚歎祂二十幾年了；往世就不談，單這一世講了二十幾年，而我的如來藏沒有回應過我一句話，或者說一舉手一投足或者鼓個掌，從來都沒有。那你說我對祂作了這二十幾年的分別，與祂看來都不相干。因爲都與祂不相干，所以說「不可分別」，你再怎麼分別都與祂無關！可是在世間，你如果讚歎誰、不斷地讚歎，他如果都不回應你，你還眞可以罵他：「你這個人眞不懂人情。」有資格罵他的。可是這如來藏不論你怎麼讚歎、怎麼分別說明祂的功德多麼偉大，對祂而言都不相干，「不可分別」。

你不斷地去分別說這個如來藏妙法是如何的妙，聽的人聽不懂，也叫作「不可分別」，所以聽善知識演說佛法聽懂了還不是眞懂，得要親證了才是眞懂。到這個時候你就知道這「無分別法」眞正「不可分別」。「不可分別」有一個現成的例子，世尊也爲我們說了「無闇無明」，「無闇無明」是離兩邊的法，世間人在世間不能離開兩邊。菩薩在五蘊的層面也仍然在闇與明兩邊中，雖說有了智慧就在明的一邊，但因爲菩薩同時住在實相法界中，所以還是「無闇無明」，所以我才說菩薩腳踏兩條船。那麼一切世間人學習工巧技藝語言、世間的技術，一定不離闇與明。古時拜師學藝，徒弟老學不會，師父是要敲他腦袋的，往腦袋瓜上面一敲就罵：「你這麼笨！」笨就是闇；如果終於學會一樣，師父滿心歡喜：「這麼笨的人終於學會一樣了。」他就很歡喜。

可是如果很聰明，學什麼都會的人，其中有一樣不會，這師父又罵人了：「你什麼都會，爲什麼這個不會？」又罵他笨，你看最聰明的人也被罵笨，而最笨的人有時也會被讚歎聰明，都是在兩邊。進了正覺來學法時有沒有兩邊？有啊！你這個五陰離不開兩邊的，所以上課時也許親教師講到最後，看到大家好像眼睛張得大大的沒有反應，親教師就問：「聽懂了沒有？」會問的，對不對？如果聽不懂就重新再講一遍，如果第二遍講完了再問，終於有一半的人懂了，親教師就很歡喜啊：「終於有一半的人離開無明，現在有智慧光明了！」所以一半一半作對比，有明有闇；其中一半的人，在之前是闇，現在是明。

明與闇是你意識學習任何諸法時都無法避開的兩邊，所以學不會叫作闇，學會了叫作明，明跟闇是相對的。闇就是沒有智慧光明，所以叫作無明，爲了打破無明才要到正覺來；那麼悟了以後是不是有明？有智慧了，當然就有光明。悟了以後有智慧、有光明，那不是跟這句聖教違背了嗎？「聖教說『無闇無明』啊！您蕭老師教我，結果現在還是有闇有明，不對吧？」到底對不對？這質疑眞的沒道理，因爲我教你的是腳踏兩條船的勝妙法，我不是要你把這現象界有闇有明的心去變成實相法界無闇無明的心；我不是要你悟了立刻入涅槃，我是要你悟了這個五蘊還在，可以爲眾生、爲正法作事，而無妨本來涅槃，這才是我的目的。

那一些大法師們往年都是要把這個覺知心從有闇有明變成眞如，但眞如「無闇無明」；若有闇有明的覺知心消失了，剩下無闇無明的眞如，那是不是他開悟了就只能住在無餘涅槃中，而他的五陰就永遠消失了？是應該如此的，因為依他們的邏輯是應該如此的，因為他們的妄心變成眞心了；妄心既然不在了，他就沒有意識、沒有眼耳鼻舌身識；這意識若是連同前五識及意根都永遠不在了，那就要變成無餘涅槃；可是偏偏他們各個活蹦亂跳，五陰都具足圓滿，想要改名叫作五蘊都不行。

這表示說，修行要懂得大前提。大前提是，你這個五陰要修行去求得智慧；有了智慧以後不再叫五陰，改叫五蘊。那你這個智慧從哪兒來的呢？是從你找到這個「無名相法」如來藏，現前觀照這如來藏「無闇無明」，而你這個五陰現在有智慧光明，遠離無始無明中一分黑暗，這五陰還是有闇有明啊！你還沒有斷盡的無始無明依舊是闇，已經斷盡的部分就是明；你五陰還是有闇有明，但是你所證得的如來藏依然和以前一樣「無闇無明」。

這表示你五陰繼續存在，改名叫作五蘊，因為沒有完全被五種法陰蓋。但是你找到的實相這個「無名相法」如來藏也同時存在，五蘊有闇有明，如來藏依前一樣「無闇無明」，這樣兩邊兼顧不違背聖教，而你五蘊有了功德受用，因為你的智慧開始生起了，這才是眞佛法。不要像往年那些大法師們老是要把這個覺知心修除妄念，說那樣是變成眞心。可是眞心離見聞覺知，他們的離念靈知是有知還是無知？有知嘛！才能叫作離念靈「知」啊！有知就是違背聖教的法，顯然是識陰六識所函蓋。

所以從這「無闇無明」四字扯出那些大法師來，那他們被我扯了出來到底是冤不冤？冤喔？啊？不冤？他們又沒來惹我，我把他們扯了出來怎麼不冤？眞的冤啊！你們認爲還是不冤？依舊不冤。你們說的也對，我說的也對；因爲我是從世間相來說他們夠冤的，你們是從法上來說他們不冤，因爲他們誤導眾生、未悟言悟，所以我把他們扯了出來並不冤。但不管冤或不冤，我要說的是他們以往的修行方法——所謂的禪宗的行門，就是要把妄心覺知心藉由修定的方法滅了妄想雜念，說離念的意識—識陰六個識—就是眞如；但是他們沒有想到這樣的眞如是違背聖教的。

可是一談到聖教他們各個閉口不言。好在有聖教在，否則我不止是孤掌難鳴，那是獨口難言啊！孤掌沒有辦法發出聲音，我一張嘴一直講出去也沒有用，因爲人家都會說：「那是你一個人講的，一家之言，不足爲信。」好在我講出來的不是一家之言，因爲從阿羅漢結集的《阿含經》、菩薩們結集的大乘經，以及菩薩們寫的論，一一拿來驗證，都證明我不是一家之言；最後把這些歸於一家，叫作釋迦如來聖教，於是他們大家只好閉嘴。

（未完，詳後續說。）

# 佛菩提二主要道次第概要表——二道並修，以外無別佛法

佛菩提道——大菩提道

十信位修集信心——一劫乃至一萬劫

資糧位

初住位修集布施功德（以財施爲主）。
二住位修集持戒功德。
三住位修集忍辱功德。
四住位修集精進功德。
五住位修集禪定功德。
六住位修集般若功德（熏習般若中觀及斷我見，加行位也）。

外門廣修六度萬行

遠波羅蜜多

七住位明心般若正觀現前，親證本來自性清淨涅槃。
八住位起於一切法現觀般若中道。漸除性障。
十住位眼見佛性，世界如幻觀成就。

一至十行位，於廣行六度萬行中，依般若中道慧，現觀陰處界猶如陽焰，至第十行滿心位，陽焰觀成就。

一至十迴向位熏習一切種智；修除性障，唯留最後一分思惑不斷。第十迴向滿心位成就菩薩道如夢觀。

內門廣修六度萬行

見道位

初地：第十迴向位滿心時，成就道種智一分（八識心王一一親證後，領受五法、三自性、七種第一義、七種性自性、二種無我法）復由勇發十無盡願，成通達位菩薩。復又永伏性障而不具斷，能證慧解脫而不取證，由大願故留惑潤生。此地主修法施波羅蜜多及百法明門。證「猶如鏡像」現觀，故滿初地心。

二地：初地功德滿足以後，再成就道種智一分而入二地；主修戒波羅蜜多及一切種智。滿心位成就「猶如光影」現觀，戒行自然清淨。

解脫道：二乘菩提

斷三縛結，成初果解脫

薄貪瞋癡，成二果解脫

斷五下分結，成三果解脫

入地前的四加行令煩惱障現行悉斷，成四果解脫，留惑潤生。分段生死已斷，煩惱障習氣種子開始斷除，兼斷無始無明上煩惱。

近波羅蜜多　　大波羅蜜多　　圓滿波羅蜜多

修道位　　究竟位

三地：二地滿心再證道種智一分，故入三地。此地主修忍波羅蜜多及四禪八定、四無量心、五神通。能成就俱解脫果而不取證，留惑潤生。滿心位成就「猶如谷響」現觀及無漏妙定意生身。

四地：由三地再證道種智一分故入四地。主修精進波羅蜜多，於此土及他方世界廣度有緣，無有疲倦。進修一切種智，滿心位成就「如水中月」現觀。

五地：由四地再證道種智一分故入五地。主修禪定波羅蜜多及一切種智，斷除下乘涅槃貪。滿心位成就「變化所成」現觀。

六地：由五地再證道種智一分故入六地。此地主修般若波羅蜜多——依道種智現觀十二因緣一一有支及意生身化身，皆自心眞如變化所現，「非有似有」，成就細相觀，不由加行而自然證得滅盡定，成俱解脫大乘無學。

七地：由六地「非有似有」現觀，再證道種智一分故入七地。此地主修一切種智及方便波羅蜜多，由重觀十二有支一一支中之流轉門及還滅門一切細相，成就方便善巧，念念隨入滅盡定。滿心位證得「如犍闥婆城」現觀。

八地：由七地極細相觀成就故再證道種智一分而入八地。此地主修一切種智及願波羅蜜多。至滿心位純無相觀任運恆起，故於相土自在，滿心位復證「如實覺知諸法相意生身」故。

九地：由八地再證道種智一分故入九地。主修力波羅蜜多及一切種智，成就四無礙，滿心位證得「種類俱生無行作意生身」。

十地：由九地再證道種智一分故入此地。此地主修一切種智——智波羅蜜多。滿心位起大法智雲，及現起大法智雲所含藏種種功德，成受職菩薩。

等覺：由十地道種智成就故入此地。此地應修一切種智，圓滿等覺地無生法忍；於百劫中修集極廣大福德，以之圓滿三十二大人相及無量隨形好。

妙覺：示現受生人間已斷盡煩惱障一切習氣種子，並斷盡所知障一切隨眠，永斷變易生死無明，成就大般涅槃，四智圓明。人間捨壽後，報身常住色究竟天利樂十方地上菩薩；以諸化身利樂有情，永無盡期，成就究竟佛道。

七地滿心斷除故意保留之最後一分思惑時，煩惱障所攝色、受、想三陰有漏習氣種子全部斷盡。

煩惱障所攝行、識二陰無漏習氣種子任運漸斷，所知障所攝上煩惱任運漸斷。

斷盡變易生死成就大般涅槃

# 圓滿成就究竟佛果

佛子蕭平實　謹製
（二〇〇九、〇二　修訂）
（二〇一二、〇二　增補）

# 佛教正覺同修會〈修學佛道次第表〉

## 第一階段

* 以憶佛及拜佛方式修習動中定力。
* 學第一義佛法及禪法知見。
* 無相拜佛功夫成就。
* 具備一念相續功夫—動靜中皆能看話頭。
* 努力培植福德資糧，勤修三福淨業。

## 第二階段

* 參話頭，參公案。
* 開悟明心，一片悟境。
* 鍛鍊功夫求見佛性。
* 眼見佛性〈餘五根亦如是〉親見世界如幻，成就如幻觀。
* 學習禪門差別智。
* 深入第一義經典。
* 修除性障及隨分修學禪定。
* 修證十行位陽焰觀。

## 第三階段

* 學一切種智真實正理—楞伽經、解深密經、成唯識論…。
* 參究末後句。
* 解悟末後句。
* 透牢關—親自體驗所悟末後句境界，親見實相，無得無失。
* 救護一切眾生迴向正道。護持了義正法，修證十迴向位如夢觀。
* 發十無盡願，修習百法明門，親證猶如鏡像現觀。
* 修除五蓋，發起禪定。持一切善法戒。親證猶如光影現觀。
* 進修四禪八定、四無量心、五神通。進修大乘種智，求證猶如谷響現觀。

# 佛教正覺同修會 共修現況 及 招生公告　2021/03/17

## 一、共修現況：（請在共修時間來電，以免無人接聽。）

**台北正覺講堂** 103 台北市承德路三段 277 號九樓 捷運淡水線圓山站旁
Tel..**總機** 02-25957295（晚上）（**分機：九樓**辦公室 10、11；知客櫃檯 12、13。 **十樓**知客櫃檯 15、16；書局櫃檯 14。 **五樓**辦公室 18；知客櫃檯 19。**二樓**辦公室 20；知客櫃檯 21。）
Fax..25954493

**第一講堂**　台北市承德路三段 277 號九樓

**禪淨班**：週一晚班、週三晚班、週四晚班、週五晚班、週六下午班、週六上午班（共修期間二年半，全程免費。皆須報名建立學籍後始可參加共修，欲報名者詳見本公告末頁。）

**增上班：瑜伽師地論詳解**：單週六晚班。雙週六晚班（重播班）。17.50～20.50。平實導師講解，2003 年 2 月開講至今，僅限已明心之會員參加。

**禪門差別智**：每月第一週日全天　平實導師主講（事冗暫停）。

**解深密經**詳解　本經從六度波羅密多談到八識心王，再詳論大乘見道所證眞如，然後論及悟後進修的相見道位所觀七眞如，以及入地後的十地所修，乃至成佛時的四智圓明一切種智境界，皆是可修可證之法，流傳至今依舊可證，顯示佛法眞是義學而非玄談，淺深次第皆所論及之第一義諦妙義。預定於 2021 年三月下旬起開講，由平實導師詳解。每逢週二晚上開講，第一至第六講堂都可同時聽聞，歡迎菩薩種性學人，攜眷共同參與此殊勝法會現場聞法，不限制聽講資格。本會學員憑上課證進入第一至第四講堂聽講，會外學人請以身分證件換證進入聽講（此爲大樓管理處安全管理規定之要求，敬請諒解）；第五及第六講堂（B1、B2）對外開放，不需出示任何證件，請由大樓側門直接進入。

**第二講堂**　台北市承德路三段 267 號十樓。

**禪淨班**：週一晚班。

**進階班**：週三晚班、週四晚班、週五晚班、週六早班、週六下午班。禪淨班結業後轉入共修。

**解深密經**詳解：平實導師講解。每週二 18.50~20.50 影像音聲即時傳輸

**第三講堂**　台北市承德路三段 277 號五樓。

**禪淨班**：週六下午班。

**進階班**：週一晚班、週三晚班、週四晚班、週五晚班。

**解深密經**詳解：平實導師講解。每週二 18.50~20.50 影像音聲即時傳輸

**第四講堂**　台北市承德路三段 267 號二樓。

**進階班**：週一晚班、週三晚班、週四晚班（禪淨班結業後轉入共修）。

**解深密經**詳解：平實導師講解。每週二 18.50~20.50 影像音聲即時傳輸

**第五、第六講堂**

**念佛班** 每週日晚上，第六講堂共修（B2），一切求生極樂世界的三寶弟子皆可參加，不限制共修資格。

**進階班：**週一晚班、週三晚班、週四晚班。

**解深密經**詳解：平實導師講解。每週二 18.50~20.50 影像音聲即時傳輸。第五、第六講堂爲**開放式講堂**，不需以身分證件換證即可進入聽講，台北市承德路三段 267 號地下一樓、地下二樓。每逢週二晚上講經時段開放給會外人士自由聽經，請由大樓側面梯階逕行進入聽講。**聽講者請尊重講者的著作權及肖像權，請勿錄音錄影，以免違法；若有錄音錄影被查獲者，將依法處理。**

**正覺祖師堂** 大溪區美華里信義路 650 巷坑底 5 之 6 號（台 3 號省道 34 公里處 妙法寺對面斜坡道進入）電話 03-3886110 傳眞 03-3881692 本堂供奉 克勤圓悟大師，專供會員每年四月、十月各三次精進禪三共修，兼作本會出家菩薩掛單常住之用。開放參訪日期請參見本會公告。教內共修團體或道場，得另申請其餘時間作團體參訪，務請事先與常住確定日期，以便安排常住菩薩接引導覽，亦免妨礙常住菩薩之日常作息及修行。

**桃園正覺講堂（第一、第二講堂）：**桃園市介壽路 286、288 號 10 樓（陽明運動公園對面）電話：03-3749363（請於共修時聯繫，或與台北聯繫）

**禪淨班：**週一晚班（1）、週一晚班（2）、週三晚班、週四晚班、週五晚班。

**進階班：**週四晚班、週五晚班、週六上午班。

**增上班：**雙週六晚班（增上重播班）。

**解深密經**詳解：平實導師講解。每週二晚上，以台北正覺講堂所錄 DVD 放映；歡迎會外學人共同聽講，不需出示身分證件。

**新竹正覺講堂** 新竹市東光路 55 號二樓之一 電話 03-5724297（晚上）

**第一講堂：**

**禪淨班：**週五晚班。

**進階班：**週三晚班、週四晚班、週六上午班。由禪淨班結業後轉入共修

**增上班：**單週六晚班。雙週六晚班（重播班）。

**解深密經**詳解：平實導師講解。每週二晚上，以台北正覺講堂所錄 DVD 放映。歡迎會外學人共同聽講，不需出示身分證件。

**第二講堂：**

**禪淨班：**週一晚班、週三晚班、週四晚班、週六上午班。

**解深密經**詳解：每週二晚上與第一講堂同步播放講經 DVD。

**第三、第四講堂：**裝修完畢，即將開放。

**台中正覺講堂** 04-23816090（晚上）

**第一講堂** 台中市南屯區五權西路二段 666 號 13 樓之四（國泰世華銀行樓上。鄰近縣市經第一高速公路前來者，由五權西路交流道可以快速到達，大樓旁有停車場，對面有素食館）。

**禪淨班：**週四晚班、週五晚班。

**進階班**：週一晚班、週三晚班、週六上午班。由禪淨班結業後轉入共修

**增上班**：單週六晚班。雙週六晚班（重播班）。

**解深密經**詳解：平實導師講解。每週二晚上，以台北正覺講堂所錄 DVD 放映。歡迎會外學人共同聽講，不需出示身分證件。

**第二講堂**　台中市南屯區五權西路二段 666 號 4 樓

**禪淨班**：週一晚班、週三晚班。

**第三講堂**台中市南屯區五權西路二段 666 號 4 樓

**禪淨班**：週一晚班。

**第四講堂**台中市南屯區五權西路二段 666 號 4 樓。

**進階班**：週一晚班、週四晚班、週六上午班，由禪淨班結業後轉入共修

**解深密經**詳解：每週二晚上與第一講堂同步播放講經 DVD。

**嘉義正覺講堂**　嘉義市友愛路 288 號八樓之一　電話：05-2318228

**第一講堂**：

**禪淨班**：週四晚班、週五晚班、週六上午班。

**進階班**：週一晚班、週三晚班（由禪淨班結業後轉入共修）。

**增上班**：單週六晚班。雙週六晚班（重播班）。

**解深密經**詳解：平實導師講解。每週二晚上，以台北正覺講堂所錄 DVD 放映。歡迎會外學人共同聽講，不需出示身分證件。

**第二講堂**　嘉義市友愛路 288 號八樓之二。

**第三講堂**　嘉義市友愛路 288 號四樓之七。

**禪淨班**：週一晚班、週三晚班。

**台南正覺講堂**

**第一講堂**　台南市西門路四段 15 號 4 樓。06-2820541（晚上）

**禪淨班**：週一晚班、週三晚班、週四晚班、週五晚班、週六下午班。

**增上班**：單週六晚班。雙週六晚班（重播班）。

**第二講堂**　台南市西門路四段 15 號 3 樓。

**解深密經**詳解：每週二晚上與第三講堂同步播放講經 DVD。

**第三講堂**　台南市西門路四段 15 號 3 樓。

**進階班**：週一晚班、週三晚班、週四晚班、週五晚班（由禪淨班結業後轉入共修）。

**解深密經**詳解：平實導師講解。每週二晚上，以台北正覺講堂所錄 DVD 放映。歡迎會外學人共同聽講，不需出示身分證件。。

**高雄正覺講堂**　高雄市新興區中正三路 45 號五樓 07-2234248（晚上）

**第一講堂**（五樓）：

**禪淨班**：週一晚班、週三晚班、週四晚班、週五晚班、週六上午班。

**增上班**：單週六晚班。雙週六晚班（重播班）。

**解深密經**詳解：平實導師講解。每週二晚上，以台北正覺講堂所錄 DVD 放映。歡迎會外學人共同聽講，不需出示身分證件。

**第二講堂**（四樓）：

**進階班**：週三晚班、週四晚班、週六上午班。由禪淨班結業後轉入共修

**解深密經**詳解：每週二晚上與第一講堂同步播放講經 DVD。

**第三講堂**（三樓）：

**進階班**：週四晚班（由禪淨班結業後轉入共修）。

## 香港正覺講堂

香港新界葵涌打磚坪街 93 號維京科技商業中心A 座 18 樓。

電話：(852) 23262231

英文地址：18/F, Tower A, Viking Technology & Business Centre, 93 Ta Chuen Ping Street, Kwai Chung, N.T., Hong Kong.

**禪淨班**：雙週六下午班、雙週日下午班、單週六下午班、單週日下午班

**進階班**：雙週五晚上班、雙週日早上班（由禪淨班結業後轉入共修）。

**增上班**：每月第一週週日，以台北增上班課程錄成 DVD 放映之。

**增上重播班**：每月第一週週六，以台北增上班課程錄成 DVD 放映之。

**大法鼓經**詳解：平實導師講解。每週六、日 19:00～21:00，以台北正覺講堂所錄 DVD 放映；歡迎會外學人共同聽講，不需出示身分證件。

## 美國洛杉磯正覺講堂　☆已遷移新址☆

825 S. Lemon Ave Diamond Bar, CA 91789 U.S.A.

Tel. (909) 595-5222（請於週六 9:00~18:00 之間聯繫）

Cell. (626) 454-0607

**禪淨班**：每逢週末 16：00~18：00 上課。

**進階班**：每逢週末上午 10：00~12：00 上課。

**解深密經**詳解：平實導師講解。每週六下午 13：30~15：30 以台北所錄 DVD 放映。歡迎各界人士共享第一義諦無上法益，不需報名。

## 二、招生公告

**本會台北講堂及全省各講堂、香港講堂，每逢四月、十月下旬開新班，每週共修一次**（每次二小時。開課日起三個月內仍可插班）；**但美國洛杉磯共修處之禪淨班得隨時插班共修。各班共修期間皆爲二年半，全程免費，欲參加者請向本會函索報名表**（各共修處皆於共修時間方有人執事，非共修時間請勿電詢或前來洽詢、請書），**或直接從本會官方網站(http://www.enlighten.org.tw/newsflash/class)或成佛之道網站下載報名表**。共修期滿時，若經報名禪三審核通過者，可參加四天三夜之禪三精進共修，有機會明心、取證如來藏，發起般若實相智慧，成爲實義菩薩，脫離凡夫菩薩位。

**三、新春禮佛祈福** 農曆年假期間停止共修：自農曆新年前七天起停止共修與弘法，正月 8 日起回復共修、弘法事務。新春期間正月初一～初七 9.00～17.00 開放台北講堂、正月初一~初三開放新竹、台中、嘉義、台南、高雄講堂，以及大溪禪三道場（正覺祖師堂），方便會員供佛、祈福及會外人士請書。美國洛杉磯共修處之休假時間，請逕詢該共修處。

**密宗四大派修雙身法，是外道性力派的邪法；又以生滅的識陰作為常住法，是常見外道，是假的藏傳佛教。**

**西藏覺囊巴以他空見弘揚第八識如來藏勝法，才是真藏傳佛教**

# **佛教正覺同修會　弘法行事表**　2019/02/18

1、**禪淨班**　以無相念佛及拜佛方式修習動中定力，實證一心不亂功夫。傳授解脫道正理及第一義諦佛法，以及參禪知見。共修期間：二年六個月。每逢四月、十月開新班，詳見招生公告表。

2、**進階班**　禪淨班畢業後得轉入此班，進修更深入的佛法，期能證悟明心。各地講堂各有多班，繼續深入佛法、增長定力，悟後得轉入增上班修學道種智，期能證得無生法忍。

3、**增上班　瑜伽師地論**詳解　詳解論中所言凡夫地至佛地等 17 師之修證境界與理論，從凡夫地、聲聞地……宣演到諸地所證無生法忍、一切種智之眞實正理。由平實導師開講，每逢一、三、五週之週末晚上開示，僅限已明心之會員參加。2003 年二月開講至今，預定 2019 年講畢。

4、**不退轉法輪經**詳解　本經所說妙法極爲甚深難解，時至末法，已然無有知者；而其甚深絕妙之法，流傳至今依舊多人可證，顯示佛法眞是義學而非玄談，其中甚深極妙令人拍案稱絕之第一義諦妙義。已於 2019 年元月底開講，由平實導師詳解。不限制聽講資格。

5、**精進禪三**　主三和尙：平實導師。於四天三夜中，以克勤圓悟大師及大慧宗杲之禪風，施設機鋒與小參、公案密意之開示，幫助會員剋期取證，親證不生不滅之眞實心——人人本有之如來藏。每年四月、十月各舉辦三個梯次；平實導師主持。僅限本會會員參加禪淨班共修期滿，報名審核通過者，方可參加。並選擇會中定力、慧力、福德三條件皆已具足之已明心會員，給以指引，令得眼見自己無形無相之佛性遍佈山河大地，眞實而無障礙，得以肉眼現觀世界身心悉皆如幻，具足成就如幻觀，圓滿十住菩薩之證境。

6、**阿含經**詳解　選擇重要之阿含部經典，依無餘涅槃之實際而加以詳解，令大眾得以現觀諸法緣起性空，亦復不墮斷滅見中，顯示經中所隱說之涅槃實際—如來藏—確實已於四阿含中隱說；令大眾得以聞後觀行，確實斷除我見乃至我執，證得**見到**眞現觀，乃至**身證**……等眞現觀；已得大乘或二乘見道者，亦可由此聞熏及聞後之觀行，除斷我所之貪著，成就慧解脫果。由平實導師詳解。不限制聽講資格。

7、**解深密經**詳解　重講本經之目的，在於令諸已悟之人明解大乘法道之成佛次第，以及悟後進修一切種智之內涵，確實證知三種自性性，並得據此證解七眞如、十眞如等正理。每逢週二 18.50~20.50 開示，由平實導師詳解。將於《**不退轉法輪經**》講畢後開講。不限制聽講資格。

8、**成唯識論**詳解　詳解一切種智眞實正理，詳細剖析一切種智之微細深妙廣大正理；並加以舉例說明，使已悟之會員深入體驗所證如來藏之微密行相；及證驗見分相分與所生一切法，皆由如來藏—阿賴耶識—直接或展轉而生，因此證知一切法無我，證知無餘涅槃之本際。將於增上班《瑜伽師地論》講畢後，由平實導師重講。僅限已明心之會員參加。

9、**精選如來藏系經典**詳解　精選如來藏系經典一部，詳細解說，以此完全印證會員所悟如來藏之眞實，得入不退轉住。另行擇期詳細解說之，由平實導師講解。僅限已明心之會員參加。

10、**禪門差別智**　藉禪宗公案之微細淆訛難知難解之處，加以宣說及剖析，以增進明心、見性之功德，啓發差別智，建立擇法眼。每月第一週日全天，由平實導師開示，僅限破參明心後，復又眼見佛性者參加（事冗暫停）。

11、**枯木禪**　先講智者大師的《小止觀》，後說《釋禪波羅蜜》，詳解四禪八定之修證理論與實修方法，細述一般學人修定之邪見與岔路，及對禪定證境之誤會，消除枉用功夫、浪費生命之現象。已悟般若者，可以藉此而實修初禪，進入大乘通教及聲聞教的三果心解脫境界，配合應有的大福德及後得無分別智、十無盡願，即可進入初地心中。親教師：平實導師。未來緣熟時將於正覺寺開講。不限制聽講資格。

**註：**本會例行年假，自 2004 年起，改爲每年農曆新年前七天開始停息弘法事務及共修課程，農曆正月 8 日回復所有共修及弘法事務。新春期間（每日 9.00~17.00）開放台北講堂，方便會員禮佛祈福及會外人士請書。大溪區的正覺祖師堂，開放參訪時間，詳見〈正覺電子報〉或成佛之道網站。本表得因時節因緣需要而隨時修改之，不另作通知。

# 佛教正覺同修會　贈閱書籍 目錄

2018/10/20

1.**無相念佛**　平實導師著　回郵 36 元
2.**念佛三昧修學次第**　平實導師述著　回郵 52 元
3.**正法眼藏—護法集**　平實導師述著　回郵 76 元
4.**真假開悟簡易辨正法&佛子之省思**　平實導師著　回郵 26 元
5.**生命實相之辨正**　平實導師著　回郵 31 元
6.**如何契入念佛法門**（附：印順法師否定極樂世界）平實導師著　回郵 26 元
7.**平實書箋**—答元覽居士書　平實導師著　回郵 52 元
8.**三乘唯識**—如來藏系經律彙編　平實導師編　回郵 80 元
（精裝本　長 27 cm　寬 21 cm　高 7.5 cm　重 2.8 公斤）
9.**三時繫念全集**—修正本　回郵掛號 52 元（長 26.5 cm×寬 19 cm）
10.**明心與初地**　平實導師述　回郵 31 元
11.**邪見與佛法**　平實導師述著　回郵 36 元
12.**甘露法雨**　平實導師述　回郵 36 元
13.**我與無我**　平實導師述　回郵 36 元
14.**學佛之心態**—修正錯誤之學佛心態始能與正法相應 孫正德老師著 回郵52元
附錄：平實導師著《**略說八、九識並存…等之過失**》
15.**大乘無我觀**—《悟前與悟後》別說　平實導師述著　回郵 36 元
16.**佛教之危機**—中國台灣地區現代佛教之真相（附錄：公案拈提六則）
平實導師著　回郵 52 元
17.**燈 影**—燈下黑（覆「求教後學」來函等）平實導師著　回郵 76 元
18.**護法與毀法**—覆上平居士與徐恒志居士網站毀法二文
張正圜老師著　回郵 76 元
19.**淨土聖道**—兼評**選擇本願念佛**　正德老師著　**由正覺同修會購贈**　回郵52 元
20.**辨唯識性相**—對「紫蓮心海《辯唯識性相》書中否定阿賴耶識」之回應
正覺同修會 台南共修處法義組 著　回郵52 元
21.**假如來藏**—對法蓮法師《如來藏與阿賴耶識》書中否定阿賴耶識之回應
正覺同修會 台南共修處法義組 著　回郵 76 元
22.**入不二門**—公案拈提集錦 第一輯（於平實導師公案拈提諸書中選錄約二十則，
合輯爲一冊流通之）平實導師著　回郵 52 元
23.**真假邪說**—西藏密宗索達吉喇嘛《破除邪説論》真是邪說
釋正安法師著　上、下冊回郵各 52 元
24.**真假開悟**—真如、如來藏、阿賴耶識間之關係　平實導師述著　回郵 76 元
25.**真假禪和**—辨正釋傳聖之謗法謬說　孫正德老師著　回郵76 元
26.**眼見佛性**—駁慧廣法師**眼見佛性的含義**文中謬說
游正光老師著　回郵52 元

27.**普門自在**—公案拈提集錦 第二輯（於平實導師公案拈提諸書中選錄約二十則，合輯為一冊流通之）平實導師著　回郵52元

28.**印順法師的悲哀**—以現代禪的質疑為線索　恒毓博士著　回郵52元

29.**識蘊真義**—現觀識蘊內涵、取證初果、親斷三縛結之具體行門。
—依《成唯識論》及《唯識述記》正義，略顯安慧《大乘廣五蘊論》之邪謬
平實導師著　回郵76元

30.**正覺電子報** 各期紙版本　免附回郵　每次最多函索三期或三本。
（已無存書之較早各期，不另增印贈閱）

31.**現代人應有的宗教觀**　蔡正禮老師 著　回郵31元

32.**遠惑趣道**—正覺電子報般若信箱問答錄　第一輯　回郵52元

33.**遠惑趣道**—正覺電子報般若信箱問答錄　第二輯　回郵52元

34.**確保您的權益**—器官捐贈應注意自我保護　游正光老師 著　回郵31元

35.**正覺教團電視弘法三乘菩提 DVD 光碟（一）**
由正覺教團多位親教師共同講述錄製 DVD 8 片，MP3 一片，共 9 片。有二大講題：一為「三乘菩提之意涵」，二為「學佛的正知見」。內容精闢，深入淺出，精彩絕倫，幫助大眾快速建立三乘法道的正知見，免被外道邪見所誤導。有志修學三乘佛法之學人不可不看。（製作工本費 100 元，回郵 52 元）

36.**正覺教團電視弘法 DVD 專輯（二）**
總有二大講題：一為「三乘菩提之念佛法門」，一為「學佛正知見（第二篇）」，由正覺教團多位親教師輪番講述，內容詳細闡述如何修學念佛法門、實證念佛三昧，以及學佛應具有的正確知見，可以幫助發願往生西方極樂淨土之學人，得以把握往生，更可令學人快速建立三乘法道的正知見，免於被外道邪見所誤導。有志修學三乘佛法之學人不可不看。（一套 17 片，工本費 160 元。回郵 76 元）

37.**喇嘛性世界**—揭開假藏傳佛教譚崔瑜伽的面紗　張善思 等人合著
由正覺同修會購贈　回郵52元

38.**假藏傳佛教的神話**—性、謊言、喇嘛教　張正玄教授編著
由正覺同修會購贈　回郵52元

39.**隨　緣**—理隨緣與事隨緣　平實導師述　回郵52元。

40.**學佛的覺醒**　正枝居士 著　回郵52元

41.**導師之真實義**　蔡正禮老師 著　回郵31元

42.**淺談達賴喇嘛之雙身法**—兼論解讀「密續」之達文西密碼
吳明芷居士 著　回郵31元

43.**魔界轉世**　張正玄居士 著　回郵31元

44.**一貫道與開悟**　蔡正禮老師 著　回郵31元

45.**博愛**—愛盡天下女人　正覺教育基金會 編印　回郵36元

46.**意識虛妄經教彙編**—實證解脫道的關鍵經文　正覺同修會編印　回郵36元

47.**邪箭囈語**—破斥藏密外道多識仁波切《破魔金剛箭雨論》之邪說

陸正元老師著　上、下冊回郵各 52 元

48.**真假沙門**—依 佛聖教闡釋佛教僧寶之定義

蔡正禮老師著　俟正覺電子報連載後結集出版

49.**真假禪宗**—藉評論釋性廣《印順導師對變質禪法之批判

及對禪宗之肯定》以顯示真假禪宗

附論一：凡夫知見 無助於佛法之信解行證

附論二：世間與出世間一切法皆從如來藏實際而生而顯

余正偉老師著　俟正覺電子報連載後結集出版　回郵未定

★ 上列贈書之郵資，係台灣本島地區郵資，大陸、港、澳地區及外國地區，請另計酌增（大陸、港、澳、國外地區之郵票不許通用）。尚未出版之書，請勿先寄來郵資，以免增加作業煩擾。

★ 本目錄若有變動，唯於後印之書籍及「成佛之道」網站上修正公佈之，不另行個別通知。

**函索書籍**請寄：佛教正覺同修會　103 台北市承德路 3 段 277 號 9 樓
台灣地區函索書籍者請附寄郵票，無時間購買郵票者可以等值現金抵用，但不接受郵政劃撥、支票、匯票。大陸地區得以人民幣計算，國外地區請以美元計算（請勿寄來當地郵票，在台灣地區不能使用）。欲以掛號寄遞者，請另附掛號郵資。

**親自索閱**：正覺同修會各共修處。　★請於共修時間前往取書，餘時無人在道場，請勿前往索取；共修時間與地點，詳見書末正覺同修會共修現況表（以近期之共修現況表爲準）。

**註**：正智出版社發售之局版書，請向各大書局購閱。若書局之書架上已經售出而無陳列者，請向書局櫃台指定洽購；若書局不便代購者，請於正覺同修會共修時間前往各共修處請購，正智出版社已派人於共修時間送書前往各共修處流通。 郵政劃撥購書及 大陸地區 購書，請詳別頁正智出版社發售書籍目錄最後頁之說明。

**成佛之道 網站**：http://www.a202.idv.tw　正覺同修會已出版之結緣書籍，多已登載於 成佛之道 網站，若住外國、或住處遙遠，不便取得正覺同修會贈閱書籍者，可以從本網站閱讀及下載。　書局版之《宗通與說通》亦已上網，台灣讀者可向書局洽購，售價 300 元。《狂密與眞密》第一輯~第四輯，亦於 2003.5.1.全部於本網站登載完畢；台灣地區讀者請向書局洽購，每輯約 400 頁，售價 300 元（網站下載紙張費用較貴，容易散失，難以保存，亦較不精美）。

**＊＊假藏傳佛教修雙身法，非佛教＊＊**

## **正智出版社** 籌募弘法基金發售書籍目錄　2020/11/14

1.**宗門正眼**—公案拈提 第一輯 重拈　平實導師著　500 元
因重寫內容大幅度增加故，字體必須改小，並增為 576 頁 主文 546 頁。比初版更精彩、更有內容。初版《禪門摩尼寶聚》之讀者，可寄回本公司免費調換新版書。免附回郵，亦無截止期限。（2007 年起，每冊附贈本公司精製公案拈提〈超意境〉CD 一片。市售價格 280 元，多購多贈。）

2.**禪淨圓融**　平實導師著　200 元（第一版舊書可換新版書。）

3.**真實如來藏**　平實導師著　400 元

4.**禪—悟前與悟後**　平實導師著　上、下冊，每冊 250 元

5.**宗門法眼**—公案拈提 第二輯　平實導師著　500 元
（2007 年起，每冊附贈本公司精製公案拈提〈超意境〉CD 一片）

6.**楞伽經詳解**　平實導師著　全套共 10 輯　每輯 250 元

7.**宗門道眼**—公案拈提 第三輯　平實導師著　500 元
（2007 年起，每冊附贈本公司精製公案拈提〈超意境〉CD 一片）

8.**宗門血脈**—公案拈提 第四輯　平實導師著　500 元
（2007 年起，每冊附贈本公司精製公案拈提〈超意境〉CD 一片）

9.**宗通與說通**—成佛之道 平實導師著 主文 381 頁 全書 400 頁售價 300 元

10.**宗門正道**—公案拈提 第五輯　平實導師著　500 元
（2007 年起，每冊附贈本公司精製公案拈提〈超意境〉CD 一片）

11.**狂密與真密 一～四輯**　平實導師著　西藏密宗是人間最邪淫的宗教，本質不是佛教，只是披著佛教外衣的印度教性力派流毒的喇嘛教。此書中將西藏密宗密傳之男女雙身合修樂空雙運所有祕密與修法，毫無保留完全公開，並將全部喇嘛們所不知道的部分也一併公開。內容比大辣出版社喧騰一時的《西藏慾經》更詳細。並且函蓋藏密的所有祕密及其錯誤的中觀見、如來藏見……等，藏密的所有法義都在書中詳述、分析、辨正。每輯主文三百餘頁　每輯全書約 400 頁　售價每輯 300 元

12.**宗門正義**—公案拈提 第六輯　平實導師著　500 元
（2007 年起，每冊附贈本公司精製公案拈提〈超意境〉CD 一片）

13.**心經密意**—心經與解脫道、佛菩提道、祖師公案之關係與密意　平實導師述　300 元

14.**宗門密意**—公案拈提 第七輯　平實導師著　500 元
（2007 年起，每冊附贈本公司精製公案拈提〈超意境〉CD 一片）

15.**淨土聖道**—兼評「選擇本願念佛」　正德老師著　200 元

16.**起信論講記**　平實導師述著　共六輯　每輯三百餘頁　售價各 250 元

17.**優婆塞戒經講記**　平實導師述著 共八輯 每輯三百餘頁 售價各 250 元

18.**真假活佛**—略論附佛外道盧勝彥之邪說（對前岳靈犀網站主張「盧勝彥是證悟者」之修正）　正犀居士（岳靈犀）著　流通價 140 元

19.**阿含正義**—唯識學探源　平實導師著　共七輯　每輯 300 元

20.**超意境** CD 以平實導師公案拈提書中超越意境之頌詞，加上曲風優美的旋律，錄成令人嚮往的超意境歌曲，其中包括正覺發願文及平實導師親自譜成的黃梅調歌曲一首。詞曲雋永，殊堪翫味，可供學禪者吟詠，有助於見道。內附設計精美的彩色小冊，解說每一首詞的背景本事。每片 280 元。【每購買公案拈提書籍一冊，即贈送一片。】

21.**菩薩底憂鬱** CD 將菩薩情懷及禪宗公案寫成新詞，並製作成超越意境的優美歌曲。 1.主題曲〈菩薩底憂鬱〉，描述地後菩薩能離三界生死而迴向繼續生在人間，但因尚未斷盡習氣種子而有極深沈之憂鬱，非三賢位菩薩及二乘聖者所知，此憂鬱在七地滿心位方才斷盡；本曲之詞中所說義理極深，昔來所未曾見；此曲係以優美的情歌風格寫詞及作曲，聞者得以激發嚮往諸地菩薩境界之大心，詞、曲都非常優美，難得一見；其中勝妙義理之解說，已印在附贈之彩色小冊中。 2.以各輯公案拈提中直示禪門入處之頌文，作成各種不同曲風之超意境歌曲，值得玩味、參究；聆聽公案拈提之優美歌曲時，請同時閱讀內附之印刷精美說明小冊，可以領會超越三界的證悟境界；未悟者可以因此引發求悟之意向及疑情，眞發菩提心而邁向求悟之途，乃至因此眞實悟入般若，成眞菩薩。 3.正覺總持咒新曲，總持佛法大意；總持咒之義理，已加以解說並印在隨附之小冊中。本 CD 共有十首歌曲，長達 63 分鐘。每盒各附贈二張購書優惠券。每片 280 元。

22.**禪意無限** CD 平實導師以公案拈提書中偈頌寫成不同風格曲子，與他人所寫不同風格曲子共同錄製出版，幫助參禪人進入禪門超越意識之境界。盒中附贈彩色印製的精美解說小冊，以供聆聽時閱讀，令參禪人得以發起參禪之疑情，即有機會證悟本來面目而發起實相智慧，實證大乘菩提般若，能如實證知般若經中的眞實意。本 CD 共有十首歌曲，長達 69 分鐘，每盒各附贈二張購書優惠券。每片 280 元。

23.**我的菩提路**第一輯　釋悟圓、釋善藏等人合著　售價 300 元

24.**我的菩提路**第二輯　郭正益等人合著　售價 300 元（停售，俟改版後另行發售）

25.**我的菩提路**第三輯　王美伶等人合著　售價 300 元

26.**我的菩提路**第四輯　陳晏平等人合著　售價 300 元

27.**我的菩提路**第五輯　林慈慧等人合著　售價 300 元

28.**我的菩提路**第六輯　劉惠莉等人合著　售價 300 元

29.**我的菩提路**第七輯　余正偉等人合著　售價 300 元　預定 2021/6/30 出版

30.**鈍鳥與靈龜**—考證後代凡夫對大慧宗杲禪師的無根誹謗。

平實導師著　共 458 頁　售價 350 元

31.**維摩詰經講記**　平實導師述　共六輯　每輯三百餘頁　售價各 250 元

32.**真假外道**—破劉東亮、杜大威、釋證嚴常見外道見　正光老師著　200 元

33.**勝鬘經講記**—兼論印順《勝鬘經講記》對於《勝鬘經》之誤解。

平實導師述　共六輯　每輯三百餘頁　售價250 元

34.**楞嚴經講記** 平實導師述 共**15**輯，每輯三百餘頁 售價300元
35.**明心與眼見佛性**—駁慧廣〈蕭氏「眼見佛性」與「明心」之非〉文中謬說
正光老師著 共448頁 售價300元
36.**見性與看話頭** 黃正倖老師 著，本書是禪宗參禪的方法論。
內文375頁，全書416頁，售價300元。
37.**達賴真面目**—玩盡天下女人 白正偉老師 等著 中英對照彩色精裝大本 800元
38.**喇嘛性世界**—揭開假藏傳佛教譚崔瑜伽的面紗 張善思 等人著 200元
39.**假藏傳佛教的神話**—性、謊言、喇嘛教 正玄教授編著 200元
40.**金剛經宗通** 平實導師述 共九輯 每輯售價250元。
41.**空行母**—性別、身分定位，以及藏傳佛教。
珍妮·坎貝爾著 呂艾倫 中譯 售價250元
42.**末代達賴**—性交教主的悲歌 張善思、呂艾倫、辛燕編著 售價250元
43.**霧峰無霧**—給哥哥的信 辨正釋印順對佛法的無量誤解
游宗明 老師著 售價250元
44.**霧峰無霧**—第二輯—救護佛子向正道 細說釋印順對佛法的各類誤解
游宗明 老師著 售價250元
45.**第七意識與第八意識？**—穿越時空「超意識」
平實導師述 每冊300元
46.**黯淡的達賴**—失去光彩的諾貝爾和平獎
正覺教育基金會編著 每冊250元
47.**童女迦葉考**—論呂凱文〈佛教輪迴思想的論述分析〉之謬。
平實導師 著 定價180元
48.**人間佛教**—實證者必定不悖三乘菩提
平實導師 述，定價400元
49.**實相經宗通** 平實導師述 共八輯 每輯250元
50.**真心告訴您(一)**—達賴喇嘛在幹什麼？
正覺教育基金會編著 售價250元
51.**中觀金鑑**—詳述應成派中觀的起源與其破法本質
孫正德老師著 分為上、中、下三冊，每冊250元
52.**藏傳佛教要義**—《狂密與真密》之簡體字版 平實導師 著 上、下冊
僅在大陸流通 每冊300元
53.**法華經講義** 平實導師述 共二十五輯 每輯300元
已於2015/05/31起開始出版，每二個月出版一輯
54.**西藏「活佛轉世」制度**—附佛、造神、世俗法
許正豐、張正玄老師合著 定價150元
55.**廣論三部曲** 郭正益老師著 定價150元
56.**真心告訴您(二)**—達賴喇嘛是佛教僧侶嗎？
—補祝達賴喇嘛八十大壽
正覺教育基金會編著 售價300元

57.**次法**—實證佛法前應有的條件

張善思居士著　分爲上、下二冊，每冊 250 元

58.**涅槃**—解說四種涅槃之實證及內涵　平實導師著 上、下冊 各 350 元

59.**山法**—西藏關於他空與佛藏之根本論

篤補巴·喜饒堅贊著　　傑弗里·霍普金斯英譯

張火慶教授、張志成、呂艾倫等中譯　精裝大本 1200 元

60.**佛藏經講義**　平實導師述　2019 年 7 月 31 日開始出版　共 21 輯

每二個月出版一輯，每輯 300 元。

61.**假鋒虛焰金剛乘**—揭示顯密正理，兼破索達吉師徒《般若鋒兮金剛焰》

釋正安法師著 簡體字版 即將出版 售價未定

62.**廣論之平議**—宗喀巴《菩提道次第廣論》之平議　正雄居士著

約二或三輯　俟正覺電子報連載後結集出版　書價未定

63.**大法鼓經講義**　平實導師講述 《佛藏經講義》出版後發行，每輯 300 元

64.**不退轉法輪經講義** 平實導師講述 《大法鼓經講義》出版後發行

65.**八識規矩頌**詳解　○○居士 註解　出版日期另訂　書價未定。

66.**中觀正義**—註解平實導師《中論正義頌》。

○○法師（居士）著　出版日期未定　書價未定

67.**中論正義**—釋龍樹菩薩《中論》頌正理。

孫正德老師著　出版日期未定　書價未定

68.**中國佛教史**—依中國佛教正法史實而論。 ○○老師 著　書價未定。

69.**印度佛教史**—法義與考證。依法義史實評論印順《印度佛教思想史、佛教史地考論》之謬說　正偉老師著　出版日期未定　書價未定

70.**阿含經講記**—將選錄四阿含中數部重要經典全經講解之，講後整理出版。

平實導師述　約二輯　每輯 300 元　出版日期未定

71.**實積經講記** 平實導師述　每輯三百餘頁 優惠價 300 元 出版日期未定

72.**解深密經講義**　平實導師述 約四輯　將於重講後整理出版

73.**成唯識論略解**　平實導師著　五～六輯　每輯300 元　出版日期未定

74.**修習止觀坐禪法要講記**　平實導師述　每輯三百餘頁

將於正覺寺建成後重講、以講記逐輯出版　出版日期未定

75.**無門關**—《無門關》公案拈提　平實導師著　出版日期未定

76.**中觀再論**—兼述印順《中觀今論》謬誤之平議。 正光老師著 出版日期未定

77.**輪迴與超度**—佛教超度法會之真義。

○○法師（居士）著　出版日期未定　書價未定

78.**《釋摩訶衍論》平議**—對偽稱龍樹所造《釋摩訶衍論》之平議

○○法師（居士）著　出版日期未定　書價未定

79.**正覺發願文**註解—以真實大願為因 得證菩提

正德老師著　出版日期未定　書價未定

80.**正覺總持咒**—佛法之總持　正圜老師著　出版日期未定　書價未定

81.**三自性**—依四食、五蘊、十二因緣、十八界法，說三性三無性。

作者未定　出版日期未定

82.**道品**—從三自性說大小乘三十七道品　作者未定　出版日期未定
83.**大乘緣起觀**—依四聖諦七真如現觀十二緣起 作者未定　出版日期未定
84.**三德**—論解脫德、法身德、般若德。　作者未定　出版日期未定
85.**真假如來藏**—對印順《如來藏之研究》謬說之平議　作者未定 出版日期未定
86.**大乘道次第**　作者未定　出版日期未定　書價未定
87.**四緣**—依如來藏故有四緣。　作者未定　出版日期未定
88.**空之探究**—印順《空之探究》謬誤之平議　作者未定 出版日期未定
89.**十法義**—論阿含經中十法之正義　作者未定　出版日期未定
90.**外道見**—論述外道六十二見　作者未定　出版日期未定

# 正智出版社有限公司　書籍介紹

**禪淨圓融**：言淨土諸祖所未曾言，示諸宗祖師所未曾示；禪淨圓融，另闢成佛捷徑，兼顧自力他力，闡釋淨土門之速行易行道，亦同時揭櫫聖教門之速行易行道；令廣大淨土行者得免緩行難證之苦，亦令聖道門行者得以藉著淨土速行道而加快成佛之時劫。乃前無古人之超勝見地，非一般弘揚禪淨法門典籍也，先讀爲快。平實導師著 200元。

**宗門正眼—公案拈提第一輯**：繼承克勤圜悟大師碧巖錄宗旨之禪門鉅作。先則舉示當代大法師之邪說，消弭當代禪門大師鄉愿之心態，摧破當今禪門「世俗禪」之妄談；次則旁通教法，表顯宗門正理；繼以道之次第，消弭古今狂禪；後藉言語及文字機鋒，直示宗門入處。悲智雙運，禪味十足，數百年來難得一睹之禪門鉅著也。平實導師著　500元（原初版書《禪門摩尼寶聚》，改版後補充爲五百餘頁新書，總計多達二十四萬字，內容更精彩，並改名爲《宗門正眼》，讀者原購初版《禪門摩尼寶聚》皆可寄回本公司免費換新，免附回郵，亦無截止期限）（2007年起，凡購買公案拈提第一輯至第七輯，每購一輯皆贈送本公司精製公案拈提〈超意境〉CD一片，市售價格280元，多購多贈）。

**禪—悟前與悟後**：本書能建立學人悟道之信心與正確知見，圓滿具足而有次第地詳述禪悟之功夫與禪悟之內容，指陳參禪中細微淆訛之處，能使學人明自眞心、見自本性。若未能悟入，亦能以正確知見辨別古今中外一切大師究係眞悟？或屬錯悟？便有能力揀擇，捨名師而選明師，後時必有悟道之緣。一旦悟道，遲者七次人天往返，便出三界，速者一生取辦。學人欲求開悟者，不可不讀。　平實導師著。上、下冊共500元，單冊250元。

**真實如來藏**：如來藏眞實存在，乃宇宙萬有之本體，並非印順法師、達賴喇嘛等人所說之「唯有名相、無此心體」。如來藏是涅槃之本際，是一切有智之人竭盡心智、不斷探索而不能得之生命實相；是古今中外許多大師自以爲悟而當面錯過之生命實相。如來藏即是阿賴耶識，乃是一切有情本自具足、不生不滅之眞實心。當代中外大師於此書出版之前所未能言者，作者於本書中盡情流露、詳細闡釋。眞悟者讀之，必能增益悟境、智慧增上；錯悟者讀之，必能檢討自己之錯誤，免犯大妄語業；未悟者讀之，能知參禪之理路，亦能以之檢查一切名師是否眞悟。此書是一切哲學家、宗教家、學佛者及欲昇華心智之人必讀之鉅著。　平實導師著　售價400元。

**宗門法眼—公案拈提第二輯**：列舉實例，闡釋土城廣欽老和尚之悟處；並直示這位不識字的老和尚妙智橫生之根由，繼而剖析禪宗歷代大德之開悟公案，解析當代密宗高僧卡盧仁波切之錯悟證據，並例舉當代顯宗高僧、大居士之錯悟證據（凡健在者，爲免影響其名聞利養，皆隱其名）。藉辨正當代名師之邪見，向廣大佛子指陳禪悟之正道，彰顯宗門法眼。悲勇兼出，強捋虎鬚；慈智雙運，巧探驪龍；摩尼寶珠在手，直示宗門入處，禪味十足；若非大悟徹底，不能爲之。禪門精奇人物，允宜人手一冊，供作參究及悟後印證之圭臬。本書於2008年4月改版，增寫爲大約500頁篇幅，以利學人研讀參究時更易悟入宗門正法，以前所購初版首刷及初版二刷舊書，皆可免費換取新書。平實導師著　500元（2007年起，凡購買公案拈提第一輯至第七輯，每購一輯皆贈送本公司精製公案拈提〈超意境〉CD一片，市售價格280元，多購多贈）。

**宗門道眼—公案拈提第三輯**：繼宗門法眼之後，再以金剛之作略、慈悲之胸懷、犀利之筆觸，舉示寒山、拾得、布袋三大士之悟處，消弭當代錯悟者對於寒山大士……等之誤會及誹謗。　亦舉出民初以來與虛雲和尚齊名之蜀郡鹽亭袁煥仙夫子——南懷瑾老師之師，其「悟處」何在？並蒐羅許多眞悟祖師之證悟公案，顯示禪宗歷代祖師之睿智，指陳部分祖師、奧修及當代顯密大師之謬悟，作爲殷鑑，幫助禪子建立及修正參禪之方向及知見。假使讀者閱此書已，一時尚未能悟，亦可一面加功用行，一面以此宗門道眼辨別眞假善知識，避開錯誤之印證及歧路，可免大妄語業之長劫慘痛果報。欲修禪宗之禪者，務請細讀。平實導師著　售價500元（2007年起，凡購買公案拈提第一輯至第七輯，每購一輯皆贈送本公司精製公案拈提〈超意境〉CD一片，市售價格280元，多購多贈）。

**楞伽經詳解**：本經是禪宗見道者印證所悟眞僞之根本經典，亦是禪宗見道者悟後起修之依據經典；故達摩祖師於印證二祖慧可大師之後，將此經典連同佛缽祖衣一併交付二祖，令其依此經典佛示金言、進入修道位，修學一切種智。由此可知此經對於眞悟之人修學佛道，是非常重要之一部經典。此經能破外道邪說，亦破佛門中錯悟名師之謬說，亦破禪宗部分祖師之狂禪：不讀經典、一向主張「一悟即成究竟佛」之謬執。並開示愚夫所行禪、觀察義禪、攀緣如禪、如來禪等差別，令行者對於三乘禪法差異有所分辨；亦糾正禪宗祖師古來對於如來禪之誤解，嗣後可免以訛傳訛之弊。此經亦是法相唯識宗之根本經典，禪者悟後欲修一切種智而入初地者，必須詳讀。平實導師著，全套共十輯，已全部出版完畢，每輯主文約320頁，每冊約352頁，定價250元。

**宗門血脈—公案拈提第四輯**：末法怪象—許多修行人自以爲悟，每將無念靈知認作眞實；崇尚二乘法諸師及其徒眾，則將外於如來藏之緣起性空—無因論之無常空、斷滅空、一切法空—錯認爲 佛所說之般若空性。這兩種現象已於當今海峽兩岸及美加地區顯密大師之中普遍存在；人人自以爲悟，心高氣壯，便敢寫書解釋祖師證悟之公案，大多出於意識思惟所得，言不及義，錯誤百出，因此誤導廣大佛子同陷大妄語之地獄業中而不能自知。彼等書中所說之悟處，其實處處違背第一義經典之聖言量。彼等諸人不論是否身披袈裟，都非佛法宗門血脈，或雖有禪宗法脈之傳承，亦只徒具形式；猶如螟蛉，非眞血脈，未悟得根本眞實故。禪子欲知 佛、祖之眞血脈者，請讀此書，便知分曉。平實導師著，主文452頁，全書464頁，定價500元（2007年起，凡購買公案拈提第一輯至第七輯，每購一輯皆贈送本公司精製公案拈提〈超意境〉CD一片，市售價格280元，多購多贈）。

**宗通與說通**：古今中外，錯誤之人如麻似粟，每以常見外道所說之靈知心，認作眞心；或妄想虛空之勝性能量爲眞如，或錯認物質四大元素藉冥性（靈知心本體）能成就吾人色身及知覺，或認初禪至四禪中之了知心爲不生不滅之涅槃心。此等皆非通宗者之見地。復有錯悟之人一向主張「宗門與教門不相干」，此即尚未通達宗門之人也。其實宗門與教門互通不二，宗門所證者乃是眞如與佛性，教門所說者乃說宗門證悟之眞如佛性，故教門與宗門不二。本書作者以宗教二門互通之見地，細說「宗通與說通」，從初見道至悟後起修之道、細說分明；並將諸宗諸派在整體佛教中之地位與次第，加以明確之教判，學人讀之即可了知佛法之梗概也。欲擇明師學法之前，允宜先讀。平實導師著，主文共381頁，全書392頁，只售成本價300元。

**宗門正道—公案拈提第五輯**：修學大乘佛法有二果須證—解脫果及大菩提果。二乘人不證大菩提果，唯證解脫果；此果之智慧，名爲聲聞菩提、緣覺菩提。大乘佛子所證二果之菩提果爲佛菩提，故名大菩提果，其慧名爲一切種智—函蓋二乘解脫果。然此大乘二果修證，須經由禪宗之宗門證悟方能相應。而宗門證悟極難，自古已然；其所以難者，咎在古今佛教界普遍存在三種邪見：1.以修定認作佛法，2.以無因論之緣起性空—否定涅槃本際如來藏以後之一切法空作爲佛法，3.以常見外道邪見（離語言妄念之靈知性）作爲佛法。如是邪見，或因自身正見未立所致，或因邪師之邪教導所致，或因無始劫來虛妄熏習所致。若不破除此三種邪見，永劫不悟宗門眞義、不入大乘正道，唯能外門廣修菩薩行。平實導師於此書中，有極爲詳細之說明，有志佛子欲摧邪見、入於內門修菩薩行者，當閱此書。主文共496頁，全書512頁。售價500元（2007年起，凡購買公案拈提第一輯至第七輯，每購一輯皆贈送本公司精製公案拈提〈超意境〉CD一片，市售價格280元，多購多贈）。

**狂密與眞密**：密教之修學，皆由有相之觀行法門而入，其最終目標仍不離顯教經典所說第一義諦之修證；若離顯教第一義經典、或違背顯教第一義經典，即非佛教。西藏密教之觀行法，如灌頂、觀想、遷識法、寶瓶氣、大聖歡喜雙身修法、喜金剛、無上瑜伽、大樂光明、樂空雙運等，皆是印度教兩性生生不息思想之轉化，自始至終皆以如何能運用交合淫樂之法達到全身受樂爲其中心思想，純屬欲界五欲的貪愛，不能令人超出欲界輪迴，更不能令人斷除我見；何況大乘之明心與見性，更無論矣！故密宗之法絕非佛法也。而其明光大手印、大圓滿法教，又皆同以常見外道所說離語言妄念之無念靈知心錯認爲佛地之眞如，不能直指不生不滅之眞如。西藏密宗所有法王與徒眾，都尚未開頂門眼，不能辨別眞僞，以依人不依法、依密續不依經典故，不肯將其上師喇嘛所說對照第一義經典，純依密續之藏密祖師所說爲準，因此而誇大其證德與證量，動輒謂彼祖師上師爲究竟佛、爲地上菩薩；如今台海兩岸亦有自謂其師證量高於 釋迦文佛者，然觀其師所述，猶未見道，仍在觀行即佛階段，尚未到禪宗相似即佛、分證即佛階位，竟敢標榜爲究竟佛及地上法王，誑惑初機學人。凡此怪象皆是狂密，不同於眞密之修行者。近年狂密盛行，密宗行者被誤導者極眾，動輒自謂已證佛地眞如，自視爲究竟佛，陷於大妄語業中而不知自省，反謗顯宗眞修實證者之證量粗淺；或如義雲高與釋性圓…等人，於報紙上公然誹謗眞實證道者爲「騙子、無道人、人妖、癩蛤蟆…」等，造下誹謗大乘勝義僧之大惡業；或以外道法中有爲有作之甘露、魔術……等法，誑騙初機學人，狂言彼外道法爲眞佛法。如是怪象，在西藏密宗及附藏密之外道中，不一而足，舉之不盡，學人宜應愼思明辨，以免上當後又犯毀破菩薩戒之重罪。密宗學人若欲遠離邪知邪見者，請閱此書，即能了知密宗之邪謬，從此遠離邪見與邪修，轉入眞正之佛道。平實導師著 共四輯 每輯約400頁（主文約340頁）每輯售價300元。

**宗門正義—公案拈提第六輯：**佛教有六大危機，乃是藏密化、世俗化、膚淺化、學術化、宗門密意失傳、悟後進修諸地之次第混淆；其中尤以宗門密意之失傳，爲當代佛教最大之危機。由宗門密意失傳故，易令　世尊本懷普被錯解，易令　世尊正法被轉易爲外道法，以及加以淺化、世俗化，是故宗門密意之廣泛弘傳與具緣佛弟子，極爲重要。然而欲令宗門密意之廣泛弘傳予具緣之佛弟子者，必須同時配合錯誤知見之解析、普令佛弟子知之，然後輔以公案解析之直示入處，方能令具緣之佛弟子悟入。而此二者，皆須以公案拈提之方式爲之，方易成其功、竟其業，是故平實導師續作宗門正義一書，以利學人。　全書500餘頁，售價500元（2007年起，凡購買公案拈提第一輯至第七輯，每購一輯皆贈送本公司精製公案拈提〈超意境〉CD一片，市售價格280元，多購多贈）。

**心經密意**—心經與解脫道、佛菩提道、祖師公案之關係與密意。　二乘菩提所證之解脫道，實依第八識心之斷除煩惱障現行而立解脫之名；大乘菩提所證之佛菩提道，實依親證第八識如來藏之涅槃性、清淨自性、及其中道性而立般若之名；禪宗祖師公案所證之眞心，即是此第八識如來藏；是故三乘佛法所修所證之三乘菩提，皆依此如來藏心而立名也。此第八識心，即是《心經》所說之心也。證得此如來藏已，即能漸入大乘佛菩提道，亦可因證知此心而了知二乘無學所不能知之無餘涅槃本際，是故《心經》之密意，與三乘佛菩提之關係極爲密切、不可分割，三乘佛法皆依此心而立名故。今者平實導師以其所證解脫道之無生智及佛菩提之般若種智，將《心經》與解脫道、佛菩提道、祖師公案之關係與密意，以演講之方式，用淺顯之語句和盤托出，發前人所未言，呈三乘菩提之眞義，令人藉此《心經密意》一舉而窺三乘菩提之堂奧，迴異諸方言不及義之說；欲求眞實佛智者、不可不讀！　主文317頁，連同跋文及序文…等共384頁，售價300元。

**宗門密意—公案拈提第七輯：**佛教之世俗化，將導致學人以信仰作爲學佛，則將以感應及世間法之庇祐，作爲學佛之主要目標，不能了知學佛之主要目標爲親證三乘菩提。大乘菩提則以般若實相智慧爲主要修習目標，以二乘菩提解脫道爲附帶修習之標的；是故學習大乘法者，應以禪宗之證悟爲要務，能親入大乘菩提之實相般若智慧中故，般若實相智慧非二乘聖人所能知故。此書則以台灣世俗化佛教之三大法師，說法似是而非之實例，配合眞悟祖師之公案解析，提示證悟般若之關節，令學人易得悟入。平實導師著，全書五百餘頁，售價500元（2007年起，凡購買公案拈提第一輯至第七輯，每購一輯皆贈送本公司精製公案拈提〈超意境〉CD一片，市售價格280元，多購多贈）。

**淨土聖道**—兼評選擇本願念佛：佛法甚深極廣，般若玄微，非諸二乘聖僧所能知之，一切凡夫更無論矣！所謂一切證量皆歸淨土是也！是故大乘法中「聖道之淨土、淨土之聖道」，其義甚深，難可了知；乃至眞悟之人，初心亦難知也。今有正德老師眞實證悟後，復能深探淨土與聖道之緊密關係，憐憫眾生之誤會淨土實義，亦欲利益廣大淨土行人同入聖道，同獲淨土中之聖道門要義，乃振奮心神、書以成文，今得刊行天下。主文279頁，連同序文等共301頁，總有十一萬六千餘字，正德老師著，成本價200元。

**起信論講記**：詳解大乘起信論心生滅門與心眞如門之眞實意旨，消除以往大師與學人對起信論所說心生滅門之誤解，由是而得了知眞心如來藏之非常非斷中道正理；亦因此一講解，令此論以往隱晦而被誤解之眞實義，得以如實顯示，令大乘佛菩提道之正理得以顯揚光大；初機學者亦可藉此正論所顯示之法義，對大乘法理生起正信，從此得以眞發菩提心，眞入大乘法中修學，世世常修菩薩正行。平實導師演述，共六輯，都已出版，每輯三百餘頁，售價各250元。

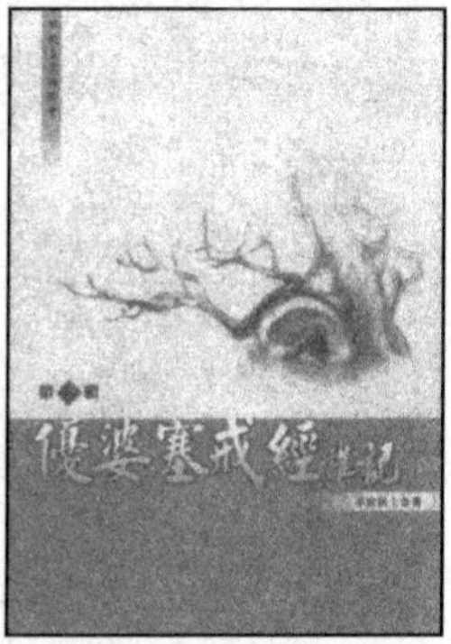


**優婆塞戒經講記**：本經詳述在家菩薩修學大乘佛法，應如何受持菩薩戒？對人間善行應如何看待？對三寶應如何護持？應如何正確地修集此世後世證法之福德？應如何修集後世「行菩薩道之資糧」？並詳述第一義諦之正義：五蘊非我非異我、自作自受、異作異受、不作不受……等深妙法義，乃是修學大乘佛法、行菩薩行之在家菩薩所應當了知者。出家菩薩今世或未來世登地已，捨報之後多數將如華嚴經中諸大菩薩，以在家菩薩身而修行菩薩行，故亦應以此經所述正理而修之，配合《楞伽經、解深密經、楞嚴經、華嚴經》等道次第正理，方得漸次成就佛道；故此經是一切大乘行者皆應證知之正法。平實導師講述，每輯三百餘頁，售價各250元；共八輯，已全部出版。

**真假活佛**—略論附佛外道盧勝彥之邪說：人人身中都有眞活佛，永生不滅而有大神用，但衆生都不了知，所以常被身外的西藏密宗假活佛籠罩欺瞞。本來就眞實存在的眞活佛，才是眞正的密宗無上密！諾那活佛因此而說禪宗是大密宗，但藏密的所有活佛都不知道、也不曾實證自身中的眞活佛。本書詳實宣示眞活佛的道理，舉證盧勝彥的「佛法」不是眞佛法，也顯示盧勝彥是假活佛，直接的闡釋第一義佛法見道的眞實正理。眞佛宗的所有上師與學人們，都應該詳細閱讀，包括盧勝彥個人在內。正犀居士著，優惠價140元。

**阿含正義**—唯識學探源：廣說四大部《阿含經》諸經中隱說之眞正義理，一一舉示佛陀本懷，令阿含時期初轉法輪根本經典之眞義，如實顯現於佛子眼前。並提示末法大師對於阿含眞義誤解之實例，一一比對之，證實唯識增上慧學確於原始佛法之阿含諸經中已隱覆密意而略說之，證實 世尊確於原始佛法中已曾密意而說第八識如來藏之總相；亦證實 世尊在四阿含中已說此藏識是名色十八界之因、之本—證明如來藏是能生萬法之根本心。佛子可據此修正以往受諸大師（譬如西藏密宗應成派中觀師：印順、昭慧、性廣、大願、達賴、宗喀巴、寂天、月稱、……等人）誤導之邪見，建立正見，轉入正道乃至親證初果而無困難；書中並詳說三果所證的心解脫，以及四果慧解脫的親證，都是如實可行的具體知見與行門。全書共七輯，已出版完畢。平實導師著，每輯三百餘頁，售價300元。

**超意境CD**：以平實導師公案拈提書中超越意境之頌詞，加上曲風優美的旋律，錄成令人嚮往的超意境歌曲，其中包括正覺發願文及平實導師親自譜成的黃梅調歌曲一首。詞曲雋永，殊堪翫味，可供學禪者吟詠，有助於見道。內附設計精美的彩色小冊，解說每一首詞的背景本事。每片280元。【每購買公案拈提書籍一冊，即贈送一片。】

**我的菩提路第一輯**：凡夫及二乘聖人不能實證的佛菩提證悟，末法時代的今天仍然有人能得實證，由正覺同修會釋悟圓、釋善藏法師等二十餘位實證如來藏者所寫的見道報告，已爲當代學人見證宗門正法之絲縷不絕，證明大乘義學的法脈仍然存在，爲末法時代求悟般若之學人照耀出光明的坦途。由二十餘位大乘見道者所繕，敘述各種不同的學法、見道因緣與過程，參禪求悟者必讀。全書三百餘頁，售價300元。

**我的菩提路第二輯**：由郭正益老師等人合著，書中詳述彼等諸人歷經各處道場學法，一一修學而加以檢擇之不同過程以後，因閱讀正覺同修會、正智出版社書籍而發起抉擇分，轉入正覺同修會中修學；乃至學法及見道之過程，都一一詳述之。（本書暫停發售，俟改版重新發售流通。）

**我的菩提路第三輯**：由王美伶老師等人合著。自從正覺同修會成立以來，每年夏初、冬初都舉辦精進禪三共修，藉以助益會中同修們得以證悟明心發起般若實相智慧；凡已實證而被平實導師印證者，皆書具見道報告用以證明佛法之眞實可證而非玄學，證明佛法並非純屬思想、理論而無實質，是故每年都能有人證明正覺同修會的「實證佛教」主張並非虛語。特別是眼見佛性一法，自古以來中國禪宗祖師實證者極寡，較之明心開悟的證境更難令人信受；至2017年初，正覺同修會中的證悟明心者已近五百人，然而其中眼見佛性者至今唯十餘人爾，可謂難能可貴，是故明心後欲冀眼見佛性者實屬不易。黃正倖老師是懸絕七年無人見性後的第一人，她於2009年的見性報告刊於本書的第二輯中，爲大衆證明佛性確實可以眼見；其後七年之中求見性者都屬解悟佛性而無人眼見，幸而又經七年後的2016冬初，以及2017夏初的禪三，復有三人眼見佛性，希冀鼓舞四衆佛子求見佛性之大心，今則具載一則於書末，顯示求見佛性之事實經歷，供養現代佛教界欲得見性之四衆弟子。全書四百頁，售價300元，已於2017年6月30日發行。

**我的菩提路第四輯**：由陳晏平等人著。中國禪宗祖師往往有所謂「見性」之言，所言多屬看見如來藏具有能令人發起成佛之自性，並非《大般涅槃經》中　如來所說之眼見佛性。眼見佛性者，於親見佛性之時，即能於山河大地眼見自己佛性，亦能於他人身上眼見自己佛性及對方之佛性，如是境界無法為尚未實證者解釋；勉強說之，縱使眞實明心證悟之人聞之，亦只能以自身明心之境界想像之，但不論如何想像多屬非量，能有正確之比量者亦是稀有，故說眼見佛性極為困難。眼見佛性之人若所見極分明時，在所見佛性之境界下所眼見之山河大地、自己五蘊身心皆是虛幻，自有異於明心者之解脫功德受用，此後永不思證二乘涅槃，必定邁向成佛之道而進入第十住位中，已超第一阿僧祇劫三分有一，可謂之為超劫精進也。今又有明心之後眼見佛性之人出於人間，將其明心及後來見性之報告，連同其餘證悟明心者之精彩報告一同收錄於此書中，供養眞求佛法實證之四衆佛子。全書380頁，售價300元，已於2018年6月30日發行。

**我的菩提路第五輯**：林慈慧老師等人著，本輯中所舉學人從相似正法中來到正覺同修會的過程，各人都有不同，發生的因緣亦是各有差別，然而都會指向同一個目標——證實生命實相的源底，確證自己生從何來、死往何去的事實，所以最後都證明佛法眞實而可親證，絕非玄學；本書將彼等諸人的始修及末後證悟之實例，羅列出來以供學人參考。本期亦有一位會裡的老師，是從1995年即開始追隨　平實導師修學，1997年明心後持續進修不斷，直到2017年眼見佛性之實例，足可證明《大般涅槃經》中世尊開示眼見佛性之法正眞無訛，第十住位的實證在末法時代的今天仍有可能，如今一併具載於書中以供學人參考，並供養現代佛教界欲得見性之四衆弟子。全書四百頁，售價300元，已於2019年12月31日發行。

**我的菩提路第六輯**：劉惠莉老師等人著，本輯中舉示劉老師明心多年以後的眼見佛性實錄，供末法時代學人了知明心之異於見性本質，足可證明《大般涅槃經》中世尊開示眼見佛性之法正眞無訛。亦列舉多篇學人從各道場來到正覺學法之不同過程，以及如何發覺邪見之異於正法的所在，最後終能在正覺禪三中悟入的實況，以證明佛教正法仍在末法時代的人間繼續弘揚的事實，鼓舞一切眞實學法的菩薩大衆思之：我等諸人亦可有因緣證悟，絕非空想白思。約四百頁，售價300元，已於2020年6月30日發行。

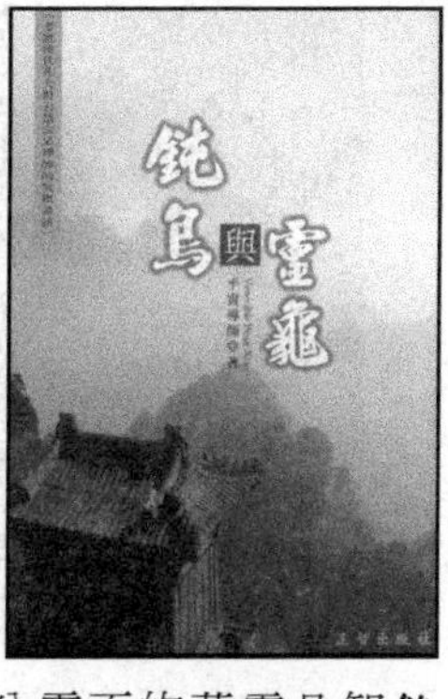


**鈍鳥與靈龜**：鈍鳥及靈龜二物，被宗門證悟者說爲二種人：前者是精修禪定而無智慧者，也是以定爲禪的愚癡禪人；後者是或有禪定、或無禪定的宗門證悟者，凡已證悟者皆是靈龜。但後者被人虛造事實，用以嘲笑大慧宗杲禪師，說他雖是靈龜，卻不免被天童禪師預記「患背」痛苦而亡：「鈍鳥離巢易，靈龜脫殼難。」藉以貶低大慧宗杲的證量。同時將天童禪師實證如來藏的證量，曲解爲意識境界的離念靈知。自從大慧禪師入滅以後，錯悟凡夫對他的不實毀謗就一直存在著，不曾止息，並且捏造的假事實也隨著年月的增加而越來越多，終至編成「鈍鳥與靈龜」的假公案、假故事。本書是考證大慧與天童之間的不朽情誼，顯現這件假公案的虛妄不實；更見大慧宗杲面對惡勢力時的正直不阿，亦顯示大慧對天童禪師的至情深義，將使後人對大慧宗杲的誣謗至此而止，不再有人誤犯毀謗賢聖的惡業。書中亦舉證宗門的所悟確以第八識如來藏爲標的，詳讀之後必可改正以前被錯悟大師誤導的參禪知見，日後必定有助於實證禪宗的開悟境界，得階大乘眞見道位中，即是實證般若之賢聖。全書459頁，售價350元。

**維摩詰經講記**：本經係　世尊在世時，由等覺菩薩維摩詰居士藉疾病而演說之大乘菩提無上妙義，所說函蓋甚廣，然極簡略，是故今時諸方大師與學人讀之悉皆錯解，何況能知其中隱含之深妙正義，是故普遍無法爲人解說；若強爲人說，則成依文解義而有諸多過失。今由平實導師公開宣講之後，詳實解釋其中密意，令維摩詰菩薩所說大乘不可思議解脫之深妙正法得以正確宣流於人間，利益當代學人及與諸方大師。書中詳實演述大乘佛法深妙不共二乘之智慧境界，顯示諸法之中絕待之實相境界，建立大乘菩薩妙道於永遠不敗不壞之地，以此成就護法偉功，欲冀永利娑婆人天。已經宣講圓滿整理成書流通，以利諸方大師及諸學人。全書共六輯，每輯三百餘頁，售價各250元。

**真假外道**：本書具體舉證佛門中的常見外道知見實例，並加以教證及理證上的辨正，幫助讀者輕鬆而快速的了知常見外道的錯誤知見，進而遠離佛門內外的常見外道知見，因此即能改正修學方向而快速實證佛法。　游正光老師著　。成本價200元。

**勝鬘經講記：**如來藏爲三乘菩提之所依，若離如來藏心體及其含藏之一切種子，即無三界有情及一切世間法，亦無二乘菩提緣起性空之出世間法；本經詳說無始無明、一念無明皆依如來藏而有之正理，藉著詳解煩惱障與所知障間之關係，令學人深入了知二乘菩提與佛菩提相異之妙理；聞後即可了知佛菩提之特勝處及三乘修道之方向與原理，邁向攝受正法而速成佛道的境界中。平實導師講述，共六輯，每輯三百餘頁，售價各250元。

**楞嚴經講記：**楞嚴經係密教部之重要經典，亦是顯教中普受重視之經典；經中宣說明心與見性之內涵極爲詳細，將一切法都會歸如來藏及佛性—妙眞如性；亦闡釋佛菩提道修學過程中之種種魔境，以及外道誤會涅槃之狀況，旁及三界世間之起源。然因言句深澀難解，法義亦復深妙寬廣，學人讀之普難通達，是故讀者大多誤會，不能如實理解佛所說之明心與見性內涵，亦因是故多有悟錯之人引爲開悟之證言，成就大妄語罪。今由平實導師詳細講解之後，整理成文，以易讀易懂之語體文刊行天下，以利學人。全書十五輯，全部出版完畢。每輯三百餘頁，售價每輯300元。

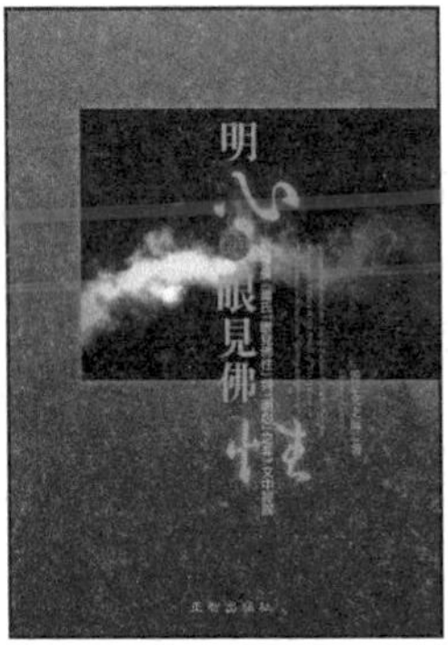


**明心與眼見佛性：**本書細述明心與眼見佛性之異同，同時顯示了中國禪宗破初參明心與重關眼見佛性二關之間的關聯；書中又藉法義辨正而旁述其他許多勝妙法義，讀後必能遠離佛門長久以來積非成是的錯誤知見，令讀者在佛法的實證上有極大助益。也藉慧廣法師的謬論來教導佛門學人回歸正知正見，遠離古今禪門錯悟者所墮的意識境界，非唯有助於斷我見，也對未來的開悟明心實證第八識如來藏有所助益，是故學禪者都應細讀之。游正光老師著　共448頁　售價300元。

**菩薩底憂鬱CD：**將菩薩情懷及禪宗公案寫成新詞，並製作成超越意境的優美歌曲。 1.主題曲〈菩薩底憂鬱〉，描述地後菩薩能離三界生死而迴向繼續生在人間，但因尚未斷盡習氣種子而有極深沈之憂鬱，非三賢位菩薩及二乘聖者所知，此憂鬱在七地滿心位方才斷盡；本曲之詞中所說義理極深，昔來所未曾見；此曲係以優美的情歌風格寫詞及作曲，聞者得以激發嚮往諸地菩薩境界之大心，詞、曲都非常優美，難得一見；其中勝妙義理之解說，已印在附贈之彩色小冊中。 2.以各輯公案拈提中直示禪門入處之頌文，作成各種不同曲風之超意境歌曲，值得玩味、參究；聆聽公案拈提之優美歌曲時，請同時閱讀內附之印刷精美說明小冊，可以領會超越三界的證悟境界；未悟者可以因此引發求悟之意向及疑情，眞發菩提心而邁向求悟之途，乃至因此眞實悟入般若，成眞菩薩。 3.正覺總持咒新曲，總持佛法大意；總持咒之義理，已加以解說並印在隨附之小冊中。本CD共有十首歌曲，長達63分鐘，附贈二張購書優惠券。每片280元。

**金剛經宗通：**三界唯心，萬法唯識，是成佛之修證內容，是諸地菩薩之所修；般若則是成佛之道（實證三界唯心、萬法唯識）的入門，若未證悟實相般若，即無成佛之可能，必將永在外門廣行菩薩六度，永在凡夫位中。然而實相般若的發起，全賴實證萬法的實相；若欲證知萬法的眞相，則必須探究萬法之所從來，則須實證自心如來—金剛心如來藏，然後現觀這個金剛心的金剛性、眞實性、如如性、清淨性、涅槃性、能生萬法的自性性、本住性，名爲證眞如；進而現觀三界六道唯是此金剛心所成，人間萬法須藉八識心王和合運作方能現起。如是實證《華嚴經》的「三界唯心、萬法唯識」以後，由此等現觀而發起實相般若智慧，繼續進修第十住位的如幻觀、第十行位的陽焰觀、第十迴向位的如夢觀，再生起增上意樂而勇發十無盡願，方能滿足三賢位的實證，轉入初地；自知成佛之道而無偏倚，從此按部就班、次第進修乃至成佛。第八識自心如來是般若智慧之所依，般若智慧的修證則要從實證金剛心自心如來開始；《金剛經》則是解說自心如來之經典，是一切三賢位菩薩所應進修之實相般若經典。這一套書，是將平實導師宣講的《金剛經宗通》內容，整理成文字而流通之；書中所說義理，迴異古今諸家依文解義之說，指出大乘見道方向與理路，有益於禪宗學人求開悟見道，及轉入內門廣修六度萬行。已於2013年9月出版完畢，總共9輯，每輯約三百餘頁，售價各250元。

**禪意無限CD：**平實導師以公案拈提書中偈頌寫成不同風格曲子，與他人所寫不同風格曲子共同錄製出版，幫助參禪人進入禪門超越意識之境界。盒中附贈彩色印製的精美解說小冊，以供聆聽時閱讀，令參禪人得以發起參禪之疑情，即有機會證悟本來面目，實證大乘菩提般若。本CD共有十首歌曲，長達69分鐘，每盒各附贈二張購書優惠券。每片280元。

**空行母—性別、身分定位，以及藏傳佛教：**本書作者為蘇格蘭哲學家，因為嚮往佛教深妙的哲學內涵，於是進入當年盛行於歐美的假藏傳佛教密宗，擔任卡盧仁波切的翻譯工作多年以後，被邀請成為卡盧的空行母（又名佛母、明妃），開始了她在密宗裡的實修過程；後來發覺在密宗雙身法中的修行，其實無法使自己成佛，也發覺密宗對女性岐視而處處貶抑，並剝奪女性在雙身法中擔任一半角色時應有的身分定位。當她發覺自己只是雙身法中被喇嘛利用的工具，沒有獲得絲毫應有的尊重與基本定位時，發現了密宗的父權社會控制女性的本質；於是作者傷心地離開了卡盧仁波切與密宗，但是卻被恐嚇不許講出她在密宗裡的經歷，也不許她說出自己對密宗的教義與教制下對女性剝削的本質，否則將被咒殺死亡。後來她去加拿大定居，十餘年後方才擺脫這個恐嚇陰影，下定決心將親身經歷的實情及觀察到的事實寫下來並且出版，公諸於世。出版之後，她被流亡的達賴集團人士大力攻訐，誣指她為精神狀態失常、說謊……等。但有智之士並未被達賴集團的政治操作及各國政府政治運作吹捧達賴的表相所欺，使她的書銷售無阻而又再版。正智出版社鑑於作者此書是親身經歷的事實，所說具有針對「藏傳佛教」而作學術研究的價值，也有使人認清假藏傳佛教剝削佛母、明妃的男性本位實質，因此洽請作者同意中譯而出版於華人地區。珍妮·坎貝爾女士著，呂艾倫 中譯，每冊250元。

**霧峰無霧—給哥哥的信**　本書作者藉兄弟之間信件往來論義，略述佛法大義；並以多篇短文辨義，舉出釋印順對佛法的無量誤解證據，並一一給予簡單而清晰的辨正，令人一讀即知。久讀、多讀之後即能認清楚釋印順的六識論見解，與眞實佛法之牴觸是多麼嚴重；於是在久讀、多讀之後，於不知不覺之間提升了對佛法的極深入理解，正知正見就在不知不覺間建立起來了。當三乘佛法的正知見建立起來之後，對於三乘菩提的見道條件便將隨之具足，於是聲聞解脫道的見道也就水到渠成；接著大乘見道的因緣也將次第成熟，未來自然也會有親見大乘菩提之道的因緣，悟入大乘實相般若也將自然成功，自能通達般若系列諸經而成實義菩薩。作者居住於南投縣霧峰鄉，自喻見道之後不復再見霧峰之霧，故鄉原野美景一一明見，於是立此書名爲《霧峰無霧》；讀者若欲撥霧見月，可以此書爲緣。游宗明　老師著　已於2015年出版　售價250元。

**霧峰無霧—第二輯—救護佛子向正道**　本書作者藉釋印順著作中之各種錯謬法義提出辨正，以詳實的文義一一提出理論上及實證上之解析，列舉釋印順對佛法的無量誤解證據，藉此教導佛門大師與學人釐清佛法義理，遠離岐途轉入正道，然後知所進修，久之便能見道明心而入大乘勝義僧數。被釋印順誤導的大師與學人極多，很難救轉，是故作者大發悲心深入解說其錯謬之所在，佐以各種義理辨正而令讀者在不知不覺之間轉歸正道。如是久讀之後欲得斷身見、證初果，即不爲難事；乃至久之亦得大乘見道而得證眞如，脫離空有二邊而住中道，實相般若智慧生起，於佛法不再茫然，漸漸亦知悟後進修之道。屆此之時，對於大乘般若等深妙法之迷雲暗霧亦將一掃而空，生命及宇宙萬物之故鄉原野美景一一明見，是故本書仍名《霧峰無霧》，爲第二輯；讀者若欲撥雲見日、離霧見月，可以此書爲緣。游宗明　老師著　已於2019年出版　售價250元。

**假藏傳佛教的神話—性、謊言、喇嘛教**：本書編著者是由一首名爲「阿姊鼓」的歌曲爲緣起，展開了序幕，揭開假藏傳佛教—喇嘛教—的神秘面紗。其重點是蒐集、摘錄網路上質疑「喇嘛教」的帖子，以揭穿「假藏傳佛教的神話」爲主題，串聯成書，並附加彩色插圖以及說明，讓讀者們瞭解西藏密宗及相關人事如何被操作爲「神話」的過程，以及神話背後的眞相。作者：張正玄教授。售價200元。

**達賴真面目—玩盡天下女人**：假使您不想戴綠帽子，請記得詳細閱讀此書；假使您不想讓好朋友戴綠帽子，請您將此書介紹給您的好朋友。假使您想保護家中的女性，也想要保護好朋友的女眷，請記得將此書送給家中的女性和好友的女眷都來閱讀。本書爲印刷精美的大本彩色中英對照精裝本，爲您揭開達賴喇嘛的眞面目，內容精彩不容錯過，爲利益社會大眾，特別以優惠價格嘉惠所有讀者。編著者：白志偉等。大開版雪銅紙彩色精裝本。售價800元。

**童女迦葉考—論呂凱文〈佛教輪迴思想的論述分析〉之謬**：童女迦葉是佛世率領五百大比丘遊行於人間的歷史事實，是以童貞行而依止菩薩戒弘化於人間的大菩薩，不依別解脫戒（聲聞戒）來弘化於人間。這是大乘佛教與聲聞佛教同時存在於佛世的歷史明證，證明大乘佛教不是從聲聞法中分裂出來的部派佛教的產物，卻是聲聞佛教分裂出來的部派佛教聲聞凡夫僧所不樂見的史實；於是古今聲聞法中的凡夫都欲加以扭曲而作詭說，更是末法時代高聲大呼「大乘非佛說」的六識論聲聞凡夫極力想要扭曲的佛教史實之一，於是想方設法扭曲迦葉菩薩爲聲聞僧，以及扭曲迦葉童女爲比丘僧等荒謬不實之論著便陸續出現，古時聲聞僧寫作的《分別功德論》是最具體之事例，現代之代表作則是呂凱文先生的〈佛教輪迴思想的論述分析〉論文。鑑於如是假藉學術考證以籠罩大眾之不實謬論，未來仍將繼續造作及流竄於佛教界，繼續扼殺大乘佛教學人法身慧命，必須舉證辨正之，遂成此書。平實導師 著，每冊180元。

**末代達賴—性交教主的悲歌**：簡介從藏傳僞佛教（喇嘛教）的修行核心—性力派男女雙修，探討達賴喇嘛及藏傳僞佛教的修行內涵。書中引用外國知名學者著作、世界各地新聞報導，包含：歷代達賴喇嘛的祕史、達賴六世修雙身法的事蹟，以及《時輪續》中的性交灌頂儀式……等；達賴喇嘛書中開示的雙修法、達賴喇嘛的黑暗政治手段；達賴喇嘛所領導的寺院爆發喇嘛性侵兒童；新聞報導《西藏生死書》作者索甲仁波切性侵女信徒、澳洲喇嘛秋達公開道歉、美國最大假藏傳佛教組織領導人邱陽創巴仁波切的性氾濫，等等事件背後眞相的揭露。作者：張善思、呂艾倫、辛燕。售價250元。

**黯淡的達賴—失去光彩的諾貝爾和平獎**：本書舉出很多證據與論述，詳述達賴喇嘛不爲世人所知的一面，顯示達賴喇嘛並不是眞正的和平使者，而是假借諾貝爾和平獎的光環來欺騙世人；透過本書的說明與舉證，讀者可以更清楚的瞭解，達賴喇嘛是結合暴力、黑暗、淫欲於喇嘛教裡的集團首領，其政治行爲與宗教主張，早已讓諾貝爾和平獎的光環染污了。　本書由財團法人正覺教育基金會寫作、編輯，由正覺出版社印行，每冊250元。

**第七意識與第八意識？—穿越時空「超意識」**：「三界唯心，萬法唯識」是佛教中應該實證的聖教，也是《華嚴經》中明載而可以實證的法界實相。唯心者，三界一切境界、一切諸法唯是一心所成就，即是每一個有情的第八識如來藏，不是意識心。唯識者，即是人類各各都具足的八識心王——眼識、耳鼻舌身意識、意根、阿賴耶識，第八阿賴耶識又名如來藏，人類五陰相應的萬法，莫不由八識心王共同運作而成就，故說萬法唯識。依聖教量及現量、比量，都可以證明意識是二法因緣生，是由第八識藉意根與法塵二法爲因緣而出生，又是夜夜斷滅不存之生滅心，即無可能反過來出生第七識意根、第八識如來藏，當知不可能從生滅性的意識心中，細分出恆審思量的第七識意根，更無可能細分出恆而不審的第八識如來藏。本書是將演講內容整理成文字，細說如是內容，並已在〈正覺電子報〉連載完畢，今彙集成書以廣流通，欲幫助佛門有緣人斷除意識我見，跳脫於識陰之外而取證聲聞初果；嗣後修學禪宗時即得不墮外道神我之中，得以求證第八識金剛心而發起般若實智。平實導師 述，每冊300元。

**中觀金鑑—詳述應成派中觀的起源與其破法本質：**學佛人往往迷於中觀學派之不同學說，被應成派與自續派所迷惑；修學般若中觀二十年後自以爲實證般若中觀了，卻仍不曾入門，甫聞實證般若中觀者之所說，則茫無所知，迷惑不解；隨後信心盡失，不知如何實證佛法；凡此，皆因惑於這二派中觀學說所致。自續派中觀所說同於常見，以意識境界立爲第八識如來藏之境界，應成派所說則同於斷見，但又同立意識爲常住法，故亦具足斷常二見。今者孫正德老師有鑑於此，乃將起源於密宗的應成派中觀學說，追本溯源，詳考其來源之外，亦一一舉證其立論內容，詳加辨正，令密宗雙身法祖師以識陰境界而造之應成派中觀學說本質，詳細呈現於學人眼前，令其維護雙身法之目的無所遁形。若欲遠離密宗此二大派中觀謬說，欲於三乘菩提有所進道者，允宜具足閱讀並細加思惟，反覆讀之以後將可捨棄邪道返歸正道，則於般若之實證即有可能，證後自能現觀如來藏之中道境界而成就中觀。本書分上、中、下三冊，每冊250元，全部出版完畢。

**人間佛教—實證者必定不悖三乘菩提：**「大乘非佛說」的講法似乎流傳已久，卻只是日本人企圖擺脫中國正統佛教的影響，而在明治維新時期才開始提出來的說法；台灣佛教、大陸佛教的淺學無智之人，由於未曾實證佛法而迷信日本人錯誤的學術考證，錯認爲這些別有用心的日本佛學考證的講法爲天竺佛教的眞實歷史；甚至還有更激進的反對佛教者提出「釋迦牟尼佛並非眞實存在，只是後人捏造的假歷史人物」，竟然也有少數佛教徒願意跟著「學術」的假光環而信受不疑，亦導致部分台灣佛教界人士，造作了反對中國大乘佛教而推崇南洋小乘佛教的行爲，使台灣佛教的信仰者難以檢擇，亦導致一般大陸人士開始轉入基督教的盲目迷信中。在這些佛教及外教人士之中，也就有一分人根據此邪說而大聲主張「大乘非佛說」的謬論，這些人以「人間佛教」的名義來抵制中國正統佛教，公然宣稱中國的大乘佛教是由聲聞部派佛教的凡夫僧所創造出來的。這樣的說法流傳於台灣及大陸佛教界凡夫僧之中已久，卻非眞正的佛教歷史中曾經發生過的事，只是繼承六識論的聲聞法中凡夫僧，以及別有居心的日本佛教界，依自己的意識境界立場，純憑臆想而編造出來的妄想說法，卻已經影響許多無智之凡夫僧俗信受不移。本書則是從佛教的經藏法義實質及實證的現量內涵本質立論，證明大乘佛法本是佛說，是從《阿含正義》尚未說過的不同面向來討論「人間佛教」的議題，證明「大乘眞佛說」。閱讀本書可以斷除六識論邪見，迴入三乘菩提正道發起實證的因緣；也能斷除禪宗學人學禪時普遍存在之錯誤知見，對於建立參禪時的正知見有很深的著墨。平實導師 述，內文488頁，全書528頁，定價400元。

**喇嘛性世界—揭開假藏傳佛教譚崔瑜伽的面紗：**這個世界中的喇嘛，號稱來自世外桃源的香格里拉，穿著或紅或黃的喇嘛長袍，散布於我們的身邊傳教灌頂，吸引了無數的人嚮往學習；這些喇嘛虔誠地為大眾祈福，手中拿著寶杵（金剛）與寶鈴（蓮花），口中唸著咒語：「唵．嘛呢．叭咪．吽……」，咒語的意思是說：「我至誠歸命金剛杵上的寶珠伸向蓮花寶穴之中」！「喇嘛性世界」是什麼樣的「世界」呢？本書將為您呈現喇嘛世界的面貌。當您發現真相以後，您將會唸：「噢！喇嘛．性．世界，譚崔性交嘛！」作者：張善思、呂艾倫。售價200元。

**見性與看話頭：**黃正倖老師的《見性與看話頭》於《正覺電子報》連載完畢，今結集出版。書中詳說禪宗看話頭的詳細方法，並細說看話頭與眼見佛性的關係，以及眼見佛性者求見佛性前必須具備的條件。本書是禪宗實修者追求明心開悟時參禪的方法書，也是求見佛性者作功夫時必讀的方法書，內容兼顧眼見佛性的理論與實修之方法，是依實修之體驗配合理論而詳述，條理分明而且極為詳實、周全、深入。本書內文375頁，全書416頁，售價300元。

**實相經宗通：**學佛之目的在於實證一切法界背後之實相，禪宗稱之為本來面目或本地風光，佛菩提道中稱之為實相法界；此實相法界即是金剛藏，又名佛法之祕密藏，即是能生有情五陰、十八界及宇宙萬有（山河大地、諸天、三惡道世間）的第八識如來藏，又名阿賴耶識心，即是禪宗祖師所說的真如心，此心即是三界萬有背後的實相。證得此第八識心時，自能瞭解般若諸經中隱說的種種密意，即得發起實相般若——實相智慧。每見學佛人修學佛法二十年後仍對實相般若茫然無知，亦不知如何入門，茫無所趣；更因不知三乘菩提的互異互同，是故越是久學者對佛法越覺茫然，都肇因於尚未瞭解佛法的全貌，亦未瞭解佛法的修證內容即是第八識心所致。本書對於修學佛法者所應實證的實相境界提出明確解析，並提示趣入佛菩提道的入手處，有心親證實相般若的佛法實修者，宜詳讀之，於佛菩提道之實證即有下手處。平實導師述著，共八輯，已於2016年出版完畢，每輯成本價250元。

**真心告訴您(一)—達賴喇嘛在幹什麼？**這是一本報導篇章的選集，更是「破邪顯正」的暮鼓晨鐘。「破邪」是戳破假象，說明達賴喇嘛及其所率領的密宗四大派法王、喇嘛們，弘傳的佛法是仿冒的佛法；他們是假藏傳佛教，是坦特羅（譚崔性交）外道法和藏地崇奉鬼神的苯教混合成的「喇嘛教」，推廣的是以所謂「無上瑜伽」的男女雙身法冒充佛法的假佛教，詐財騙色誤導眾生，常常造成信徒家庭破碎、家中兒少失怙的嚴重後果。「顯正」是揭櫫眞相，指出眞正的藏傳佛教只有一個，就是覺囊巴，傳的是 釋迦牟尼佛演繹的第八識如來藏妙法，稱爲他空見大中觀。正覺教育基金會即以此古今輝映的如來藏正法正知見，在眞心新聞網中逐次報導出來，將箇中原委「眞心告訴您」，如今結集成書，與想要知道密宗眞相的您分享。售價250元。

**法華經講義：**此書爲平實導師始從2009/7/21演述至2014/1/14之講經錄音整理所成。世尊一代時教，總分五時三教，即是華嚴時、聲聞緣覺教、般若教、種智唯識教、法華時；依此五時三教區分爲藏、通、別、圓四教。本經是最後一時的圓教經典，圓滿收攝一切法教於本經中，是故最後的圓教聖訓中，特地指出無有三乘菩提，其實唯有一佛乘；皆因眾生愚迷故，方便區分爲三乘菩提以助眾生證道。世尊於此經中特地說明如來示現於人間的唯一大事因緣，便是爲有緣眾生「開、示、悟、入」諸佛的所知所見——第八識如來藏妙眞如心，並於諸品中隱說「妙法蓮花」如來藏心的密意。然因此經所說甚深難解，眞義隱晦，古來難得有人能窺堂奧；平實導師以知如是密意故，特爲末法佛門四眾演述《妙法蓮華經》中各品蘊含之密意，使古來未曾被古德註解出來的「此經」密意，如實顯示於當代學人眼前。乃至〈藥王菩薩本事品〉、〈妙音菩薩品〉、〈觀世音菩薩普門品〉、〈普賢菩薩勸發品〉中的微細密意，亦皆一併詳述之，可謂開前人所未曾言之密意，示前人所未見之妙法。最後乃至以〈法華大義〉而總其成，全經妙旨貫通始終，而依佛旨圓攝於一心如來藏妙心，厥爲曠古未有之大說也。平實導師述，共有25輯，已於2019/05/31出版完畢。每輯300元。

**西藏「活佛轉世」制度—附佛、造神、世俗法：**歷來關於喇嘛教活佛轉世的研究，多針對歷史及文化兩部分，於其所以成立的理論基礎，較少系統化的探討。尤其是此制度是否依據「佛法」而施設？是否合乎佛法眞實義？現有的文獻大多含糊其詞，或人云亦云，不曾有明確的闡釋與如實的見解。因此本文先從活佛轉世的由來，探索此制度的起源、背景與功能，並進而從活佛的尋訪與認證之過程，發掘活佛轉世的特徵，以確認「活佛轉世」在佛法中應具足何種果德。定價150元。

**真心告訴您(二)—達賴喇嘛是佛教僧侶嗎？補祝達賴喇嘛八十大壽：**這是一本針對當今達賴喇嘛所領導的喇嘛教，冒用佛教名相、於師徒間或師兄姊間，實修男女邪淫，而從佛法三乘菩提的現量與聖教量，揭發其謊言與邪術，證明達賴及其喇嘛教是仿冒佛教的外道，是「假藏傳佛教」。藏密四大派教義雖有「八識論」與「六識論」的表面差異，然其實修之內容，皆共許「無上瑜伽」四部灌頂爲究竟「成佛」之法門，也就是共以男女雙修之邪淫法爲「即身成佛」之密要，雖美其名曰「欲貪爲道」之「金剛乘」，並誇稱其成就超越於（應身佛）釋迦牟尼佛所傳之顯教般若乘之上；然詳考其理論，則或以意識離念時之粗細心爲第八識如來藏，或以中脈裡的明點爲第八識如來藏，或如宗喀巴與達賴堅決主張第六意識爲常恆不變之眞心者，分別墮於外道之常見與斷見中；全然違背 佛說能生五蘊之如來藏的實質。售價300元。

**涅槃—解說四種涅槃之實證及內涵：**眞正學佛之人，首要即是見道，由見道故方有涅槃之實證，證涅槃者方能出生死，但涅槃有四種：二乘聖者的有餘涅槃、無餘涅槃，以及大乘聖者的本來自性清淨涅槃、佛地的無住處涅槃。大乘聖者實證本來自性清淨涅槃，入地前再取證二乘涅槃，然後起惑潤生捨離二乘涅槃，繼續進修而在七地心前斷盡三界愛之習氣種子，依七地無生法忍之具足而證得念念入滅盡定；八地後進斷異熟生死，直至妙覺地下生人間成佛，具足四種涅槃，方是眞正成佛。此理古來少人言，以致誤會涅槃正理者比比皆是，今於此書中廣說四種涅槃、如何實證之理、實證前應有之條件，實屬本世紀佛教界極重要之著作，令人對涅槃有正確無訛之認識，然後可以依之實行而得實證。本書共有上下二冊，每冊各四百餘頁，對涅槃詳加解說，每冊各350元。

**佛藏經講義：**本經說明爲何佛菩提難以實證之原因，都因往昔無數阿僧祇劫前的邪見，引生此世求證時之業障而難以實證。即以諸法實相詳細解說，繼之以念佛品、念法品、念僧品，說明諸佛與法之實質；然後以淨戒品之說明，期待佛弟子四衆堅持清淨戒而轉化心性，並以往古品的實例說明，教導四衆務必滅除邪見轉入正見中，然後以了戒品的說明和囑累品的付囑，期望末法時代的佛門四衆弟子皆能清淨知見而得以實證。平實導師於此經中有極深入的解說，總共21輯，每輯300元，於2019/07/31開始發行。

**我的菩提路第七輯：**余正偉老師等人著，本輯中舉示余老師明心二十餘年以後的眼見佛性實錄，供末法時代學人了知明心異於見性之本質，並且舉示其見性後與平實導師互相討論眼見佛性之諸多疑訛處；除了證明《大般涅槃經》中 世尊開示眼見佛性之法正眞無訛以外，亦得一解明心後尚未見性者之所未知處，甚爲精彩。此外亦列舉多篇學人從各不同宗教進入正覺學法之不同過程，以及發覺諸方道場邪見之內容與過程，最終得於正覺精進禪三中悟入的實況，足供末法精進學人借鑑，以彼鑑己而生信心，得以投入了義正法中修學及實證。凡此，皆足以證明不唯明心所證之第七住位般若智慧及解脫功德仍可實證，乃至第十住位的實證與當場發起如幻觀之實證，於末法時代的今天皆仍有可能。本書約四百頁，售價300元，將於2021年6月30日發行。

**大法鼓經講義：**本經解說佛法的總成：法、非法。由開解法、非法二義，說明了義佛法與世間戲論法的差異，指出佛法實證之標的即是法——第八識如來藏；並顯示實證後的智慧，如實擊大法鼓、演深妙法，演說如來祕密教法，非二乘定性及諸凡夫所能得聞，唯有具足菩薩性者方能得聞。正聞之後即得依於 世尊大願而拔除邪見，入於正法而得實證；深解不了義經之方便說，亦能實解了義經所說之眞實義，得以證法——如來藏，而得發起根本無分別智，乃至進修而發起後得無分別智；並堅持布施及受持清淨戒而轉化心性，得以現觀眞我如來藏之各種層面。此爲第一義諦聖教，於末法最後餘四十年時，一切世間樂見離車童子將繼續護持此經所說正法。平實導師於此經中有極深入的解說，總共約六輯，每輯300元，於《佛藏經講義》出版完畢後開始發行，每二個月發行一輯。

**解深密經講義**：本經係 世尊晚年第三轉法輪，宣說地上菩薩所應熏修之唯識正義經典，經中所說義理乃是大乘一切種智增上慧學，以阿陀那識—如來藏—阿賴耶識爲主體。禪宗之證悟者，若欲修證初地無生法忍乃至八地無生法忍者，必須修學《楞伽經、解深密經》所說之八識心王一切種智；此二經所說正法，方是眞正成佛之道；印順法師否定第八識如來藏之後所說萬法緣起性空之法，是以誤會後之二乘解脫道取代大乘眞正成佛之道，尚且不符二乘解脫道正理，亦已墮於斷滅見中，不可謂爲成佛之道也。平實導師曾於本會郭故理事長往生時，於喪宅中從首七開始宣講，於每一七各宣講三小時，至第十七而快速略講圓滿，作爲郭老之往生佛事功德，迴向郭老早證八地、速返娑婆住持正法。茲爲今時後世學人故，將擇期重講《解深密經》，以淺顯之語句講畢後，將會整理成文，用供證悟者進道；亦令諸方未悟者，據此經中佛語正義，修正邪見，依之速能入道。平實導師述著，全書輯數未定，每輯三百餘頁，將於未來重講完畢後逐輯出版。

**修習止觀坐禪法要講記**：修學四禪八定之人，往往錯會禪定之修學知見，欲以無止盡之坐禪而證禪定境界，卻不知修除性障之行門才是修證四禪八定不可或缺之要素，故智者大師云「性障初禪」；性障不除，初禪永不現前，云何修證二禪等？又：行者學定，若唯知數息，而不解六妙門之方便善巧者，欲求一心入定，未到地定極難可得，智者大師名之爲「事障未來」：障礙未到地定之修證。又禪定之修證，不可違背二乘菩提及第一義法，否則縱使具足四禪八定，亦不能實證涅槃而出三界。此諸知見，智者大師於《修習止觀坐禪法要》中皆有闡釋。作者平實導師以其第一義之見地及禪定之實證證量，曾加以詳細解析。將俟正覺寺竣工啓用後重講，不限制聽講者資格；講後將以語體文整理出版。欲修習世間定及增上定之學者，宜細讀之。平實導師述著。

**阿含經講記—小乘解脫道之修證**：數百年來，南傳佛法所說證果之不實，所說解脫道之虛妄，所弘解脫道法義之世俗化，皆已少人知之；從南洋傳入台灣與大陸之後，所說法義虛謬之事，亦復少人知之；今時台灣全島印順系統之法師居士，多不知南傳佛法數百年來所說解脫道之義理已然偏斜、已然世俗化、已非眞正之二乘解脫正道，猶極力推崇與弘揚。彼等南傳佛法近代所謂之證果者皆非眞實證果者，譬如阿迦曼、葛印卡、帕奧禪師、一行禪師……等人，悉皆未斷我見故。近年更有台灣南部大願法師，高抬南傳佛法之二乘修證行門爲「捷徑究竟解脫之道」者，然而南傳佛法縱使眞修實證，得成阿羅漢，至高唯是二乘菩提解脫之道，絕非究竟解脫，無餘涅槃中之實際尚未得證故，法界之實相尚未了知故，習氣種子待除故，一切種智未實證故，焉得謂爲「究竟解脫」？即使南傳佛法近代眞有實證之阿羅漢，尚且不及三賢位中之七住明心菩薩本來自性清淨涅槃智慧境界，則不能知此賢位菩薩所證之無餘涅槃實際，仍非大乘佛法中之見道者，何況普未實證聲聞果乃至未斷我見之人？謬充證果已屬逾越，更何況是誤會二乘菩提之後，以未斷我見之凡夫知見所說之二乘菩提解脫偏斜法道，焉可高抬爲「究竟解脫」？而且自稱「捷徑之道」？又妄言解脫之道即是成佛之道，完全否定般若實智、否定三乘菩提所依之如來藏心體，此理大大不通也！平實導師爲令修學二乘菩提欲證解脫果者，普得迴入二乘菩提正見、正道中，是故選錄四阿含諸經中，對於二乘解脫道法義有具足圓滿說明之經典，預定未來十年內將會加以詳細講解，令學佛人得以了知二乘解脫道之修證理路與行門，庶免被人誤導之後，未證言證，梵行未立，干犯道禁自稱阿羅漢或成佛，成大妄語，欲升反墮。本書首重斷除我見，以助行者斷除我見而實證初果爲著眼之目標，若能根據此書內容，配合平實導師所著《識蘊眞義》《阿含正義》內涵而作實地觀行，實證初果非爲難事，行者可以藉此三書自行確認聲聞初果爲實際可得現觀成就之事。此書中除依二乘經典所說加以宣示外，亦依斷除我見等之證量，及大乘法中道種智之證量，對於意識心之體性加以細述，令諸二乘學人必定得斷我見、常見，免除三縛結之繫縛。次則宣示斷除我執之理，欲令升進而得薄貪瞋痴，乃至斷五下分結…等。平實導師將擇期講述，然後整理成書。共二冊，每冊三百餘頁。每輯300元。

**＊喇嘛教修外道雙身法，墮識陰境界，非佛教＊**

**＊弘揚如來藏他空見的覺囊派才是眞正藏傳佛教＊**

**總經銷： 聯合發行股份有限公司**

231 新北市新店區寶橋路 235 巷 6 弄 6 號 4F

Tel.02－2917-8022（代表號） Fax.02－2915-6275（代表號）

**零售：**1.**全台連鎖經銷書局：**

三民書局、誠品書局、何嘉仁書店

敦煌書店、紀伊國屋、金石堂書局、建宏書局

諾貝爾圖書城、墊腳石圖書文化廣場

2.**台北市：**佛化人生 **大安區**羅斯福路 3 段 325 號 6 樓之 4 台電大樓對面

3.**新北市：**春大地書店 **蘆洲區**中正路 117 號

4.**桃園市：**御書堂 **龍潭區**中正路 123 號

5.**新竹市：**大學書局 **東區**建功路 10 號

6.**台中市：**瑞成書局 **東區**雙十路 1 段 4 之 33 號

佛教詠春書局 **南屯區**永春東路 884 號

文春書店 **霧峰區**中正路 1087 號

7.**彰化市：**心泉佛教文化中心 南瑤路 286 號

8.**高雄市：**政大書城 **前鎮區**中華五路 789 號 2 樓（高雄夢時代店）

明儀書局 **三民區**明福街 2 號

青年書局 **苓雅區**青年一路 141 號

9.**台東市：**東普佛教文物流通處 博愛路 282 號

10.**其餘鄉鎮市經銷書局：**請電詢總經銷**聯合**公司。

11.**大陸地區請洽：**

**香港：**樂文書店

旺角店 :香港九龍旺角西洋菜街 62 號 3 樓

電話 :(852) 2390 3723 email: luckwinbooks@gmail.com

銅鑼灣店 :香港銅鑼灣駱克道 506 號 2 樓

電話 :(852) 2881 1150 email: luckwinbs@gmail.com

**廈門：**廈門外圖臺灣書店有限公司

地址：廈門市思明區湖濱南路809 號 廈門外圖書城3 樓 郵編：361004

電話：0592-5061658（臺灣地區請撥打 86-592-5061658）

E-mail：JKB118＠188.COM

12.**美國：世界日報圖書部：**紐約圖書部 電話 7187468889#6262

洛杉磯圖書部 電話 3232616972#202

13.**國內外地區網路購書：**

**正智出版社 書香園地** http://books.enlighten.org.tw/

（書籍簡介、經銷書局可直接聯結下列網路書局購書）

**三民** 網路書局 http://www.sanmin.com.tw

**誠品** 網路書局 http://www.eslitebooks.com

**博客來** 網路書局 http://www.books.com.tw

**金石堂** 網路書局　http://www.kingstone.com.tw

**聯合** 網路書局　http:// www.nh.com.tw

**附註：**1.請儘量向各經銷書局購買：郵政劃撥需要八天才能寄到（本公司在您劃撥後第四天才能接到劃撥單，次日寄出後第二天您才能收到書籍，此六天中可能會遇到週休二日，是故共需八天才能收到書籍）若想要早日收到書籍者，請劃撥完畢後，將劃撥收據貼在紙上，旁邊寫上您的姓名、住址、郵區、電話、買書詳細內容，直接傳眞到本公司 02-28344822，並來電 02-28316727、28327495 確認是否已收到您的傳眞，即可提前收到書籍。 2.因台灣每月皆有五十餘種宗教類書籍上架，書局書架空間有限，故唯有新書方有機會上架，通常每次只能有一本新書上架；本公司出版新書，大多上架不久便已售出，若書局未再叫貨補充者，書架上即無新書陳列，則請直接向書局櫃台訂購。 3.若書局不便代購時，可於晚上共修時間向正覺同修會各共修處請購（共修時間及地點，詳閱**共修現況表**。每年例行年假期間請勿前往請書，年假期間請見共修現況表）。 4.郵購：郵政劃撥帳號 19068241。 5.正覺同修會會員購書都以八折計價（戶籍台北市者爲一般會員，外縣市爲護持會員）都可獲得優待，欲一次購買全部書籍者，可以考慮入會，節省書費。入會費一千元（第一年初加入時才需要繳），年費二千元。**6.尚未出版之書籍，請勿預先郵寄書款與本公司，謝謝您！** 7.若欲一次購齊本公司書籍，或同時取得正覺同修會贈閱之全部書籍者，請於正覺同修會共修時間，親到各共修處請購及索取；**台北市讀者**請洽：103 台北市承德路三段 267 號 10 樓（捷運淡水線 圓山站旁）請書時間：週一至週五爲 18.00~21.00，第一、三、五週週六爲 10.00~21.00，雙週之週六爲 10.00~18.00 請購處專線電話：25957295-分機 14（於請書時間方有人接聽）。

**敬告大陸讀者：**

大陸讀者購書、索書捷徑（尚未在大陸出版的書籍，以下二個途徑都可以購得，電子書另包括結緣書籍）：

1.**廈門外國圖書公司**：廈門市思明區湖濱南路 809 號 廈門外圖書城 3F
郵編：361004 電話：0592-5061658 網址：http://www.xibc.com.cn/

2.**電子書**：正智出版社有限公司及正覺同修會在台灣印行的各種局版書、結緣書，已有『**正覺電子書**』陸續上線中，提供讀者於手機、平板電腦上購書、下載、閱讀正智出版社、正覺同修會及正覺教育基金會所出版之電子書，詳細訊息敬請參閱『正覺電子書』專頁：http://books.enlighten.org.tw/ebook

關於平實導師的書訊，請上網查閱：
成佛之道 http://www.a202.idv.tw
正智出版社 書香園地 http://books.enlighten.org.tw/

★ 正智出版社有限公司售書之稅後盈餘，全部捐助財團法人正覺寺籌備處、佛教正覺同修會、正覺教育基金會，供作弘法及購建道場之用；懇請諸方大德支持，功德無量。

**★ 聲 明 ★**

本社於 2015/01/01 開始調整本目錄中部分書籍之售價，以因應各項成本的持續增加。

**＊ 喇嘛教修外道雙身法、墮識陰境界，非佛教 ＊**

**＊ 弘揚如來藏他空見的覺囊派才是真正藏傳佛教 ＊**

## **售後服務—換書啓事**(免附回郵)　2017/12/05

**《楞伽經詳解》第三輯初版免費調換新書啓事**：茲因 平實導師弘法早期尚未回復往世全部證量，有些法義接受他人的說法，寫書當時並未察覺而有二處（同一種法義）跟著誤說，如今發現已將之修正。茲爲顧及讀者權益，已開始免費調換新書；敬請所有讀者將以前所購第三輯（不論第幾刷），攜回或寄回本公司免費換新；郵寄者之回郵由本公司負擔，不需寄來郵票。因此而造成讀者閱讀、以及換書的不便，在此向所有讀者致上萬分的歉意，祈請讀者大眾見諒！

**《楞嚴經講記》第 14 輯初版首刷本免費調換新書啓事**：本講記第 14 輯出版前因 平實導師諸事繁忙，未將之重新閱讀而只改正校對時發現的錯別字，故未能發覺十年前所說法義有部分錯誤，於第 15 輯付印前重閱時才發覺第 14 輯中有部分錯誤尚未改正。今已重新審閱修改並已重印完成，煩請所有讀者將以前所購第 14 輯初版首刷本，寄回本公司免費換新（初版二刷本無錯誤），本公司將於寄回新書時同時附上您寄書來換新時的郵資，並在此向所有讀者致上最誠懇的歉意。

**《心經密意》初版書免費調換二版新書啓事**：本書係演講錄音整理成書，講時因時間所限，省略部分段落未講。後於再版時補寫增加 13 頁，維持原價流通之。茲爲顧及初版讀者權益，自 2003/9/30 開始免費調換新書，原有初版一刷、二刷書籍，皆可寄來本公司換書。

**《宗門法眼》**已經增寫改版爲 464 頁新書，2008 年 6 月中旬出版。讀者原有初版之第一刷、第二刷書本，都可以寄回本公司免費調換改版新書。改版後之公案及錯悟事例維持不變，但將內容加以增說，較改版前更具有廣度與深度，將更能助益讀者參究實相。

**換書**者**免附回郵**，亦無截止期限；舊書請寄：111 台北郵政 73-151 號信箱 或 103 台北市承德路三段 267 號 10 樓 正智出版社有限公司。舊書若有塗鴨、殘缺、破損者，仍可換取新書；但缺頁之舊書至少應仍有五分之三頁數，方可換書。所有讀者不必顧念本公司是否有盈餘之問題，都請踴躍寄來換書；本公司成立之目的不是營利，只要能眞實利益學人，即已達到成立及運作之目的。若以郵寄方式換書者，免附回郵；並於寄回新書時，由本公司附上您寄來書籍時耗用的郵資。造成您不便之處，再次致上萬分的歉意。

正智出版社有限公司 啓

國家圖書館出版品預行編目(CIP)資料

佛藏經講義 / 平實導師述著. -- 初版.
-- 臺北市 : 正智, 2019.07 面 ; 公分
ISBN 978-986-97233-8-1(第一輯;平裝)
ISBN 978-986-98038-1-6(第二輯;平裝)
ISBN 978-986-98038-5-4(第三輯;平裝)
ISBN 978-986-98038-8-5(第四輯;平裝)
ISBN 978-986-98038-9-2(第五輯;平裝)
ISBN 978-986-98891-3-1(第六輯;平裝)
ISBN 978-986-98891-5-5(第七輯;平裝)
ISBN 978-986-98891-9-3(第八輯;平裝)
ISBN 978-986-99558-0-5(第九輯;平裝)
ISBN 978-986-99558-3-6(第十輯;平裝)
ISBN 978-986-99558-5-0(第十一輯;平裝)
1. 經集部
221.733 108011014

# 佛藏經講義——第八輯

著 述 者：平實導師
音文轉換：蔡正利 黃昇金
校 對：章乃鈞 陳介源 孫淑貞 傅素嫻 王美伶
出 版 者：正智出版社有限公司
電話：○二 28327495 28316727（白天）
傳眞：○二 28344822
111 台北郵政 73-151 號信箱
郵政劃撥帳號：一九○六八二四一
正覺講堂：總機○二 25957295（夜間）
總 經 銷：聯合發行股份有限公司
231 新北市新店區寶橋路 235 巷 6 弄 6 號 4 樓
電話：○二 29178022（代表號）
傳眞：○二 29156275
初版首刷：二○二○年九月三十日 二千冊
初版五刷：二○二一年三月十三日 二千冊
定 價：三○○元